后福利国家背景下的中央与地方关系

——英、法、日三国比较研究

杨山鸽 著

中共党史出版社

图书在版编目(CIP)数据

后福利国家背景下的中央与地方关系：英、法、日三国比较研究/杨山鸽著．—北京：中共党史出版社，2014.11

ISBN 978-7-5098-2828-1

Ⅰ.①后… Ⅱ.①杨… Ⅲ.①中央与地方的关系－对比研究－英国、法国、日本 Ⅳ.①D035

中国版本图书馆 CIP 数据核字(2014)第 226615 号

出版发行：**中共党史出版社**
责任编辑：姚建萍
复　　审：陈海平
终　　审：汪晓军
责任校对：龚秀华
责任印制：谷智宇
责任监制：贺冬英
社　　址：北京市海淀区芙蓉里南街6号院1号楼
邮　　编：100080
网　　址：www.dscbs.com
经　　销：新华书店
印　　刷：北京君升印刷有限公司
开　　本：170mm×240mm　1/16
字　　数：238 千字
印　　张：18
印　　数：1－2000 册
版　　次：2014 年 11 月第 1 版
印　　次：2014 年 11 月第 1 次印刷

ISBN 978-7-5098-2828-1
定　　价：36.00 元

此书如有印制质量问题，请与中共党史出版社出版业务部联系
电话：010－82517197

目 录

导　论

一、问题的提出

　　长期以来,地方政府并不是政治科学研究的主旨。这是因为,一般来说,"低级政府之组织与制度,通常不若高级政府之易于变更;地方政府之组织与制度,通常较中央政府为固定而持久……所以然者,一因地方政府与一般平民发生密切利害关系,故不便轻易变更。二因一般平民每喜泥古守旧,故地方制度之一经采用者,待其习以为常,既不欲多所更张。"①地方政府的稳定运行使相关研究相对冷落。这一研究状况从20世纪80年代开始转变。从20世纪70年代经济危机爆发以来,危机中的福利国家开始转向后福利国家时代。80年代的10年构成了一个阶段,在这个阶段内,西欧国家显然都开始了改革地方政府的过程。在经过几乎40年的要求、让步和试验之后,

①　沈乃正:《法国地方政制》,商务印书馆1937年版,第1—2页。

几乎每一个西欧国家都在结构和实质上经历了中央与地方关系非常彻底的改变。在这一潮流中，素有"自治之乡"的英国进行了历史上绝无仅有的中央集权与分权相结合的改革；而最为集权的法国告别传统进行了地方分权的改革；后发亚洲国家日本在进行多年准备之后，在1999年通过了一揽子地方分权法案，从根本上改革其中央与地方关系，走向地方自治。为什么在80年代会发生如此普遍的地方政府改革？其背后的动力是什么？20世纪90年代以来，对地方政府的研究成为热点，与之密切相关的中央与地方关系研究也逐渐升温。

中央与地方关系具有"易变、模糊和交互作用"的特点，中央与地方关系的重要特点就是动态性。现代自治处于复杂的社会经济政治网络中，中央与地方关系不仅仅受到中央政府与地方政府之间的权力博弈的影响，更受到外部社会经济环境变化的塑造。在20世纪，可能政府间关系最重要的决定因素就是福利国家的发展和在不同国家的不同形式。[①] 任何研究福利国家的人都会发现，治理的概念与福利国家存在着普遍性危机的观点直接相关，这种观点建议废除福利国家，把它改变为某种别的东西。公平地说，专家们自20世纪70年代以来，对福利国家的一贯看法也都适用于治理问题。只消仔细考察一下过去20年中提出的主要国际报告（经济合作与发展组织，1981、1984；世界银行，1994），就会发现有一系列分析、判断和建议与治理问题文献中的论述惊人地相似……在专家们看来，福利国家正在经历一场合法性的危机。其征兆就是纳税人抗税。他们提出私有化、找准补助对象、公私部门联合、缩小福利国家和释放个人能量等解决办法。如此行事的国家已经取得了重要的成果，而别的国家则越陷越深。国家的社会行为如今已不再是解决当前问题的正确办法，它本身倒成了问题。"有效的治理要求改组和削弱福利国家"。[②]

---

① Paul Carmichael, Arther Midwinter(ed). Regulating Local Authorities—Emerging Patterns of Central Control[M]. Frank Cass And Company Limited, 2003: 94 – 95.

② 俞可平主编：《治理与善治》，社会科学文献出版社2000年版，第111—112页。

　　福利国家的形成、危机和转向后福利国家是重塑中央与地方关系的重要动因。本书研究在福利国家转向后福利国家这一共同背景和趋势下，英国、法国和日本中央与地方关系改革的措施、方式、内容的差异，地方政府与地方社会关系的变化，以及后福利国家时代中央与地方关系面临的新挑战。

　　福利国家的形成使福利成为公民的权利，向国民提供福利成为国家的责任。国家承担提供社会福利的责任，不仅有效地提供市场经济所需要的制度和规则，而且还直接提供公共物品、劳务和社会服务。大规模福利国家的建立使国家的行为、功能和性质发生变化，政府开始对社会经济运行进行全面干预。

　　福利国家作为解决资本主义社会矛盾的主要模式而广受赞誉，这种情况直到 20 世纪 70 年代中期还一直如此，很少例外。但是，进入 20 世纪 70 年代后，福利国家陷入失业危机、老龄危机、财政危机、社会危机和文化危机之中。"以此为转折点，在许多资本主义国家，这种和平模式本身成为怀疑的目标、批判的对象和政治斗争的核心，这种一度得到最广泛接受的问题解决机制，现在自身变得有问题了，无论如何，对福利国家及其未来的那种无可置疑的信心现在已迅速消失了……在战后的欧洲社会，那种几乎得到普遍接受的、用来创造和平与和谐的模式，在 20 世纪 70 年代却成为新的矛盾和政治分裂的源泉。"[1]面对危机，西方福利国家在社会保障制度、社会政策等相关领域纷纷进行了改革和创新，陆续提出了"重构福利国家"（Restructuring the Welfare State）、"再造福利国家"（Reinventing the Welfare State）、"后福利主义"（Post Welfarism）、"后福利国家"（Post Welfare State）等倡议，推行了旨在使责任主体多元化的多支柱体系建设和养老金私有化等改革。[2]

---

[1]　克劳斯·奥菲著、郭忠华等译：《福利国家的矛盾》，吉林人民出版社 2006 年版，第 269页。

[2]　丁开杰：《后福利国家》，上海三联书店 2004 年版，第 1 页。

福利国家的危机启发人们重新认识政府在福利国家中的作用。认为政府的职能不是"划船",而是"掌舵"。由政府承担直接提供公共物品和服务的职责,无法适应全球化带来的社会经济的迅速变化,不能获得统治的效能。重要的是要对社会福利的结果与手段加以区别,也就是说,在福利作为一种享有只能由政府保证的充足收入或服务标准的权利的原则,与它作为输送或供应这种服务的最有效的手段之间进行区分。① 政府或国家部门并不仅仅是福利的供给者,它也是社会价值和社会活动的法律监督机构。国家作为福利供应者的确需要与它作为福利监管者的角色区分开来。"满足需求的集体责任与被当作手段的提供福利的形式这二者之间的区别,对于理解最近的事态发展来说十分关键。然而这种区别如此经常地被混淆,以至于值得给予进一步的关注。"②国家的作用不是直接和具体地负责全部的福利提供,而是应该依靠地方政府、市场与社会,这才是后福利国家的治国之道。英国撒切尔政府提倡的福利政策改革的基本论点是:不可无限制地夸大福利国家的作用,国家的责任是对宏观经济发展进行调控,而不是把过多的精力投入福利服务的管理。完全由国家提供福利是困难的,因而需要将福利提供职能分散,下放给地方,市场或者社会。

从 80 年代开始,在西方,民营化开始成为一股全面性的风潮,政府不仅从产业与公共服务领域撤退,在社会福利领域的政策或服务也开始由政府转移到民间,从中央下放到地方,由单一的服务提供模式变成组合式的服务提供方式。90 年代,许多福利国家做了进一步的调适,希望在不继续扩张政府规模,或者最好能减少政府预算的前提下,能够充分地同时运用科层制与市场的优点来寻求问题的解决。于是,许多新的策略与方案纷纷出台,如去机构化(deinstitutionalization)、去科层化(debureaucratization)、市场化(marketization)、商品化(commercialization)、契约外包(contracting out)、民营化

---

① R·米什拉著、郑秉文译:《资本主义社会的福利国家》,法律出版社 2003 年版,第 116—117 页。
② R·米什拉著、郑秉文译:《资本主义社会的福利国家》,法律出版社 2003 年版,第 118—119 页。

(privatization)及社区化(communitization)等。这些主张都强调政府与民间合作,共同提供社会福利的各项服务,应当结合民间的资源与力量来实施各项社会福利方案。政府不应该是福利的唯一提供者;福利的责任应该由公共部门、营利部门、非营利部门和家庭社区四个部门共同负担。可以说,当前社会福利的最新发展,是从政府转移到民间,从一元变成多元,从中央下放到地方,从机构式照顾变成社区家庭照顾,从单一的提供者与提供方式变成组合式的提供者和提供方式。

综上所述,国家、福利与市场和社会的关系已经发生了实质上的改变。毫无疑问,这一重大变化必将影响到中央与地方关系。实际上,过去30多年以来,中央对地方实施控制的性质与强度已经发生了相当大的变化。

在福利国家时代,由于国家实现福利职责的效率要依靠全国性网络的供给体制,统治深入到日常生活当中,同时这也是地方向中央扩大影响力的一个过程。英国地方政府依仗自身向市民提供服务来同中央交涉,这些材料反映出20世纪的福利国家问题。根据这类交涉材料,英国政治学者理查德·罗斯(R. A. W. Rhodes)考察了现代国家中地方政府扩大自律性的情况。所谓交涉材料,也就是地方政府的政治潜能。福利国家依靠地方输送福利的结果,造成中央必须依靠地方。重要的是,随着福利国家的发展,适合这种相互依存关系的领域在不断扩大,从而提高了地方自治的重要性。因为福利政策和相关法律由国家制定,地方也要依靠中央的补助金,所以中央与地方相互依赖。由此可见,二战以来,随着福利国家的形成,地方政府在现代发达国家中的地位越来越重要,其承担的公共服务职能越来越多。地方政府与中央政府的关系更加紧密,越来越互相依赖,以致使地方政府成为各种潜在矛盾的焦点。20世纪80年代以来,地方政府成为福利国家改革的焦点,目的是使地方政府成为更有效率和更具反应性的福利国家的引擎。

虽然面临共同的福利国家危机,但是,不同的国家采取的措施并不相同,这主要由各国不同的资本主义类型、福利体制模式、意识形态的差异决定。发生在欧洲福利国家中的变化正在出现"路径依赖"现象。马奇(James G. March)和奥尔森(John P. Olsen)认为,多数欧洲国家正继续按照历史遗留给它们的独特方式发展。这种遗传下来的体制框架以及制度化了的方向成了对社会政策作革命性变革的障碍。①

在英国,政府通过立法强迫将福利提供职能下放给市场和非公共机构,民营化与新公共管理密切结合在一起,地方治理形成多中心。而在 90 年代末,政府还提出三种替代性方案,代替问题重重的地方议会中的委员会体系。在拥有悠久的中央集权历史的法国,新自由主义和新公共管理并未引起他们的兴趣,改革集权性福利体制的方法是将国家承担的众多福利职能下放到地方政府,主要是省政府。而在日本,显然出现了一种混合性,20 世纪末重大的地方分权从根本上改变了集权模式,同时一些地方已经在地方政府的管理中主动引进西方盛行的新公共管理手段。但是,尚不能下结论说,多中心的地方治理在日本已经出现。

在地方政府系统的确立上,中央的控制仍是一个至关紧要的部分,政府间关系的游戏规则由它来设置。国家制度的差异决定了各国在后福利国家背景下政治表现的不同。关于如何治理后福利国家,每个国家的理解都不同,所以,不同国家将发动不同的地方政府改革,反过来,这又对它的中央与地方关系产生不同的作用。

综合上述可知,从福利国家到后福利国家的转型对各国中央与地方关系的影响不同,本书即以英国、法国和日本为例,分析后福利国家背景下中央与地方关系的历史变迁、重大改革以及地方政府与地方社会的新关系,在此基础上,探讨中央与地方关系面临的挑战。

从福利国家转向后福利国家,是重塑中央与地方关系的重要动因。在从福利国家向后福利国家转变的过程中,英国、法国和日本对地方政府进行了怎样的改革? 地方政府与地方社会关系有什么变化? 中央与地方关系发生了哪些调整? 有什么共同点和差异? 历史传统和政治文化发挥了什么作用? 这是本书力图研究的主要问题。

---

① James G. March, John P. Olsen. The New Institutionalism: Organisational Factors in Political Life [J]. American Political Science Review, Vol. 78, No. 3 (Sept, 1984), pp. 734—749.

本书的研究主题是中央与地方关系,之所以选择英国、法国和日本三个国家作为研究对象,是因为:首先,英、法、日三个国家都是典型的单一制国家,其中英国有强大的地方自治传统,法国的中央集权根深蒂固,日本本身的中央与地方关系带有英法两国的影响痕迹,对这三个国家进行研究,具有重要的比较价值。其次,英、法、日都是发达国家,并都已建成福利国家,并沿着不同的路径进入后福利国家时代。再次,三国中央对地方虽然都属于中央集权的单一制国家,但集权程度有所不同,控制模式又各具特点。最后,在后福利国家这一共同的背景下,三个国家对本国的中央与地方关系进行了不同的调整与改革。虽然法国和日本不是福利国家的典型,但是,在建设福利国家上,三个国家都拥有丰富的经验,而且在当前关于福利国家类型的争论中被视为不同福利国家体制的重要代表。从本书研究中央与地方关系的主旨来看,以这三个国家为分析对象,可以较为全面地揭示单一制国家中央与地方关系制度变迁的特点与规律。在时间上主要研究这三个国家80年代以来的中央与地方关系。作为亚洲后发国家,日本中央与地方关系的改革拥有许多可供参照的经验;法国和日本这两个集权的典范对中国中央与地方关系的改进具有重要的借鉴意义。

二、概念界定

(一)福利国家

概括而言,在回答什么是社会福利国家模式的问题上,西方学者主要从以下几个视角展开分析:一是从政治伦理的角度;二是从国家职能的角度;三是从经济政治体制或社会运行机制的角度;四是从社会经济政策的角度。

研究福利国家的著名学者埃伯斯腾从国家对公民的责任和义务这一政治伦理学的角度进行分析。他指出,福利国家就是要保障"各社会成员有取得最低生活标准的权利"，国家"有义务把国民的充分就业置于政府政策所支持的社会目标的首位"。与他的观点类似，英国学者克罗斯兰指出，福利国家"扬弃了国家对其公民（除保护财产外）不承担任何义务的……自由放任的理论，同时肯定了与此种理论相对立的，关于国家必须承担防止贫困和不幸，以及至少向公民提供他们生活所必须的最低援助这样一种主张"。他们对福利国家看法的相似之处在于，认为得到国家的帮助是公民的一项当然的政治权利，国家就像家庭中的父母一样，应该对其成员的幸福承担必要的责任和义务。

另一些学者则努力从国家的职能和社会角色这一角度来认识社会福利国家。英国著名的政治学家约翰·基恩认为，福利国家就是"国家通过保证投资、减少失业和扩大社会保险项目的再分配等战略使自己渗透到社会生活中去，以便保证个人与群体之间的公正和平等"。福利国家的建立，标志着"一个以民族和谐的社会人际关系、不受限制的生产和提供大量福利项目为主要特征的新时代的开始"。另一位英国学者阿·柯森指出，福利国家的制度设计体现了这样一些基本设想，那就是：（1）国家可以将其权力用来调节资本主义市场经济，使之提供日益增多的经济盈利，并通过税收把这种盈利提取出来，再利用社会政策重新分配，以促进平等；（2）国家的政策方向是要保证公民的自由和民主，并满足居民的各种需要和愿望。这些观点显然肯定了国家在社会生活中的权威地位，如果我们将其与西方自由主义思想作一个比较的话，会看出两者的巨大差异：与权威主义者不同，自由主义者更乐于将国家的角色严格限定在"守夜人"的范围内；在《公共生活与晚期资本主义》一书中，约翰·基恩还将福利国家理解为由一系列相互联系的"解放机制"构成的社会运行机制。这些机制通常是在社会与政府管理部门之间的社会保障和福利领域起积极作用。

有的学者从具体的经济社会政策层面理解福利国家，如瑞典著名经济学家梅尔逊指出，福利国家模式的主要特征是：在生产领域内，"效率"这一目标居于优先地位，主要是通过加强市场经济的分散化的资源分配机制来确保"效率"；而在分配领域内，则"依据各种原则民主地分配生产果实"，也就是说,以"平等"为原则目标。另一位瑞典著名经济学家伦德堡认为,福利国家在其制度设计和政策主张上坚持两大原则,一是劳资双方在怀有对国家经济发展的责任感的基础上,通过"自由谈判"来合理确定工资,并竭力避免政府干预;二是从政策目标上看,政府会利用政治权利来实现所谓高就业、均等化的收入分配以及社会保障制度等。

约翰·基恩也曾指出,福利国家把提供物质生活保障的无限责任和高效的社会控制机制结合起来的历史实践将会是一个长期过程。这些学者显然注意到福利国家实践的复杂性和长期性。这里列举的仅仅是近年来一些代表性的福利国家概念,其他的更是不胜枚举。在福利国家的概念问题上,没有形成比较一致的认识和看法,缺乏统一的定义,这给研究带来了一定的困难,有些西方学者在研究西欧模式时甚至竭力避免给福利国家下出一个严格、确定的定义。实际上,概念的复杂性只是福利国家本身的复杂性在理论认识上的一个反映。上面引述的不同定义,往往只侧重于描述福利国家的某些特征或者特征的某些方面,这些都反映了研究者的不同研究目的、研究重点以及对问题的不同理解。但更主要的原因在于,自从福利国家形成以后,就在不同的国家以不同的形式和内容表现出来。即使是同一个国家,在不同的历史时期,福利国家的实践内容也有着很大的不同。可以说,正是由于研究对象本身的不断发展变化,决定了社会福利国家模式不是一个固定的、一成不变的僵化定义。换句话说,这一模式所提供的是一些基本原则或政策框架,这些基本原则的出发点在于维护资本主义发展的经济稳定和社会安定,其政策目标往往以充分就业、公平分配、混合经济、社会福利等为主要内容。但是,在政策工具的选择上,却会因不同的政治力量、不同的社会经济环境、不同的历史时期而表现出很大的不同。因此,在对社会福利国家模式概念做出界定时,应该充分考虑到福利国家是一个动态的、发展中的社会现实。对社会福利国家模式的概念界定自然应该从其动态性、发展性上去把握。但是,需要指出的是,这并不等于一概否认稳定社会福利国家模式的存在,相反,如果我们从某些特定的历史时期对福利国家进行分析,则可以清楚地看到,各个福利国家在其基本特征或内容方面都存在很大的一致性。

　　研究福利国家有狭义和广义两种方法。持狭义观点的人将福利国家理解为传统的社会改良政策领域:收入转移和社会服务,有时或许还提及住房问题。而广义的观点则从政治经济学角度提出问题,其主要兴趣集中于国家在管理和组织经济方面的重要角色。因此,从广义的角度看,就业、工资和整个宏观经济调控等都被看作是福利国家体系密不可分的组成部分。在某种意义上,这种方法将这一论题定为"凯恩斯式的福利国家",或者……称为"福利资本主义"。①

　　本书从广义上理解福利国家的概念,认为福利国家是"一种由国家来承担维护和增进全体国民的基本福利的政府形式。它的基本要素包括这样的立法,即保障个人和家庭在遭受工伤、职业病、失业、疾病和老年时期维持一定的固定收入并获得其他各种补助。"②"福利国家正是国家机器在 20 世纪干预社会,并且为此又干预经济、计划经济、强化行政、管理社会而形成的一种国家形态。"③

(二)后福利国家

　　如前所述,在福利国家危机之后,西方福利国家在社会保障制度、社会政策等相关领域进行改革和创新,在这些倡议或改革中,"后福利国家"概念具有很强的理论意义和实践意义。不过,虽然后福利国家的概念在最近的研究中出现的频率越来越高,但是对于后福利国家目前尚没有一个明确的定义,一般是与福利国家相对比来理解的。

　　本书主要是在各国解决福利国家危机的改革中,从国家、福利与市场关

---

① 考斯塔·艾斯平－安德森著、郑秉文译:《福利资本主义的三个世界》,法律出版社 2003 年版,第 1—2 页。

② 戴维·米勒、韦农·波格丹诺(英文版主编),邓正来(中译本主编):《布莱克维尔政治学百科全书》,中国政法大学出版社 2002 年版,第 854 页。

③ 周弘:《福利国家向何处去》,《中国社会科学》2001 年第 3 期。

系发生的变化角度来理解这一概念。主要是指国家在福利运营体制中作用的改变,国家在整个社会经济管理中的角色调整,以及是否接受国家提供的福利、如何接受、程度如何等问题上的价值观念的变化。这里主要是强调自立、工作的重要性;实践中的改革主要是福利提供的市场化,福利提供主体的多元化,福利职能向市场和地方政府的分权化,还有重新重视并且加强了社会在福利国家中的作用,从福利国家转向福利社会。虽然福利国家面临种种危机,包含重大矛盾,但是,市场和社会都不能代替国家的作用,就像奥菲所认为的,尽管资本主义不能与福利国家共存,然而资本主义又不能没有福利国家。福利国家必然通过改革继续存在下去,对福利国家的重大改革促使它走向后福利国家时代。

(三)地方政府

《布莱克维尔政治学百科全书》认为地方政府是指"权力或管辖范围被限定在一国家部分地区内的一种政治机构。它具有如下特点:长期的历史发展,在一国政治结构中处于隶属地位,具有地方参与权、税收权和诸多职责"①。

《国际社会科学百科全书》认为"地方政府一般可以认为是公众的政府,它有权决定和管理一个较小地区的公众政治,它是地区政府或中央政府的一个分支机构。地方政府在政府体系中是最低一级,中央政府为最高一级,中间部分就是中间政府(如州、地区、省政府等)"。按照这个说法,中间政府就不是地方政府。那么,中间政府,是否既指联邦制国家的成员政府,也指单一制国家的州、地区、省政府呢?这两个定义都未说明。《美利坚百科全书》却对此做了明确的界定:"地方政府,在单一制国家,是中央政府的分支机构;在联邦制国家,是成员政府的分支机构。"这就是说,联邦制国家的成

---

① 戴维·米勒、韦农·波格丹诺(英文版主编),邓正来(中译本主编):《布莱克维尔政治学百科全书》,中国政法大学出版社 2002 年版,第 452 页。

员政府如州、地区、省等不能叫地方政府,只有州、地区、省以下的地区政府,才叫地方政府。

我国对地方政府所下的最一般的定义是:地方政府是中央政府的对称。例如《辞海》说:"地方政府是中央政府的对称。设置于地方各级行政区域内负责行政工作的国家机关。"这样,就把西方所说的中间政府,都看作地方政府了。本书也是在这一意义上运用地方政府概念的。

"对于所有的地方国家机关,是否都称之为地方政府呢? 一般有广义和狭义之分:广义的地方政府,包括地方国家代议机关、地方国家行政机关和地方国家司法机关等地方国家机关;狭义的地方政府,则只指地方国家行政机关。西方资本主义国家,大都是从广义上使用这一概念的;我国则从狭义上使用这一概念。按照我国宪法的规定,只有地方国家行政机关——地方各级人民政府,才是地方政府。"[1]本书从广义上使用地方政府概念。杰克逊(B. M. Jackson)认为,"地方政府是获得不同的基于社区利益的服务的一种必要方法。它是一种实务,如果我们这样来考虑它,就比把它看作对公民的训练更可能看到其本质。"[2]

(四)中央与地方关系

安德森(William Andersen)认为府际关系意为"美国联邦制度中各类和各级政府单位机构的一系列重要活动,以及它们之间的相互作用"。这使得"府际关系这一概念有了较为正式的相互作用"[3]。林尚立使用的概念是国内政府间关系。他认为国内政府间关系有静态和动态两个方面,静态的关系主要体现为政府间的法律关系和制度关系,动态的关系体现为具体的政

---

① 陈嘉陵主编:《各国地方政府比较研究》,武汉出版社 1991 年版,第 2—3 页。

② B. M. Jackson. The Mchinery of Local Government[M]. New York: Macmillan, 1959: 1.

③ William Andersen. Intergovernmental Relations in Review, University of Minnesota Press, 1960: 13.

策关系、人际关系和行政调控关系。① 本书研究中央与地方的关系,是指一个中央分别与多个地方政府的关系。主要指垂直水平上的关系。这一垂直关系在内容上是多方面的,主要包括政治、经济、财政、行政、法律、决策关系等。

中央政府与地方政府在国家政治生活中的地位和作用表明:中央与地方的关系实质上是整体与部分、集中与分散、统一领导与因地制宜等矛盾的统一。国家的权力通过政府来行使,因此,中央政府与地方政府关系的安排,必然是围绕着国家权力而展开的。权力在中央和地方之间的不同划分,不仅构成了两者在国家政治生活中的具体运作方式,本身也就是两者关系的核心内容。探究中央与地方关系,首先要探讨的就是中央政府与地方政府之间的权限划分。② 中央与地方关系是多方面的,两者通过相互沟通与影响,在相当广泛的领域内进行合作,这也是两者关系中的重要内容。

中央与地方关系的一个显著特征是动态性。中央与地方关系中存在许多变项,而且中央—地方关系中各个因素,"几乎没有一个是一成不变的,因而把中央—地方关系只是看成对立的两个方面是大错特错了。相反,所有国家的中央与地方关系都是相互渗透和支持的,它们共处在一个由许多部分组成的连续统一体中。"③需要注意的是,中央—地方相互联系和作用的性质本身是一个至关重要的变项。这种联系和作用在不同的国家体制下不同。而且会由于探讨的领域不同而变化,这些领域指政治、法律、行政、财政等等。

(五)地方治理

就其直接的现实原因而言,治理理论的兴起,与市场的失效和国家的局

---

① 林尚立:《国内政府间关系》,浙江人民出版社 1998 年版,第 68 页。
② 陈嘉陵主编:《各国地方政府比较研究》,武汉出版社 1991 年版,第 93 页。
③ 戴维·米勒、韦农·波格丹诺(英文版主编),邓正来(中译本主编):《布莱克维尔政治学百科全书》,中国政法大学出版社 2002 年版,第 102 页。

限相关。地方治理是当今政府试图改变传统管理体制，完善统治目标所采取的一种新型理念和制度。当代地方治理理论所依据的基本假定或逻辑，既不是全新的思想，也不是一个单独的观点，而是一系列相关价值观念混合而成的体系。在逻辑假定上，地方治理理论试图将个人理性及其效用实现与社群共同利益有机结合起来。在思想上，其理论一部分来源于与社会民主主义最新发展相伴随的思想观点，并融合了新制度经济学的一些研究成果；而另一部分则来源于古老的、始终横亘于人类历史进程的经典话题，如个人、社会与国家关系，自由、民主与责任，个人权利与社群共同体等基本范畴。在功能上，当代地方治理理论的提出，一方面为了批判与当代治理思想相对立的传统观念；另一方面则是为了构建当代地方治理的话语体系，并为其实践行动奠定坚实的理论基础。①

不过，治理理论还很不成熟，它的基本概念还十分模糊。这一概念的积极意义在于，它打破了社会科学中长期存在的市场与计划、公共部门与私人部门、政治国家与公民社会、民族国家与国际社会的两分法传统思维方式，把有效的管理看作是两者的合作过程；它力图发展起一套管理公共事务的全新技术；它强调管理就是合作；它认为政府不是合法权力的唯一源泉，公民社会也同样是合法权力的来源；它把治理看作当代民主一种新的实现形式等等。

"治理"（governance）与"统治"（government）从字面上看似乎差别并不大，但其实际含义却有很大的不同。区分治理与统治两个概念是正确理解治理的前提条件。治理作为一种政治管理过程，也像政府统治一样需要权威和权力，最终目的也是为了维持正常的社会秩序，这是两者的共同之处。但两者至少有两个基本的区别。首先，治理与统治最基本的，甚至可以说是本质性的区别就是，治理虽然需要权威，但这个权威并非一定是政府机关；而统治的权威则必定是政府。统治的主体一定是社会的公共机构，而治理的主体既可以是公共机构，也可以是私人机构，还可以是公共机构和私人机

---

① 孙柏瑛：《当代地方治理——面向 21 世纪的挑战》，中国人民大学出版社 2004 年版，第 77 页。

构的合作。治理是政治国家与公民社会的合作、政府与非政府的合作、公共机构与私人机构的合作、强制与自愿的合作。所以,治理是一个比政府更宽泛的概念,从现代的公司到大学以及基层的社区,如果要高效而有序地运行,可以没有政府的统治,但却不能没有公共机构的治理。其次,管理过程中权力运行的向度不一样。政府统治的权力运行方向总是自上而下的,它运用政府的政治权威,通过发号施令、制定政策和实施政策,对社会公共事务实行单一向度的管理。与此不同,治理则是一个上下互动的管理过程,它主要通过合作、协商、伙伴关系、确立认同和共同的目标等方式实施对公共事务的管理。治理的实质在于它是建立在市场原则、公共利益和认同之上的合作。它所拥有的管理机制主要不依靠政府的权威,而是合作网络的权威。其权力向度是多元的、相互的,而不是单一的和自上而下的。① 在关于治理的各种定义中,全球治理委员会的定义具有很大的代表性和权威性,在其于 1995 年发表的《我们的全球伙伴关系》研究报告中对治理作出如下定义:治理是各种公共的或私人的个人和机构管理其事务的诸多方式的总和。② 治理的特征直接表现在地方治理结构的"多中心"上,这是地方治理理论最先导入的基本价值取向。治理不是管理者从上而下的管理,它本身应注重管理者和被管理者之间的地位平等,注重二者通过协商来解决共同问题。本书是从对地方治理的综合理解上来运用这一概念的。而且,本书认为,地方治理不仅仅与地方政府有关,地方治理事关国家兴衰,地方治理也是中央政府的重大职责。所以,如何通过完善地方治理结构来实现国家的善治,是中央与地方关系研究的重大课题。

三、文献综述

　研究综述分为三部分:一是中央与地方关系的国内研究现状;二是中央

---

① 俞可平:《从统治到治理》,中国改革网,2010 年 1 月 16 日。
② 俞可平主编:《治理与善治》,社会科学文献出版社 2000 年版,第 4 页。

与地方关系的国外研究现状；三是从福利国家和后福利国家的视角对中央
与地方关系的研究。

（一）国内关于中央与地方关系的研究

国内关于西方国家中央与地方关系的研究越来越丰富，主要以沈乃正、
孔大充、薄贵利、许崇德、陈嘉陵、林尚立、董礼胜、胡康大、俞可平和孙柏瑛
等学者为代表。

沈乃正的《法国地方政制》（1937），分析了大革命以来法国地方政府的
沿革以及省、市和中央政府之间的相互关系，并与英美作了一些比较。孔大
充的《比较地方政府图表》（1942），利用图解和简要评论的方法对英国、美
国、法国、德国和中国的地方政府进行了比较分析，清楚地呈现出各国地方
政府的特点和中央与地方关系的要义。这两本著作由于出版时间过久，没
有引起当代学者的关注。

薄贵利的《近现代地方政府比较研究》（1988），对英国、法国、美国、苏联
和中国的地方政府进行了比较，主要对地方行政区划、地方政府层级、地方
政府职能、地方政府的组织结构、地方政府权力、地方政府与地方议会以及
地方政府改革展开比较。在《集权分权与国家兴衰》（2001）一书中，薄贵利
认为，在现代化的过程中中央政府应当集权，现代化实现以后应当分权。陈
嘉陵的《各国地方政府比较研究》（1991），关注世界各国经验和教训对中国
的借鉴意义，研究了地方政府类型、行政区划、中央政府与地方政府的关系、
地方政府的职能和机构、财政、城市政府、民族区域政府和特别建制政府，分
析了地方政府的改革趋势，对古今中外的地方政府以及中央与地方关系进
行了多视角的深入研究。陈嘉陵认为，决定中央与地方关系格局的因素有：
社会制度、政治制度、国家结构形式、社会发展水平和国家的历史传统。[①] 单
一制国家地方政府的改革趋势是，地方分权制下的权力相对集中，中央集权

---

① 　陈嘉陵主编：《各国地方政府比较研究》，武汉出版社 1991 年版，第 95—98 页。

制下的权力相对下放。

许崇德的《各国地方制度》(1993),武汉大学田芳的博士学位论文《地方自治若干问题研究》(2004),中国人民大学任进的博士学位论文《比较地方政府》(1994),郑贤君的《地方制度论》(2000),主要是从宪法制度途径研究各国地方制度和地方自治原理,任进和郑贤君的研究还包含了制度的历史演进以及地方政治的实践。中国人民大学叶峰在其博士学位论文《国家的整体与部分关系研究》(1987)中认为,在国家的整体与部分的相互关系方面,无论是就世界范围而言,还是就一个国家而言,都同时存在着国家既集中权力也下放权力两种倾向,只有集权与分权多少之别,没有是否集权或分权之分。集权与分权的趋势是,分权较多的国家朝集权方向调整;集权较多的国家朝分权方向调整;集权与分权循环往复、相互交错。①

林尚立的《国内政府间关系》(1998)从国家结构层面,研究了中央政府与地方政府间各种权力关系分配的一般性原则,对英法的中央与地方关系进行了深入的研究。他认为"政府间关系主要指各级政府间和各地区政府间的关系,包含纵向的中央政府与地方政府关系"。② 中央与地方关系是府际关系的主轴,它决定了地方政府的地位、权力和活动方式。

董礼胜的《欧盟成员国中央与地方关系比较研究》和胡康大的《欧盟主要国家中央与地方的关系》都出版于2000年。前者是一部对15个国家进行宏大比较研究的著作,对于当代欧盟国家的中央与地方关系进行了综合性的分析,运用了中央与地方关系的新理论和概念。由于15个国家中既有联邦制国家,也有单一制国家,研究对象过多,各个国家之间差别太大,大大加重了研究的难度。后者以英国、德国和法国为研究对象,以英国的中央与地方关系为重。

在中国,俞可平主编的《治理与善治》(2000)是国内关于地方治理的开

---

① 叶峰:《国家的整体与部分关系研究》,中国人民大学博士学位论文,1987年,第250—255页。

② 林尚立:《国内政府间关系》,浙江人民出版社1998年版,第14页。

拓性研究著作,书中各位学者从各个视角探讨了治理模式的特征及其与传统公共行政管理模式的差异,有助于我们对地方治理的综合理解。孙柏瑛在《当代地方治理——面向 21 世纪的挑战》(2004)一书中对地方治理理论进行了全面深入的研究。

其他研究还有,北京大学张海廷的博士学位论文《20 世纪末英国地方分权改革研究——英国具有联邦色彩的单一制实践》(2003)。硕士论文:复旦大学董志超《美国和法国的中央与地方关系》(1991)和张林《第二次世界大战后英法地方政府制度改革比较研究》(1992)。

上述研究成果为本研究提供了理解西方国家中央与地方关系的知识和理论基础,也提供了多角度的分析视野。

(二)国外关于中央与地方关系的研究

赫勒斯所著《各国地方政府》出版于 20 世纪 20 年代,是当时的一部经典著作。研究涉及世界多个国家。伊夫·梅尼、文森特·赖特主编的《西欧国家中央与地方的关系》,中文版本出版于 1989 年。这本论文集分两部分,一是政府间关系,二是中央(从政治上和地理上限定的)与"边缘少数民族地区"的关系。罗斯(R. A. W. Rhodes)的《中央与地方关系中的控制与权力》(Control and Power in Central-Local Government Relations,1999),指出中央与地方不是控制与被控制的关系,而是一种相互依赖的关系。从"控制"的观点和"反控制"的观点看是大不一样的;两种看法都需要知道。罗斯指出中央与地方各具资源优势,提出了中央与地方相互作用中的游戏规则。佩奇和戈登史密斯(Edward. C. Page,Michael J. Goldsmith)合著的《中央与地方关系:西欧单一制国家的比较分析》(Central and Local Government Relations-A Comparative Analysis of West European Unitary States,1987)从地方政府的职能、地方政府的自由裁量权和地方接近中央的程度与方式三个方面对西欧国家的中央与地方关系进行了比较研究。他们认为,运用"中央集权"、"地方分权"、"中央控制"和"地方自治"这些术语进行跨国描述确实是因循守旧的做法。在多个国家背景下,这些术语当然是有帮助的。然而,单靠它们不足以给比较研究提供充分的概念基础。法国地方政府职能少,有理由认为法国体系比英国体系集权。不过,因为法国地方政治对抗中央政府建议更为有力和有效,同样有理由认为英国其实更为集权,如同我们在 20 世纪60 年代和 70 年代的地方重组过程中所看到的。① 在对地方政府的职能进行比较时,必须要谨慎。首先,服务的性质、输送方式和名称种类不同。其次,不同国家职能的分配不同。地方政府承担或者"完成"一项服务或是一项服务的一部分,只是意味着地方当局拥有正式的职责雇佣人员完成这一工作,不是意味着它们能够影响服务方式,因为它们可能没有这样做的自由裁量权。

为了研究地方政府影响现代国家服务的能力,有必要超越对它的正式职能的研究,考虑实行这些服务的自由裁量权程度。自由裁量权是指,地方政府的行动者在正式法定体制和行政体制之内对所提供的服务类型和水平进行决策的能力,包括这些服务如何提供,如何供给经费。

接近指的是中央和地方政府参与者之间联系的性质。地方政府的自由裁量权可能有限,它们理应服从中央以法律、建议、补贴等形式所做的限制。不过,与中央决策只是排斥了地方上的行动者如非地方政治家、官僚和团体之间相互作用的产物(这代表了大部分西欧国家中央政策的制定特征)相比,如果地方的参与者本身对中央决策有重大影响,它们对政府服务的影响就具有更大的空间。然而,不管是城市的还是乡村的地方政府,其自由裁量权都是有限的。它们在宪政结构中一直处于从属地位。②

奥德福提出地方政府可以分为四种基本模式:英国模式、法国模式、苏联模式和传统模式。前三种模式流行甚广,最后那种模式(土生土长的村政府形式)仅留存在亚洲和非洲的一些地区。奥德福认为,英国的地方政府体

---

① Edward C. Page and Michael J. Goldsmith (ed) . Central and Local Government Relations—A Comparative Analysis of West European Unitary States [M] . Sage Publications, 1987: 3.

② Edward C. Page and Michael J. Goldsmith (ed) . Central and Local Government Relations—A Comparative Analysis of West European Unitary States [M] . Sage Publications, 1987: 4 – 5.

制与立法形式的中央控制相对分离,一个地方政府机构几乎不受其他地方政府机构的监督;法国的特点是大量的中央监督,这种监督通过行政控制和统治集团的一系列命令得以实现;苏联体制的主要特征是存在着一种更为严格的等级制度,这种制度既是通过正式的组织也是通过共产党实施的民主集中制,以及单一候选人选举制来实现的。①

法国学者安德雷·拉焦尔认为分权有三种类型:政治式分权、行政式分权和行政权转让。第一类是联邦制的情况。其特点是财政高度自主,地方首长通过选举产生。第二类是地方政府的法律基础在中央政府。因此,地方必须从属于中央,但并非完全从属于中央。财政上有部分自治权。地方政府的首长有时依靠选举产生,有时也不依靠选举产生。第三类是地方在法律上根据中央授予的权限从事行政管理。政治上,地方从属于中央,地方首长由中央任命。地方政府基本上是中央的派出机构,其存在不仅取决于中央政府,而且在财政上也依附中央。② 还有学者将中央与地方关系划分为代理型和合作型。

休姆斯(Samuel Humes IV)在《地方治理与国家权力—地方政府传统与变迁的世界性比较》(Local Governance and National Power—A Worldwide Comparison of Tradition and Change in Local Government,1991)对西方国家中央与地方关系的类型划分富有启发意义,有助于深入理解世界主要国家中央与地方关系模式。他认为,关于中央对地方政府的等级控制程度,一个重要的变量是地方首长和上级首长以及和地方选举机构的关系,它存在一个可能性的范围,即等级控制从低度到高度延伸。可以注意到有以下四种变体:(1)组织间调控型——在这一体系中,地方行政机关完全对议会负责(不直接对上级机关负责)。英国地方政府提供了这样一个范例。(2)混合(辅助型)——在大部分职责上地方行政机关对议会负责,但是在执行中央具体政策时对上级行政机关负责。德国地方政府体系是典型。(3)混合(监护

---

① Alder H. F. Local Government in Developing Countries[M]. New York: McGraw, 1964.
② 村松歧夫著、孙新译:《地方自治》,经济日报出版社 1989 年版,第 2—3 页。

型)——在这一体系中,地方行政机关部分对议会负责,作为中央的授权代理机构或者中央等级体系的一员,直接对中央负责,并且受中央监督。法国地方政府提供了一个范例。(4)组织内调控(附属型)——地方政府是中央等级体系的一部分,并完全服从中央的权威。前苏联的地方政府属于这种类型。当然,在实践中,这些范畴在一个连续系谱上模糊而且互有交叉。但是对我们注解中央对地方活动的控制程度来说,它们提供了一个有用的基准。① 而在职能控制方面,关键的差异在于,中央对地方政府和地方活动的控制是集中在中央的一个部(或机构)上,还是分散到很多专门的部和类似的中央控制机构上。在更为综合还是更多职能调控上,存在如下范围:(1)更多是地区的调控——一个中央的部或总的机构负责监督地方政府总目标。通过各个职能部协调它们的关系。各职能部,至少在原则上通过中央部(或机构)交流发展和视察地方的计划。这是德国的实践。(2)双重/地区的调控——一个中央组织对地方政府实施总的控制。有专门的部或机构指导地方服务。前苏联的中央部和机构是党的官僚机构,它提供了一个范例。(3)双重/职能的调控——由中央专门的部或者专门的机构控制地方事务。一个部监督地方政府,并且一般情况下视察并调节地方事务。法国体制就是这样的范例。(4)更多是职能型调控——专门的部或机构视察或直接提供专门的地方服务。一个部(或机构)具有"主管内务"的职能,但是和职能部或职能机构相比,它的协调作用相对较弱。英国属于这一类型。②

上述研究为我们理解中央与地方关系提供了理论基础,尤其是休姆斯的分类更为全面。但是,不可否认,有些分类已经过时了。因为自从20世纪80年代以来,主要国家改革了地方政府,使之更加分权,或者加强了中央集权。此外,没有哪一个国家纯粹属于某一种类型,发达国家的中央与地方关系存在趋同的倾向。再次,随着后福利国家时代新公共管理主义和地方

① Samuel Humes IV. Local Governance and National Power —A Worldwide Comparison of Tradition and Change in Local Government, Harvest Wheatshea, 1991:5-6.

② Samuel Humes IV. Local Governance and National Power—A Worldwide Comparison of Tradition and Change in Local Government[M]. Harvest Wheatshea, 1991:6.

治理的兴起,需要我们以新的工具来衡量中央与地方关系。

关于中央与地方关系的著作,其他还有赖特(Deil S. Wright)《理解政府间关系》(Understanding Intergovernmental Relations, 1988)。戈德史密斯(Machael J. Goldsmith)《中央地方关系中的新研究》(The New Research in Central-Local Relations,1985)。罗斯(R. A. W. Rhodes)的《中央与地方关系中的控制与权力》(Control and Power in Central-Local Government Relations, 1981)。马丁·洛克林(Martin Loughlin)《合法性与合地方性:法律在中央与地方关系中角色》(Legality and Locality: The Role of Law in Central-Local Government Relations, 1996)。

关于日本中央与地方关系的研究,重要著作是日本学者村松歧夫的《地方自治》(1988)。该书研究日本战前战后的中央与地方关系,并分析了60年代居民运动和革新自治体出现的重要性,提出应在传统的"垂直统制模式"的基础上,以"水平竞争模式"来补充说明日本的中央与地方关系。吴寄南的《新世纪日本的行政改革》(2003)对日本1999年的一揽子地方分权法案进行了详细论述,曾祥瑞的《新日本地方自治制度研究》(2005)则主要从规范研究角度研究了日本当前的地方自治制度。日本学者西尾胜的《日本地方分权改革》(2013)分析了集权分权理论,探讨了地方分权改革与政治结构改革之间的关系。

综上所述,西方关于政府间关系的许多讨论,在时间上主要是在80年代末和90年代初,主题大都围绕有多大程度的地方自治或自由裁量权进行。至今为止,许多比较研究著作只是对多个国家逐一分析的纲要性结集,加上前导性的序言和一个比较宽泛的结论,用来分析不同国家的逻辑线索和结构差别很大。

这些著作对于西方国家,尤其是对于英法中央与地方关系的制度分析与比较,为本书提供了丰富的资料和理论基础。本书正是在这些研究成果的基础上,对后福利国家背景下英国、法国和日本的中央与地方关系进行深入研究的。

（三）从福利国家与后福利国家角度对中央与地方关系的研究

从福利国家的角度研究中央与地方关系的著作比较少。主要是鲍比特（Bulpitt. J）所著的《联合王国的区域与权力》（Territory and Power in the UK，1983），其观点被广为引用。他在书中令人信服地论述了英国中央与地方相互分离的"双重"体制在福利国家形成过程中的变迁，认为福利国家的形成导致这一模式走向结束。

罗伯特·贝内特（Robert J. Bennett）主编了《地方分权、地方政府和市场：朝向后福利国家的议程》（Decentralization，Local Governments，and Markets：Towards a Post-Welfare Agenda，1990）。这是一本以美国为研究对象的论文集。在引言中，贝内特简要叙述了从"福利国家主义"政策转为"后福利国家"政策的世界性运动，主要讨论了两种类型的分权：政府间的地方分权，指某一层级政府活动的权力和职责从一级转到另一级（例如，从联邦转到州，或者从州转到地方）的地方分权，和从政府到市场或者非政府组织的分权。

瑞士学者弗朗索瓦—格扎维尔·梅里安在《国际社会科学》（1998 年 3 月号）上发表了一篇题为《治理问题与现代福利国家》的论文，认为治理问题与福利国家的危机直接相关。

赫尔穆特·沃尔曼，埃克哈特·施罗德主编的《比较英德公共行政——主要传统与现代化的趋势》（2004）认为，英德两国最明显的制度趋同是随着民主化福利国家的发展而出现的。① 福利国家的形成产生了对中央与地方政府重新进行职能划分的需要。由此而来的是，地方政府逐渐被整合进中央政府的福利政策中，"不同国家"对地方政府的中央政策出现了趋同。②

---

① 赫尔穆特·沃尔曼、埃克哈特·施罗德主编，王锋等译：《比较英德公共行政——主要传统与现代化的趋势》，北京大学出版社 2004 年版，第 19 页。

② 赫尔穆特·沃尔曼、埃克哈特·施罗德主编，王锋等译：《比较英德公共行政——主要传统与现代化的趋势》，北京大学出版社 2004 年版，第 21 页。

书中对英德两国地方政府公共部门的改革进行了详细的比较,主要探讨社会服务提供模式改革,分析了社会服务部门改革中地方政府角色的实质性改变,但是较少涉及改革对中央与地方关系的影响。

道格拉斯·E·阿什福德(Douglas E. Ashford)的《英国的教条主义与法国的实用主义——福利国家中的中央与地方决策》(British Dogmatism and French Pragmatism:Central-Local Policymaking in the Welfare State,1982)并没有涉及福利国家的组织特征,只是比较研究了两个主题:(1)英法两国中央政治和行政上的制约如何影响地方政府改革;(2)中央政府和地方政府体制在政策形成过程中的相互作用。作者认为福利国家的形成并没有改变英法两国整合地方政府的模式。

布鲁诺·登特和弗朗西斯科·凯尔贝(Bruno Dente and Francesco Kjellberg)主编的论文集《制度变迁的动力——西欧民主国家中央—地方关系的重构》(The Dynamics of Institutional Change-Local Government Reorganization in Western Democracies, 1988);Edmond Preteceille 的《政府重构与地方权力——比较的视角》(State Restructuring and Local Power —A Comparative Perspective, 1991)。这两本著作是较早涉及福利国家对中央—地方关系影响的研究。但是前者将福利国家等同于"国家干预主义",后者也没有专门分析福利国家类型或者形态,只是把福利国家的危机作为研究背景而略有提及。

在保罗·卡迈克尔和阿瑟·米德温特主编的《调控地方当局——中央控制地方的新兴模式》(Paul Carmichael, Arther Midwinter, Regulating Local Authorities—Emerging Patterns of Central Control, 2003) 一书中,戈登史密斯(Goldsmith)提出,在 20 世纪,可能政府间关系最重要的决定因素就是福利国家的发展和在不同国家的不同形式。[①] 但文中并未展开分析和论述。

随着 20 世纪 90 年代地方治理的兴起和发展,对地方治理的研究逐渐增

---

① Paul Carmichael and Arther Midwinter(ed). Regulating Local Authorities —Emerging Patterns of Central Control[M]. Frank Cass And Company Limited, 2003:94 – 95.

多,它成为一些知名大学的研究中心和民间学术机构的重点研究课题。1990 年以来尤其是在 2000 年左右出版了一系列著作。当代地方治理思想发源于 20 世纪 80 年代初期的英国。在英国,研究重地以纽卡斯尔大学政治学教授罗斯(R. A. W. Rhodes)为首,包括格里·斯托克(Gerry Stoke)、彼得·约翰(Peter John)、阿利斯泰尔·科尔(Alistair Cole)等来自英国各个大学的知名教授。在英国经济与社会研究委员会(Economic and Social Research Council, ESRC)之下成立了地方治理指导委员会(Local Governance Steering Committee, LGSC),专门研究地方治理课题。在美国,1991 年得克萨斯大学奥斯丁学院建立的地方治理国际研究中心(International Workshop on Local Governance, IWLG)聚集了一批来自世界各地的研究人员,每年召开一次国际性年会。

可见,地方治理成为一个重要的研究领域。这方面的著作主要有:罗斯(R. A. W. Rhoeds)的《理解治理:政策网络、治理、反应性和责任性》(Understanding Governance: Policy Networks, Governance, Reflexivity and Accountablity, 1997);格里·斯托克(Gerry Stoker)的《英国地方政府新管理》(The New Management of British Local Government, 1999);阿利斯泰尔·科尔(Alistair Cole)和彼得·约翰(Peter John)的《英国和法国的地方治理》(Local Governance in England and France, 2001);罗伯特·利奇和贾尼·珀史-西密斯(Robert Leach and Janie Percy-Smith)合著的《英国的地方治理》(Local Governance in Britain, 2001);彼得·约翰(Peter John)的《西欧的地方治理》(Local Governance in Western Europe, 2001);约翰·斯图尔特(John Stewart)的《使英国地方政府现代化——对工党改革的评论》(Modernising British Local Government: An Assessment of Labour's Reform Programme, 2003);Michio Muramatsu 等主编的《战后日本地方政府的发展》(Local Government Development in Post-war Japan, 2001)。

关于地方治理的研究主要集中在:(1)哲学与政治层面。包括治理与地方治理的内涵与外延;公民社会与地方治理的发展;民族国家与公民社会的关系;政府、市场与治理的"第三条道路"理论;信任与地方治理;社会资本与地方治理,参与式民主与地方治理制度设计;地方治理与不同历史文化传统和文化背景国家治理的契合性等等。(2)地方治理结构体系和制度分析。主要侧重于地方治理本身系统、制度构造与地方政府重组问题,研究理论来自新制度主义经济学、政治学及公共行政学科等。内容主要涉及:全球化对当代地方治理形成和发展的影响;多中心的制度安排与地方治理体系的设计;地方治理中的制度约束;地方治理与政府组织职能、机构再造;地方治理与政府间关系的调整;地方治理中公共政策网络体系的构建;治理与税收、财政和转移支付制度的改革;社区公民治理形式和途径;地方间区域合作治理;地方治理中的分权化改革等。(3)地方治理发展策略与手段层面的研究。

以上著作对福利国家中地方政府与地方治理的关系进行了或多或少的研究,主要从作为福利国家的工具或者代理人的角度分析地方政府,几乎没有提到后福利国家的概念,而且一般都是对地方社会范围内治理进行研究,较少涉及中央与地方关系。这些著作为本人研究后福利国家背景下英国、法国和日本的中央与地方关系提供了扎实的材料依据和理论基础。

在中文著作领域,从福利国家的视角研究中央与地方关系基本上还是一片空白。与英文著作一样,一些研究中提到了福利国家的形成对中央与地方关系的重要影响,但是没有展开论述。较早提及的是陈嘉陵,他认为政府机构是政府职能的载体。地方政府机构的发展很大程度上取决于地方政府职能的发展……资本主义国家中又以所谓"福利国家"的地方政府机构最庞大。① 胡康大在《欧盟主要国家中央与地方的关系》认为,英国福利国家的建立与扩张使中央加强了对地方的控制,干预范围越来越广、越来越细,从而使中央与地方关系发生了明显的变化。②

就本人掌握的资料来看,总的说来,西方出版的著作中,许多只提到了福利国家的形成会对国家权力的扩张、地方政府的角色和央地关系产生重

---

① 陈嘉陵主编:《各国地方政府比较研究》,武汉出版社 1991 年版,第 171—172 页。
② 胡康大:《欧盟主要国家中央与地方的关系》,中国社会科学出版社 2000 年版,第 1 页。

大影响。几乎没有专门从后福利国家的视角系统研究中央与地方关系的专著。在国内,这方面的研究目前也非常少。这既为本书研究后福利国家背景下的中央与地方关系提供了很大空间,同时也加大了难度。本书正是在上述研究成果的基础上,在福利国家向后福利国家转型的背景下,进一步深入研究英国、法国和日本中央—地方关系的变迁及面临的挑战。

四、研究方法和分析框架

本书采用比较研究和历史研究相结合的方法,对英、法、日三个国家在后福利国家背景下中央与地方关系的变化进行研究。现代的中央与地方关系只能理解为是一种过去和现在的结合。环境的变迁会带来制度的变迁,但是由于制度演进过程中存在路径依赖,制度本身有着很强的自主性。环境的变迁与制度的变迁之间并不是一一对应的关系。但是制度同样也会发生变迁,其变迁特征的类型可分为制度功能的变迁、制度的演进和制度的断裂。由于制度本身在历史之中的展开受到历史进程和时间顺序的影响,制度的变迁又是一个不连续的过程,在新制度形成时期关键节点上的差异将决定着制度的走向。制度在不同的历史时期和历史空间背景下可能扮演着不同的角色,在不同历史时期起主导性作用的制度也并不完全一样。

新制度主义关于制度变迁的理论认为,制度是社会发展过程中长期形成或建立起来的,用以减少风险和增加信任的行为规则。随着时间的推移,制度会因发生磨损而出现短缺,因此将打破旧的制度安排而形成新的制度供给。这种制度创立、变更及随着时间变化而被打破的方式就是制度变迁的表现。制度变迁总是遵循一定路径,沿着特定的轨迹演化。但是,由于制度变迁过程中受到不同变量的作用,其路径选择也体现出多样性特征。新制度主义视角下有三种制度变迁的路径理论:路径依赖(重视制度遗产、结构因素在制度变迁过程中的作用)、路径替代(指通过政府等权威力量改变制度变迁的路径依赖性质而建立全新制度安排的制度变迁方式)和路径偶然(原来的制度变迁路径突然中断,形成新型制度安排的路径选择是完全偶然的。这一时期的政策选择对于新型制度的形成起着极其重要的作用,制度遗产的相对重要性依赖于掌权者出示的政策选择)。历史制度主义是新制度主义政治学各大流派中,真正从政治科学的传统中生发出来的。最早成为方法论意义上的新制度主义就是历史制度主义。它以历史背景和制度结构为取向,在分析制度的建立过程中强调路径依赖和意外后果;尤其关注制度之外的其他因素是如何与制度一道产生某种政治后果的。观念、制度与利益之间的互动图景及其共同作用之下的政治行为,是历史制度主义分析模式中所处理的主要变量。

对英、法、日三国中央与地方关系的研究表明,历史型塑了当前的政治权力和政治安排。在解释变化中的中央与地方关系时,不应该忽视各国的制度传统。

第一章　从福利国家到后福利国家

——重塑中央与地方关系的重要动因

　　第二次世界大战以来,作为一种由国家来承担维护和增进全体国民基本福利的政府形式,福利国家已成为发达资本主义国家解决社会冲突的主要模式。过去,人们主要把福利国家看成对失衡社会结构进行干预或矫正的机制,或者更将其视为一个分层化体系,因而是规范社会关系的一支积极的力量。现在,人们从多种视角来认识福利国家的发展、本质以及影响。我们以什么标准判别一个国家是否以及在何种条件下才算是福利国家呢? 首先,衡量福利国家的发达程度,一般以该国社会立法的范围和性质为标准,或者依据政府的医疗与社会服务开支的多少,有时也包括教育开支的多少。在发达的福利国家中,政府预算的主要部分用于社会福利部门。战后欧洲福利国家建设的典型构成是以全体国民为对象的普遍社会保障计划。在英国和斯堪的纳维亚国家中,这一普遍性原则被贯彻得最彻底。其次,是塞伯恩所倡议的,"应从国家行为的历史转变入手的方法。毕竟,一个真正的福利国家其大部分日常行为一定是服务于家庭的福利需要。这一评判标准有着意义深远的重要价值。"①"可以概括地说,福利国家被看作是对两种基本发展所作出的反应,即民族国家的形成及其向民主政体的转变,以及工业革命之后资本主义社会发展的基本要求的满足,是劳工运动得到积极动员的结果,而不论社会党或社会民主党是否控制了国家的决策机构。"②从政治和政体的层面上讲,福利国家是主权国家的国家机器,但是从经济和社会的层面上讲,福利国家又是为了政治权力、保障资本的发展、补充市场的不足、缓解和预防社会风险而设立的机制。这种机制在第二次世界大战后曾经使市场及社会的需要和政治能力结合起来,甚至一度被认为,它使"繁荣、平等和充分就业达成了完美的和谐"。③ 克劳斯·奥菲(Claus Offe)认为,从最为抽象和最为一般的层次上说,资本主义国家概念可以表述为一套政治权力制度,它由下述4个功能性条件所决定:私有财产,税收限制,积累,民主和合法性。既然国家权力依赖于一个它不能组织的积累过程,掌权者就必然致力于私人积累的政治条件。国家在积累方面所具有的制度性自我利益,是由下一事实决定的:国家无权控制资源的运行,但它们又是行使国家权力所必不可少的条件。相反,尽管积累者的主要旨趣并不在于行使"国家权力",但掌权者由于其权力之故,却必须对维持和保证一个健康"积累过程"持有兴趣。④ 这是掌权者建设福利国家的首要动机。福利国家的主要原理是,它的制度和政策满足需要。我们将以下当作公理:福利制度有七个潜在的"功能"——贫困救济、贫困预防,提供社会保障,收入再分配,保持"社会团结",促进(劳动力)流动,促进经济和劳动力市场的重建和生产力。⑤ 在《巨

---

① 考斯塔·艾斯平－安德森编、郑秉文译:《福利资本主义的三个世界》,法律出版社2003年版,第20—21页。

② 戴维·米勒、韦农·波格丹诺(英文版主编),邓正来(中译本主编):《布莱克维尔政治学百科全书》,中国政法大学出版社2002年版,第855页。

③ Gosta Esping-Anderson. Welfare States in Transition:National Adaptations in Global Economies [M]. Sage Publications, 1996:1.

④ 克劳斯·奥菲著、郭忠华等译:《福利国家的矛盾》,吉林人民出版社2006年版,第148页。

⑤ 考斯塔·艾斯平－安德森编、周晓亮译:《转变中的福利国家》,重庆出版社2003年版,第266页。

变——当代政治与经济的起源》（2013）一书中,波兰尼认为,纯粹的自律性市场是一个乌托邦。人类的经济活动总是"嵌含"于社会之中,且无法从中"脱嵌"。波兰尼主要关切的是 19 世纪西方文明衰败的起因。他从社会经济史的角度勾勒了资本主义世界经济的要求与民族国家内部社会福利的追求这两者之间的冲突,以自由经济制度与社会制度之间的冲突过程来解释自律性市场社会的建立及其衰败。主张国家在经济治理上扮演必要角色,但如何干预,却无定论。① "福利国家正是国家机器在 20 世纪干预社会,并且为此又干预经济、计划经济、强化行政、管理社会而形成的一种国家形态。"②塞缪尔·弗莱施哈克尔在《分配正义简史》一书中认为,分配正义在现代意义上是要求国家保证人人都得到一定程度的物质财富。保证给穷人救济是现代观念,它的形成只有二百年的历史。正义的早期概念,包括亚里士多德的观点,都是关于政治权利的分配;只是到了十八世纪,在诸如亚当·斯密和康德等哲学家的著作中,正义才开始被用在贫困问题上。正义的谱系被拉长,是因为没有弄清正义和慈善的关系。③ 皮尔森认为,"对于社会保护的承诺加强了西方民主政体的合法性。"④吉登斯警告说,"没有了敌人的国家的合法性,越来越取决于它们管理风险的能力。"⑤无论各国特定福利政策和机构产生和发展的原因是什么,福利国家已经在各先进工业社会中成长起来。皮尔森把福利国家的紧缩政治叫做福利国家的新政治。它与 20 世纪 70 年代之前政治最大的不同是:以前的政治是增加社会保障、提高福利开支,容易得到选民的支持;而新政治是福利国家的紧缩政治,主要削

① 卡尔·波兰尼著、黄树民译:《巨变——当代政治与经济的起源》,社会科学文献出版社 2013 年版。
② 周弘:《福利国家向何处去》,《中国社会科学》2001 年第 3 期。
③ 塞缪尔·弗莱施哈克尔著、吴万伟译:《分配正义简史》,凤凰出版传媒集团、译林出版社 2010 年版。
④ Paul Pierson. Dismantling the Welfare State? Reagan, Thatcher, and the Politics of Retrenchment[M]. Cambridge: Cambridge University Press, 1997: 3.
⑤ 安东尼·吉登斯著、郑戈译:《第三条道路——社会民主主义的复兴》,北京大学出版社、三联书店 2000 年版,第 80 页。

减福利开支,必然要遭到选民和一些强大的利益集团(工会)的强烈反对。

本章主要探讨两个问题,一是福利国家的性质及后福利国家的新特征,二是福利国家的转型对中央地方关系的影响。对第一个问题的探讨,从福利国家的历史开始,并试图运用政治学的方法,来认识作为一种国家形态的福利国家的特征。在前述基础上,进一步来思考福利国家的危机及向后福利国家的转型如何重塑中央与地方关系。

第一节 福利国家的形成与发展

福利与国家相结合并不是自古就有的事情,福利制度本身也是一种政治安排,所以,理解福利国家必须纵观历史,同时也应该特别关注社会重建与政治变革之间的关系。在福利国家的形成过程中,国家对社会经济生活的干预日益广泛和深入,社会保障体系的对象、范围和目的从低级向高级发展,社会保障的功能发生了质的变化。在对建设福利国家的必要性达成共识之后,余下的问题是国家干预的方式和方法问题。社会历史环境、经济发展水平和政治制度的差异使得不同国家孕育了不同的福利国家模式。但是,福利国家的历史起源、目标乃至具体政策措施均有很大的一致性。福利国家多样性的表现形式并不妨碍人们对其共同特征做出概括,得出规律性的结论。

一、福利国家产生的社会经济背景

社会福利国家模式的历史变迁是多种因素综合作用的结果,但从更深层次上看,反映出资本主义制度下生产力发展的扩张性要求与生产关系之间的固有矛盾和斗争,是资本主义生产方式内在矛盾的外化。福利国家所主张的国有化、混合经济、经济计划化和对社会财富的再分配客观上适应了生产力发展的这一要求。生产力的迅速发展,客观上要求对资本主义生产关系作出相应的变革和调整,建设福利国家反映了生产力发展的现实需要,是国家垄断资本主义在现有制度框架内对生产关系不断调整的过程。

从 19 世纪 70 年代开始,资本主义开始从自由竞争向垄断阶段过渡,垄断资本的统治不断加强,资本主义基本矛盾和阶级矛盾更加突出和尖锐。从这一时期到第二次世界大战前的半个多世纪里,资本主义世界先后爆发了多次经济危机。在经济危机期间,工人的实际工资大幅度下降,并被大批解雇,流落街头,生活贫困而无保障。与此同时,在欧洲大陆上,为了争夺世界市场,资本主义国家之间不断爆发战争。战争使民用工业和民用建筑遭到巨大破坏,导致消费品短缺、物价上涨,人民生活在苦难之中。经济危机、连年的战争、垄断资本的统治等,加剧了无产阶级的贫困化,进一步使无产阶级和资产阶级之间的矛盾不断激化,欧洲各国工人纷纷建立起自己的工会组织和政党,开展了反对资本压迫的斗争。面对这种严峻的形势,欧洲各资本主义国家一方面通过各种反劳工、反社会主义的立法,强化国家机器,对工人运动进行镇压;另一方面,又试图利用收买、笼络和欺骗等手段瓦解工人运动,调和劳资矛盾。

正是在这种社会政治背景下,出现了各种社会改良主义和机会主义思潮,形成了社会改良主义思想。社会改良主义思想的内容主要有:垄断资本主义国家已经变成"全民国家",它代表全社会的利益为所有社会成员谋福利;资本主义制度是合理的,但存在着一些弊病,如财富和收入分配的不平等、失业和由此造成的贫穷等。这些弊病是由于某些政策失误而造成的,因而可以在不改变资本主义生产方式的前提下,只需要改变分配方式就能够消除。通过一点一滴的社会改革,即实行渐进改革,可以改变资本主义制度的性质。在这些思潮中,其经济方面的主要内容就是"福利国家"论。

19 世纪中期到第一次世界大战前,在一些资产阶级经济学家和"社会主义者"或改良主义者的著作和讲话里,已经出现了有关"福利国家"的改良主义思想,但还没有系统化。

英国经济学家约翰·穆勒(J. Mill)看到了资本主义社会分配方式的不公平,提出了有关分配制度的折衷主义思想。形成于 19 世纪 80 年代的讲坛社会主义,是德国庸俗经济学新历史学派的一个重要分支,其主要组织成员由一些经常在大学讲坛上鼓吹所谓社会主义的教授和学者们组成。他们的主要思想理论是鼓吹对资本主义进行改良,而且将这种改良当做他们的社会主义目标的一部分。在他们看来,实现社会主义需要依靠国家的力量,使国家在社会经济发展中发挥全面的作用。他们指出,在职能上,国家除了应该具备维护正常的社会秩序和保护公民安全的职能之外,还应该承担起实现公民幸福的社会责任。因此,国家应该采取各种可能的措施,以实现社会的全面发展,包括文化、医疗、卫生、教育等项事业的发展,尤其是要对老弱病残以及社会失业者等社会弱势群体提供必要的帮助。讲坛社会主义者认为,这种经过改造的资本主义就是理想的社会主义。他们甚至把当时属于封建贵族和资产阶级专政下的普鲁士称为"福利国家"和"人民的国家"。讲坛社会主义者的设想为普鲁士首相俾斯麦进行社会保险制度改革提供了思想源泉。当时,德国支配阶级、资产阶级与无产阶级及其政党的政治立场、阶级状况与利益诉求等等诸方面的因素,最终"配合"了俾斯麦以福利抵制民主的大谋略。这一时期的另一个主要流派是英国的费边派,它对"福利国家"论的形成和发展起了重要的作用。"费边"意为渐进,这一名词典型地概括了费边派的思想特征,即主张通过对现实资本主义的渐进改良而走向社会主义。

到了20世纪初,马克斯·韦伯又对这一理论作了重要发展,他提出社会主义还应该包括一项重要内容,那就是,为老人、儿童、残疾人、病患者以及失业者提供社会服务,他认为这种能够维护公民生活安全的国家就是社会主义国家。费边社会主义的理论主张对英国工党的建立起了很大的作用,为英国工党政府建立福利国家提供了理论支持。

两次世界大战期间,垄断资本主义的发展更加强调国家干预。这一阶段,一些资产阶级经济学家开始专门研究福利问题,形成了"福利国家"的理论基础即福利经济学。与此同时,政府也开始把增进社会福利作为自己的责任。

庇古在其所创立的福利经济学中关于福利标准和福利政策的论述为"福利国家"论提供了某些论据。哈耶克(F. A. Hayek)就曾指出:"在英国,庇古和他的学派所提供的理论基础'福利经济学',对于'福利国家'这个概念的采用起了促进作用"。① 在政策手段上,庇古提出,要通过征收累进税,把高收入者交纳的一部分税款用于社会福利投资,使之成为失业保险、养老保险、医疗保险的重要资金来源。庇古之后的福利经济学家,又对如何实现收入分配的"帕累托最优"从而获得社会福利的最大化等问题进行了研究,但其基本主张都是一致的,即对国民收入进行再分配,并认为这是社会平等的一个基本条件。凯恩斯对"福利国家"论的形成和发展起了重要作用。凯恩斯本人并不属于社会改良派,但他在《就业、利息和货币通论》中提出的许多原理,尤其是主张实行国家干预以达到充分就业目的的理论和政策,不仅成为"福利国家"论的主要内容,而且也为"福利国家"论提供了新的论据和目标。凯恩斯提出的有关政府对经济的调节以摆脱经济危机的措施与"福利国家"论不谋而合。可以说,凯恩斯主义所主张的通过扩大有效需求来化解危机的反危机理论,正是在庇古所强调的社会福利这一具体形式上才找到了与"社会主义"的最佳结合点。不过他不是从社会改良主义的角度来宣传"福利国家"的,而是把福利国家的发展作为促进资本主义经济增长和经济发展的重要途径来宣传的。他的理论和政策主张成为第二次世界大战后凯恩斯主义者积极宣传"福利国家"的理论依据。

如果说 30 年代的改良只是福利国家模式的雏形的话,那么,二战后的政治经济形势则为福利国家模式的迅速形成提供了必要的社会条件,"福利国家"论最终形成,并在各国广泛流行。各国政府开始了大规模的"福利国家"建设,普遍建成了"福利国家"。

1945 年英国工党执政后,以"贝弗里奇报告"为依据提出了"民主社会主义"的理论和纲领,"福利国家"则是其中的一个重要组成部分。他们把"福利国家"论、"欧文主义"、约翰·穆勒的折衷主义经济学说、费边社会主义、"独立工党传统"等都看作工党的理论基础和来源。在英国工党所提出的"民主社会主义"传统中,有五个主题具有重要影响,即:征用财产收入、合

---

① 　陈银娥:《现代社会的福利制度》,经济科学出版社 2000 年版,第 34 页。

作、工人参加管理、社会福利和充分就业。为了实现"社会主义"目标,必须"促进福利"、"公平分配"财产和收入、改革教育以便给青少年提供受教育的"平等机会"。他们所描述的"民主社会主义"就是"凯恩斯主义+经过修改的资本主义+福利国家"。为了建成"福利国家",英国先后施行了社会保险、工业伤亡补助、家庭补助、社会保健补助四种社会福利法案。1948年,英国工党正式提出"福利国家"的口号,其领袖艾德礼(时任英国首相)宣布英国已建成了"福利国家"。由于英国工党是当时最大的社会民主党,二战后初期在西欧社会民主党中居于领导地位,他们所提出的"公平分配收入"、"混合经济"、"政治自由"、"福利国家"、凯恩斯主义及"平等"信念等"民主社会主义"原则,为大多数西欧社会民主党人所接受。

二、福利国家的形成——从济贫到全民福利

在西方历史进入现代以前,政治和福利是分离的。福利是社会机体的功能,是教会的工作,是在家人、朋友、邻居、社区成员之间相互帮助、排忧解难的基础上辅之以具有宗教色彩的慈善事业。不过,严格地说,在福利供给成为政府职责之前,它和政治的关系实际上是密不可分的。最早在西方进行福利道德说教、实施福利措施的宗教组织本身也是政治组织。在宗教改革运动兴起于欧洲各地之前,在民族国家取代空壳的"神圣罗马帝国"而成为欧洲的主要政治实体之前,罗马教皇就是政教合一的权威,罗马教会和它分布在欧洲各地的教堂既行使某种政治职能,也同时行使宗教和社会的职能。赈济灾民和贫民就是这种职能的表现方式之一,教会通过行使社会职能,加强了在欧洲社会中的政治地位。[①]

英国、法国、荷兰等国先期过渡到民族国家。民族国家在英国的发展伴随着国家对罗马教会的挑战、英国教会的国家化、教区的重新划分以及世俗政府社会功能的强化。当这些国家开始制定内部政策的时候,开始关注传

---

① 周弘:《福利的解析——来自欧美的启示》,上海远东出版社1998年版,第34—35页。

统上属于宗教领域的慈善事业。英国中央政府通过剥夺教会的社会功能,在解决社会贫困问题的同时发展了主权国家的社会管理机制,增强了国家的力量,提高了国家的权威。从这个意义上来说,西方福利国家的源头在民族国家政权形成之初。①

16世纪中期,英国用于向贫民提供救济的财物仍然主要来自于教会和个人捐献。1536年,英国颁布了具有重要影响的《亨利济贫法》,它标志着英国政府开始为解决社会贫困问题承担一定的职责。地方官员有义务分发教会收集的志愿捐赠物资,用来救济穷人、残疾人、病人和老年人。法令还允许地方政府用公共基金为"身体健全、能够从事工作的人们"提供工作。地方政府还被授权教育那些5—14岁的乞丐学会一门手艺,以便他们成年后能够自谋职业。1572年,英国国会颁布法令规定,不论城市、城镇或是乡村,每个公民都要缴纳为了济贫而专门设立的基金。还要求设立教区贫民救济委员会,专门负责为贫民提供救济,并为身体健全的无业者提供工作。可见,该法确认了政府为实施各种救济而征税的权力,从而为英国政府建立起社会救济制度奠定财政基础。到16世纪后期,英国政府已经认识到,对流浪者的惩罚措施不足以维持社会秩序,更不利于整个国家的长期稳定。英国当时的首相汤尼说:"鞭子对一个必须流浪和注定受穷的男人来说并不可怕。"贫穷不仅仅是一种个人问题,更是一种社会现象,政府应该采取有效的措施,帮助那些无以为生的人们。

正是在上述各种社会立法的基础上,1601年,英国颁布了世界历史上著名的《伊丽莎白济贫法》,将原来分散化、应急性的济贫事务转化为国家的一项基本职能,使政府介入社会领域,承担社会职责,帮助教区履行其原有的济贫职责。正因为如此,这部法令后来成为英国本土和英国在美洲殖民地公共福利政策的基石。《伊丽莎白济贫法》规定,各个教区应向居民征收济贫税,给无力谋生的人发放救济,建立贫民习艺所,组织成年贫民从事劳动,安排孤儿学徒。当时,多数贫民习艺所的生存条件极其恶劣,被人们称为

① 周弘:《福利国家向何处去》,《中国社会科学》2001年第3期。

"蒙着面纱的监狱",贫民宁肯流浪街头,也不愿接受"救济"。

在西方,福利事业的发展和政治制度的发展,特别是和民族国家内政的发展密切相关。马舍曾经将英国民族国家形成初期的《伊丽莎白济贫法》称为"微型福利国家"。他在提出这个定义的时候强调的不是"福利",而是国家功能的发展变化。英国政府在 17 世纪初通过实施《旧济贫法》而重新划分了 15000 个教区,从而强化了中央政府的社会行政管理。①

《伊丽莎白济贫法》在英国社会政策发展史上具有重要地位,和以往分散在各教区的福利设施相比较,世俗政权采取的福利措施更加统一、更有效率、更加理性。首先,它在以往各种社会救济立法的基础上,对英国济贫法制度进行了比较系统的规定,从而奠定了英国济贫法制度的基础。其次,法令所提出的对贫困人口进行区别性对待的原则,既体现出政府对应该接受救济者所承担的必要责任,也体现着强调依靠个人劳动摆脱贫困的自助精神。最后,法令对值得救济者所提供的救济是一种居家救济,居家救济直到 19 世纪 30 年代,都是英国济贫法制度提供救济的基本原则,居家救济原则也被称为院外救济原则。②

到 18 世纪中期,由于贫民数量不断增加,"集中管理"的济贫模式难以为继。1782 年,英国议会通过了《吉尔伯特法》,规定贫民习艺所只收容年老体弱的贫民和孤儿,其他贫民由教区安排就业或提供基本的衣食保障。1795 年,英国开始立法通过《斯宾汉兰德法案》。波拉尼认为,前工业化时代的"斯宾汉兰德"制度之下的收入保障体系阻止了劳动力转化为纯粹的商品,因为它保证了实际社会工资,减弱了那些脱离土地的工人流往新兴工业都市的迫切愿望,因而成为资本主义发展的羁绊。从 1795 年到 1834 年,也就是工业革命最有生气的时期,英国之劳动力市场的产生都受到该法案的阻碍。③《斯宾汉兰德法案》本乡充足地实行《旧济贫法》,但却产生了与原

---

① J. D. Marshall. The Old Poor Law: 1795 – 1834[M]. London: Macmillan, 1968: 25,45.

② 丁建定、杨凤娟:《英国社会保障制度的发展》,中国劳动社会保障出版社 2004 年版,第 6 页。

③ 卡尔·波兰尼著、黄树民译:《巨变——当代政治与经济的起源》,社会科学文献出版社 2013 年版,第 158 页。

意相反的结果。而且,"斯宾汉兰德"济贫体制很快就面临费用问题:1801年英国的济贫费用为410万镑,到1818年就猛增到787万镑。同时,随着工业革命在英国的进行,英国开始了向工业化社会的转变。工业革命在推动英国社会经济发展的同时,也导致了社会问题尤其是贫困问题和失业问题的日益严重。在这种情况下,根据社会发展变化的需要,英国议会在1834年对英国济贫法制度进行重大改革,废除"斯宾汉兰德制度",修正《旧济贫法》,颁布实施新的济贫法,英国的社会政策进入新济贫法制度时代。《新济贫法》可以视为现代资本主义的起点。此后,《伊丽莎白济贫法》常被称为《旧济贫法》。《新济贫法》的主要特点是取消"院外救济",实行院内救济。贫困者必须进入济贫院才能得到救济,这被称为院内救济原则。新法规要求更加严格地执行"不够格"原则,即不允许接受救济者的生活水平超过自食其力者的最低标准;同时,接受救济的贫民受到许多限制丧失甚至部分人身自由,并被剥夺选举权等政治权利,这是对贫困者在政治上的一种惩罚。《新济贫法》颁布实施后,为了保证院内救济原则的推行,英国各地开始逐步建立济贫院,各种济贫院成为19世纪大部分时期英国重要的救济机构,也是这一时期英国社会救济制度的一大特色。《新济贫法》以济贫法律的最后形态出现,它成为英国最早推行社会政策的一个开端和社会行政的起源。一个基本上自由放任的经济与一套萌芽中的高度集权的福利制度(尽管还没有形成福利国家)已经共存。

1834年《新济贫法》所确立的新济贫法制度,成为社会保险制度出现以前英国政府实施贫困救济的主要政策和措施,在以后的实施过程中虽有一些变化,但它的基本特征和原则却一直保持未变。在新济贫法制度时代,除了作为政府主要救济措施的济贫法制度以外,英国还存在多种非政府性救济组织和救济行为。其中,慈善组织所提供的救济在各种非政府性救济中占有重要地位。对这一时代的社会保障活动,我们可以作出如下评价:第一,在性质上是居高临下的施舍型;第二,根本目的是防止被统治者反抗;第三,保障项目极端有限型;第四,保障水平是极端低下型;第五,保障效果是不良型。济贫制度只不过是社会保障由非制度化向制度化发展的一个过渡,只能算是社会保障发展进程中的初级阶段。①

综上所述,在以社会保险制度为核心内容的现代社会保障制度出现以前,英国社会已经存在着各种各样的社会救济措施。这些社会救济措施基本上可以分为两种类型,即政府性救济措施和非政府性救济行为。政府性救济措施以济贫法制度为主,这一制度经历了一个从旧济贫法制度到新济贫法制度转变的过程。非政府性救济行为主要包括慈善组织提供的救济和各种互助性组织提供的救济,这些非政府性救济行为也经历了一个不断发展壮大的过程。此外,各种自助行为一直在英国社会救济中占有重要地位。但是,传统社会救济措施虽然曾经在英国历史上发挥了重要的作用,也只是英国特定历史时期的产物,与当时英国经济和社会发展的特定水平相适应。当英国社会经济发展到一定阶段,特别是工业社会在英国确立以后,面对工业化所带来的各种社会问题,传统社会救济措施显得无能为力。英国就需要建立一种与工业社会发展相适应的新的社会政策体系和社会保障制度。②

从旧济贫法到新济贫法的转变意味着重大的进步。但是,济贫法制度的根本缺点决定其终将被现代社会保障制度取代。济贫法制度的根本缺点是,它以救贫为主,而不是以预防贫困为主。济贫法制度下的任何救济都是在贫困成为一种事实以后方才提供,而不是在可能出现贫困之前提供救济以便防止贫困。因此,济贫法制度从根本上说不可能有效地解决贫困问题。尤其是随着工业社会的发展,社会问题愈发复杂,贫困的原因更加多样化、社会化,在这种情况下,仅仅以救济为主的济贫法制度显然已经无法满足社会发展和变化的需要。此外,济贫法制度是一种综合性的救济制度,无论何种社会问题所导致的贫困都依靠这一制度予以救济。1870—1914 年期间,英国的社会问题类型复杂、程度严重,超过以往任何一个历史时期,贫困问题只是其中的一种社会问题,失业问题、健康问题、老龄化问题的严重程度绝不亚于贫困问题。

---

① 郑功成:《社会保障概论》,复旦大学出版社 2009 年版,第41—42 页。
② 丁建定、杨凤娟:《英国社会保障制度的发展》,中国劳动社会保障出版社 2004 年版,第11—12 页。

这些社会问题尽管相互影响、互为因果，但是各种社会问题本身的影响愈发明显，它们的出现和加剧也各有特殊原因，因此要区别对待，针对不同原因所导致的不同性质的社会问题采取不同的解决办法。作为一种综合性救济措施的济贫法制度根本不可能有效地解决所有这些社会问题，济贫法制度陷入困境之中。英国自由党政府在提供社会保障方面对济贫法的作用作出了重要修正。它们是 1908 年的《老年人养老金法案》和 1911 年的《国民保险法案》。《国民保险法》对将"保险原则"引入英国社会保障立法起到了更为重要的作用。在 19 世纪的最后几年里，欧洲的许多国家都采纳了国家或城市保险计划。《社会保险法》在德国的问世表现了其独特的历史传统。就像英国新崛起的王权在 17 世纪初以《旧济贫法》代替教区的社会管理一样，19 世纪末才实现统一的德国也需要以《社会保险法》来统一社会。不过，和英国不同，这时德国面临的主要问题是各个联邦的分离倾向和资产阶级与无产阶级之间尖锐的对立和冲突。为了维护脆弱的统一，德国政府加强对社会的关注与保护，借以增强德国人的国民意识和爱国情怀。不过，由于外部的社会条件发生了变化，特别是工业化的进展和工人运动的发展，德国《社会保险法》和《济贫法》在观念和方法上都有巨大的差别。在英国，在《旧济贫法》基础上发展起来的《新济贫法》沿袭了《旧济贫法》的补救模式，以救济贫民和预防贫困为主旨，将政府的援助扩大到全民，而德国《社会保险法》中体现的政府社会功能则包含着一种明确的阶级调和的内容。①

在第一次世界大战期间以及战争结束时，英国政府承诺创建更美好的未来。甚至在战争尚未结束时，就已经通过了《教育法》，将国家支持免费教育的年龄提高到 14 岁。战争结束时，劳埃德·乔治承诺建造"适合英雄的家园"。战后首先通过的立法之一就是《住宅法》，向地方当局提供政府补贴，为"工人阶级"建造住房。这就是众所周知的以政策发起人——卫生部长艾迪逊的名字命名的《艾迪逊法》。它虽然不是第一个允许地方当局修建房屋的立法，却是第一个为其提供补贴的立法。《艾迪逊法》有效地启动了

---

① 周弘：《福利国家向何处去》，《中国社会科学》2001 年第 3 期。

地方议会住房建造的程序。尽管要随着政府对补贴安排的变动而定期调整，这种做法一直延续到 20 世纪 70 年代。

在 1870—1914 年期间，英国建立起来的新型社会保障制度是英国社会福利制度的又一次重大改革和根本性转折，在英国社会福利制度的三次重大改革中，只有 1870—1914 年的改革完成了从传统的济贫法制度向社会保险制度的根本性转变，在英国第一次建立起养老金制度、健康保险制度和失业保险制度，这是三项带有根本性和最具创新性的改革措施，在英国第一次建立起以社会保险为核心的现代社会保障制度，这些措施构成这一时期英国所建立的新型社会保障制度的核心和重点，并为 20 世纪英国社会福利制度的发展与完善，为福利国家的建立奠定了基础。

20 世纪以前，济贫措施一直是英国政府最主要的"社会福利"机制。在价值观念方面，直到一战以前，英国政府一直把赤贫现象看作贫民个人原因造成的"病态"来进行处理，把救济和强制劳动结合起来，当时的济贫措施不仅不能减少社会贫困现象，而且在一定程度上深化了阶级矛盾和阶级仇恨。我们需要进一步说明福利、责任性和因果性观念之间的联系。尽管 19 世纪的济贫法哲学强调，非歧视性福利应该受到强烈反对，因为它的吸引力会让人们变得依附国家。但是，19 世纪同样存在富有影响力的福利传统，它认为人民显然有权得到救济，因为他们在道德上不应对自己所置身于其中的困境负责。商业循环运动带来周期性失业，还有其他大规模经济现象显然是个人无法控制的，这意味着在现代工业社会，个人无力左右自己的就业和生活。并非是不负责任（据说它是由扩张性福利国家带来的）产生了剥夺、失业和穷困，它们恰恰是由不受阻碍的市场带来的。所以，在不可抵抗的社会力量面前，重要的不是个人的责任，而是个人的无力，建设福利国家是正当的。J. A. 霍布森认为，只有在环境赋予所有人以平等机会的条件下，我们才能将贫穷或失业的不幸处境归因于个人性格的缺陷。

30 年代的经济大危机是西方福利国家观念彻底更新的催生剂。在凯恩斯主义的影响下，贝弗里奇爵士在他最具有影响力的著作《自由社会中的充分就业》中明确提出："保护国民免于大规模的失业……这必须确定无疑地

是国家的职能,就像国家现在保护国民免于来自国外的威胁和来自内部的
强盗和暴力的威胁一样。"由于市场的不完善和社会的无力量,国家利用手
中的权力,保护国民免于社会风险已经成为国家观念中不可分割的组成部
分,成为政权合法性和政府权威的依据之一。国家的对内保护社会职能与
国家的对外职能具有同等重要的地位,这已成为现代工业国家的共识。这
种共识具体体现在三个主要方面的政策上:第一,由政府出面提供与个人及
家庭收入相应的最低收入保障;第二,政府有责任帮助个人和家庭抵御社会
风险(如疾病、老龄和失业)可能带来的危机;第三,政府保证所有的国民个
人(无论其社会地位的高低)享受尽可能最好的、没有确定上限的社会服务。
这三个方面的政策发展导致了福利国家的出现,每个福利国家都根据本国
的特定情况选择不同的政策组合。余下的问题不再是政府干预社会的必要
性,而是干预的方式和方法。①

　　1934 年,在保险救济金之外设计出了一个全国统一的收入审查救济金
计划,由失业救助委员会(Unemployment Assistance Board, UAB)管理,开始
合理化进程。这个新机构就是 1948 年国家救助委员会(National Assistance
Board)的前身。UBA 使中央政府接管了济贫机构的职能。1934 年,为失业
者提供收入审查救济金的责任被转移到这个全国性的组织。1940 年,又在
原有责任的基础上增加了为老年人提供的类似救济金。1941 年,又把多数
由资力审查决定的现金援助纳入其责任范围。采用这些法令的同时也就废
除了济贫法,维持收入的责任落到了国家救助委员会。入院照顾问题和其
他福利服务的责任归地方福利部门负责。

　　二战结束后,英国政府立即着手进行福利国家建设。首先,建立了完善的
社会保障法律体系。1946 年,英国颁布了《国民保险法》和《国民医疗保健
法》,1948 年颁布了《国民救济法》,这三个法律的实行标志着英国已经建成了
全面的社会保障制度。其次,统一了社会保障事务的管理体制。1944 年,英国
建立了国民保险部(后更名为社会保障部),实现了对社会保险、社会补助和社

---

① 　周弘主编:《福利国家向何处去》,《中国社会科学》2001 年第 3 期。

会救济项目的统一设计、统一实施,改变了原来分散杂乱的局面。这说明英国政府已经把社会保障事务作为自己最主要的日常工作,最终确立了"福利"与"国家"之间的联结关系。[①] 1948 年,英国首相艾德礼宣布英国建成了"福利国家",济贫法终于寿终正寝了。在所有西方民主国家,福利国家起初是一个旨在保护脆弱者免受市场力量随机效果侵害的体系,而现在已经转变为一个综合性社会安排体系,它与干预主义的原初目标只有偶然的联系。[②]

战后英国逐步建立了完善的社会补助体系,覆盖面遍及全体公民,达到了"从摇篮到坟墓"的水平。因此,与社会保险制度一道构成了英国福利国家制度的基本内涵。[③] 英国的社会福利制度实际上是在福利国家建设过程中逐渐完善起来的。从社会福利制度发展的角度来看,英国战前分散的社会福利项目主要立足于防止少数社会成员因贫困而陷入绝境,基本维持在社会救济的层面上;而战后社会福利制度则立足于为全体社会成员提供普遍的生活保障,保证集约化社会大生产所需要的高质量的劳动力再生产。这就是说,英国的社会保障制度已经成为其经济体制的组成部分,发生了质的变化。

战后,发展规模庞大的社会保障体制成为整个欧洲社会的突出特征。具有一个共同的特征:那就是对所有需要支持的人提供保障,给予每个公民维持基本生活的最低保障,不考虑他们的偿还能力。同时,各国社会保障体制在组织结构、筹资方式和运营方式等方面不同,反映了各国文化、历史和风俗习惯等方面的差异。在实践中,工业化国家的社会功能领域里出现了两种不同的模式:一种传承英国的济贫法精神,以救助贫困者作为政府社会功能的基本出发点,进而发展到把国家的社会保护网扩大到覆盖所有工业社会中可能遭遇社会风险的人群;另外一种则沿袭德国的社会保险法传统,以制度性的阶级调和作为政府干预社会的基本措施,在阶级之上另外建立

---

① 周弘主编:《国外社会福利制度》,社会科学出版社 2002 年版,第 100 页。

② 诺曼·巴里著、储建国译:《福利》,吉林人民出版社 2005 年版,第 119 页。

③ 周弘主编:《国外社会福利制度》,社会科学出版社 2002 年版,第 100—102 页。

一套机制,使社会各有关成员都为工业社会的风险承担责任。这两种模式在相互借鉴与补充的基础上都遵循着自己的轨道发展,并且影响了整个世界。这两种模式都产生于欧洲,造成它们不同的根源就是英国和德国在民族国家政权发展过程中那一百多年的时间差。统一的民族国家政权对工业化早期的社会现实作出社会干预的决定,就产生了济贫法,统一的民族国家政权对大规模的工业化社会矛盾做出进行社会干预的决策,就产生了社会保险法。①

　　解释社会福利制度大体上有三套理论框架:第一,根据社会政策的起因,将社会福利政策划分为机制模式和补救模式。机制模式将福利制度化,成为整个经济运行机制中不可分割的一部分,补救模式集中解决遗留在机制之外的问题。第二,根据社会责任的分担情况,将社会福利的各部分责任主体划分为政府、市场和个人等。第三,根据社会思潮或政治党派的信念和主张,将社会福利制度划分为社会民主主义、自由主义和社团主义。这些概念有些是重合的,有些是交叉的,有些是对立的。一般来说,自由主义强调市场和个人的作用,社团主义强调家庭的作用,社会民主主义则主张依靠国家的力量。

　　在今天的福利论争中,严重的分歧是关于国家责任的两种竞争性观念,关系到福利政策的起因,它们被总结为"补救"模式和"机制"模式。这种结构性划分方法源自理查德·蒂特姆斯(Richard Titmuss),他权威性地将福利国家分为补救型福利国家(residual welfare state)和机制型福利国家(institutional welfare state)。前一类型以救助贫困作为政府社会功能的基本出发点,旨在使贫穷最小化,只有当家庭或市场运作失灵时,国家才承担起责任。这种福利国家模式试图将其责任限定在少数应该得到帮助的社会群体范围内,进而发展到把国家的社会保护网扩大到覆盖所有工业社会中可能遭遇到社会风险的人群。补救模式集中解决遗留在机制之外的问题。这种福利国家甚至可以称为济贫法体系,因为它只关心消除剥夺——它能确保相当

_____

① 　周弘:《福利国家向何处去》,《中国社会科学》2001 年第 3 期。

程度的共识(如果可以消除的贫困仍然存在的话,甚至富人也会感到很糟糕)。这种福利国家的特征之一是它依附于财产调查,如果要达到补救型福利国家的目标,这种手段必须使用。

机制模式则因袭德国的社会保险法传统,对需求人口提供普遍性的服务,致力于全体居民,具有普遍主义的性质,并且体现为一种对福利的制度性义务;以制度性的阶级调和作为政府干预社会的基本措施,在阶级之上另外建立一套机制,使社会各有关成员都为工业社会的风险承担责任。从原则上说,它将福利责任扩展到一切至关重要的社会福利分布领域。与机制模式有关的问题不只是它的超额成本,而且还有它对自由和选择的威胁。这类福利国家让社群中所有人都来消费福利物品,譬如保健、失业保险、退休金、教育等等。机制模式的理论支柱来自社会团结的价值,而社会团结源自福利物品和服务的共同消费。道德主体可以分为不同类型:古典自由主义社会理论中抽象的效用最大化者与自己的同胞相互分离;机制模式主张另一种道德类型,即愿意合作、较小个人主义、能够承担公民责任、具有包容性、更好地处理与社会中其他成员的互惠关系等。他们的福利不仅仅是他们收入的功能,而且包括普遍服务所明显产生的共同幸福。[①] 欧洲和英国福利国家的明显差别可见于这个主题,因为前者拥有一套更具包容性的社会安排,它预先排除了人们由于收入而导致的隔离。这些十分昂贵的计划能够在欧洲生存下来,恰好是那里反个人主义的一个结果。

两种模式的共同点在于它们都承认收入再分配的合理性,都采用转移支付的方法进行社会保护。补救模式由政府拨款,机制模式通常要求个人供款。补救模式的社会契约关系仅限于政府和公民个人,而机制模式体现的社会契约通常涉及政府、雇主和个人三方。随着经济的转型和社会的发展,这两种模式之间的不同点日益显现:它们不仅使用的社会再分配方式不一样,而且观念不同。[②] 补救模式之下政府只负责特殊社会群体的保障,特

---

① 诺曼·巴里著、储建国译:《福利》,吉林人民出版社 2005 年版,第 158 页。
② 周弘:《福利国家向何处去》,《中国社会科学》2001 年第 3 期。

点是目标人群的选择性和保障水平的低水准;机制模式以政府全面干预的方式维护社会公平,特点是普遍性、结构性、政府性、大面积覆盖和专业化管理。① "传统的公共救助和现代的社会工作项目更多地受到补救性观念的影响,而社会保险中的养老保险、失业保险等项目则基本以制度化为主要特征"②。

罗波特·彭可(Robert Pinker)说,"社会福利的补救模式和经济增长的'乐观'理论密切相关"。因为"随着增长和多方面的繁荣,贫困的现象就会减少"。社会福利将目标"有选择地集中在一群残留的、人数不断减少的少数需求者"身上。用这种方法,有限资源的使用更加有效,如果配合以发展正常的市场,这种"有的放矢"的福利可以提供一个足够慷慨的支付水平,从而使社会环境得到显著的改善。相反,"社会福利的机制模式和关于经济增长的各种解释密切相关"。这种模式认为,贫困是工业化的伴随现象,会由于工业化的加速而持续和加剧。工业社会里依赖人口的比例在增加,失业、贫困、文盲、疾病和无家可归现象在增多,这些问题的存在决定了在大范围内普遍地提供机制化服务的必要性。③

哈罗德·威伦斯基分析了美国社会工作的状况,认为补救模式重视家庭和市场,但家庭和市场因为受其他因素驱动而不能被纳入社会福利的范畴。机制模式不包含个人耻辱和反常状态等因素,在价值上承认现代生活的复杂性,用一定之规去应对社会的典型问题,从而能够体现公平的原则。在以社会目标为依据的福利中,美国人更倾向于补救模式和有限的政府干预,欧洲人则更倾向于普及性的机制模式和全面的政府干预。当然,无论是威伦斯基还是蒂特姆斯都不否认,在现代,福利领域里的理论和实践是两种模式的混合,其中机制模式的福利强调优先解决普遍性的社会问题,补充以必要的救助性选择服务,而补救模式的福利则显示出对于自由选择的价值

---

① 常宗虎:《评国外社会福利制度改革中的政府退位倾向》,《中国民政》2001 年第 2 期。

② 周弘:《福利的解析——来自欧美的启示》,上海远东出版社 1998 年版,第 62 页。

③ Robert. Pinker. Social Theory and Social Policy[M]. London:Heinemann Educational Books,1979:99.

承诺,要求首先解决社会失常现象,补充以必要的普及性服务。

　　福利国家保障的不仅仅是公民个人的收入,而且还把社会管理的职能延伸到营养、住房、健康和教育等人们生活的方方面面。福利国家以社会需求为主要出发点,把机制模式和补救模式结合起来,面向所有的公民,实行大规模的收入再分配,力图造成为国民整体谋利益的印象。

　　正是在公共福利类型的分析中,产生了对福利理论和实践最有创新性的贡献。每一种要成为福利理论的核心都有毛病。① 尽管各个福利国家在表现形式上存在一些差异,但其历史起源、目标乃至具体政策措施上均有很大的一致性。因此,多样性的表现形式并不妨碍人们概括福利国家模式在这一阶段的共同特征。从社会保障的产生与发展的历史进程中,我们可以看出社会保障体系的对象、范围和目的等都在从低级向高级发展。根据社会保障对象的变化,社会保障的发展可分为三个阶段:首先是对特定劳动者的保障,其次是对全体劳动者(包括潜在劳动者)的保障,最后是对全体国民的保障。从实施社会保障的范围考察,先以生老病死为主要内容,以后逐步扩大到对失业者的生活保障、社会救济和社会性福利等各方面。就社会保障目的的变化而言,社会保障的最初目的是"济贫",后来发展到"防贫",现在则以保障全体国民生活水平不断提高,实现"全民保障"为目的。所有的工业化国家基本上都遵循这样的途径来发展社会保障事业。

　　英国社会学家哈罗德·韦伦斯基在《福利国家与平等》一书中指出,"福利国家"的关键是政府保证所有公民享有最低标准的收入、营养、健康、住房、教育和就业机会,公民们享受这些服务是公民的政治权利而不是接受慈善家的施舍。他认为,"福利国家"既是现代社会的一个庞大、完整统一的机器,同时又是由多样化的组成部分聚合而成的。威廉·罗布森归纳了"福利国家"的理论原则。他认为,"福利国家"就是国家关心整个民族的福利,公共政策应优先考虑其成员的福利。不过,韦伦斯基在《工业社会和社会福利》一书中也承认,"福利国家"论在很大程度上带有理想主义色彩,"福利

---

① 诺曼·巴里著、储建国译:《福利》,吉林人民出版社 2005 年版,第 159 页。

国家"的许诺很难实现。20世纪50年代兴起的"福利国家论"对福利国家模式作了经典的概括。其代表人物汉森、萨缪尔逊在他们的著作中指出,福利国家的共同特征是:建立了"混合经济",实现了"充分就业",实行"公平合理的财富和收入的分配",创办各种"社会福利设施"。我们可以在这一概括的基础上归纳一下第一阶段社会福利国家模式的一般性特征。对"福利国家"的解释,主要观点包括:第一,认为"福利国家"的主要原则是,国家有义务把充分就业置于政府政策所支持的社会目标的首位,把创造就业机会、实现充分就业作为政府扩大有效需求和消除社会矛盾的一个重要措施;第二,认为"福利国家"是扬弃国家对其公民(除保护财产外)不承担任何义务的自由放任理论,肯定国家必须承担防止贫困和不幸、向公民至少提供他们所需要的最低生活援助的责任,重视社会福利立法和社会福利制度的建立健全,并把它作为消除资本主义弊端的重要途径;第三,以社会平等为基本价值目标,并把经济上尤其是收入上的公平分配作为实现社会平等的一个重要前提,认为"福利国家"是国家权力对资本主义市场经济进行调节,使之提供日益增多的经济盈利。政府先通过税收将这种盈利收归国家,再利用社会政策进行再分配,以此促进平等;国家政策的方向是保证利用自由民主的程序来满足公民的需要和愿望;第四,认为"福利国家"是一种"混合经济制度",混合经济被视为福利国家模式的主要特征之一。关于混合经济的内涵,汉森在1941年发表的《财政政策和经济周期》一书中指出,19世纪以后,资本主义经济已经发展为一种社会化的公共经济与资本主义私人经济同时并存的"双重经济",双重经济的发展并非是从私有经济向公有经济过渡,而是由私人资本主义经济向以社会福利为重点的混合经济过渡。汉森认为,混合经济包括两重含义,即生产上的公私混合经济和收入与消费的公私"混合经济",这种双重生产经济和双重消费经济构成了福利国家的基础。在1960年出版的《二十世纪六十年代的经济问题》一书中,汉森进一步指出了"混合经济"与"福利国家"之间的联系:"我们现在已愈来愈发展成一种双重经济——私营企业差不多生产了全部物质的商品……政府的功能是提供更大部分的社会服务和便利,它们是高水平的文化修养所必需的。这就是

'福利国家'的意义。"萨缪尔森在《经济学》一书中对混合经济思想做了进一步的发掘和发展。萨缪尔森认为,混合经济具有以下两层含义:(1)在所有制方面,既有占主体地位的生产资料私人占有,也有生产资料政府所有的补充;(2)在经济运行机制上,是一种由市场这只"看不见的手"和政府那只"看得见的手"相结合的混合运行机制。萨缪尔森还认为,在这种混合经济中,市场主体有三个,即消费者、厂商和政府,政府对国民经济的干预不是强加于市场经济的外生因素,而是国民经济一个有机组成部分。这样,政府和私人对经济同时发生作用,成为"混合经济"。

第二次世界大战后的初期,由于社会历史环境和经济发展水平的差异,欧洲不同国家孕育出了不同的福利国家模式。除瑞典和英国外,法国、荷兰等国的模式也各有特点。弗里兹·查皮(Fritz W. Scharp)将欧洲福利国家分为四种类型。(1)斯堪的纳维亚或北欧国家:以高额税收为基础,基本取向是使每一位公民都享受到福利;(2)英国的福利模式:重视社会服务和保健,但福利是按收入多少来确定的;(3)中欧各国的福利模式:对社会服务投入较少,但其他方面却有充分的福利性投入,获得福利的主要途径是就业,而福利基金的主要来源是社会保险金;(4)南欧各国的制度:在形式上类似于中欧各国,但涉及的范围较窄,提供的支持也比前者少。① 需要提及的是,吉登斯把"古典社会民主主义"(老左派)的传统社会福利国家模式所具有的共同特征概括为12个方面:②(1)国家普遍而深入地介入社会生活和经济生活;(2)国家对公民社会的支配;(3)集体主义;(4)凯恩斯式的需求型管理,加上社团主义;(5)限制市场的作用:混合经济或社会经济;(6)充分就业;(7)强烈的平等主义;(8)多方位的福利国家:保护公民"从摇篮到坟墓";(9)线性现代化道路(社会主义道路);(10)低度的生态意识;(11)国际主义;(12)属于两极化的世界。虽然福利国家可以分为若干种类。但我们不

---

① 高鹏怀:《历史比较中的社会福利国家模式》,中国社会出版社2004年版,第36页。
② 安东尼·吉登斯著、郑戈译:《第三条道路——社会民主主义的复兴》,北京大学出版社、三联书店2000年版,第8页。

得不承认,没有一个案例国家具有某种纯粹性。社会民主主义在斯堪的纳维亚国家可能占主导地位,但它们并没有排除重要的自由主义成分。同样,自由主义的制度模式也不是纯粹的,例如美国的社会保障体系具有再分配和强制的性质,而远非保险精算式的,至少"新政"初期的经济政策与当代斯堪的纳维亚的社会民主主义具有相似之处。欧洲的保守主义制度也具有自由主义和社会民主主义的成分。在过去几十年中,欧洲国家日益变得既非合作主义、亦非极权主义。①

第二节　福利国家的危机与转型

社会保障的本质是一种再分配手段。在市场经济中,市场机制对资源配置起主导作用,但是由于市场分配存在内在缺陷,如果国民收入仅仅由市场机制进行初次分配,其结果必然是社会财富在社会成员之间分配的不公平,造成社会阶层之间严重两极分化。这种竞争机制形成的两极分化必须限制在一定的程度,否则将导致尖锐的社会矛盾进一步激化而妨碍社会和经济的有效运行。因此,政府必须对市场机制的初次分配结果进行有效补偿,以维护社会公正,促进经济社会稳定和协调发展。社会保障正是克服市场失灵、维护社会公平、体现政府调节和干预作用的重要手段之一,是保障和促进经济健康发展的重要条件。所以,福利国家远不是强加于经济系统上的一个沉重负担,而是一个内在的经济、政治稳定器,通过它,可以重新唤起经济发展的动力,并防止经济急剧衰退。一系列完全相异的目标,从俾斯麦为抵制工人阶级运动而采取的强制收购措施,到魏玛共和国时期社会民主党所采取的社会主义改革;从战争期间的社会政治联合、国防经济到商业的稳定等,都被整合进同一套制度,构成今天的福利国家。福利国家使国家干预程度最大化,"福利国家计划必然会把国家和准国家的官僚机构网扩大

---

① 考斯塔·艾斯平－安德森著、郑秉文译:《福利资本主义的三个世界》,法律出版社2003年版,第31—32页。

到公民们的日常生活中去,这一点似乎不成问题。"①晚期资本主义的特征在于它是一种政府"全面管理"下的社会。正是这一制度所具有的多功能性质,它所具有的能够同时服务于许多彼此冲突的目标和战略的能力,使得福利国家的政治安排产生了强大的吸引力,使各种彼此冲突的力量结成广泛的联盟。但情况也表明,尽管这些彼此冲突的力量创造和维持了福利国家,但它们在这一制度框架下并不能永远和平相处。尽管福利国家的早期批评者指出,国家福利存在本身可能会产生它旨在解决的问题,但是直到20世纪中叶,综合性的福利国家在西方民主国家中建立之后,这才成为一个严重的知识问题。② 福利国家作为解决资本主义社会矛盾的主要模式广受赞誉,这种情况直到20世纪70年代中期还一直如此,很少例外。"然而,以这个时期为转折点,在许多资本主义国家,这种和平模式本身成为怀疑的目标、批判的对象和政治斗争的核心,这种一度得到最广泛接受的问题解决机制,现在自身变得有问题了,无论如何,对福利国家及其未来的那种无可置疑的信心现在已迅速消失了……在战后的欧洲社会,那种几乎得到普遍接受的、用来创造和平与和谐的模式,在20世纪70年代却成为新的矛盾和政治分裂的源泉。"③福利国家意味着国家功能和合法性的转变。它缓和了社会分裂,但可能造成了新的分裂。在西欧,福利国家的发展与民主化的进程、混合经济的发展以及前所未有的大众物质福利的增长相伴而生。这一发展的原因和结果几乎难以分清。今天,福利国家已越来越受到攻击。阶级妥协机制自身已成为阶级冲突的目标。④ 而且,在全球化的时代,高福利必然影响国家竞争力。那么,福利国家方案、行动空间和未来发展,是将受到发达资本主义社会结构矩阵的塑造和限制呢?还是通过福利国家的成就或失败来重塑这一矩阵?

---

① 约翰·基恩著,马音、刘利圭、丁耀琳译:《公共生活与晚期资本主义》,社会科学文献出版社1999年版,序言。
② 诺曼·巴里著、储建国译:《福利》,吉林人民出版社2005年版,第125页。
③ 克劳斯·奥菲著、郭忠华等译:《福利国家的矛盾》,吉林人民出版社2006年版,第268页。
④ 克劳斯·奥菲著、郭忠华等译:《福利国家的矛盾》,吉林人民出版社2006年版,第260页。

一、福利国家的危机与后福利国家时代的来临

20 世纪 70 年代,剧烈的经济衰退使新自由主义经济政治思想得到强有力的复兴。这种复兴实质上是对假装能对其病症进行治疗的福利国家所作的根本性批判:与其说福利国家有效地调和了资本主义发展所产生的冲突,不如说它实际上加剧了冲突,而且还阻碍了市场力量正确有效地发挥作用。社会保障的目标是建立一个公平公正的社会体制,但是政府在运用社会保障手段来纠正和弥补市场分配的不足和缺陷时,很容易阻碍市场机制的运行和微观主体的积极性,造成资源配置和使用效率的损失,最终导致社会保障达不到预期目的。之所以如此,主要有两方面的原因:第一,福利国家机构强加于资本之上的管制和税收负担等于是抑制了资本投资的动力;同时,福利国家所认可的要求、权利以及工人和工会所拥有的集体权力,抑制了工人工作的动力,或者至少不能迫使他们像在完全市场经济条件下那样努力而有效率地工作。保守主义分析福利国家的第二个重要论点就是假定,福利国家具有抑制工人工作的后果。与前两个问题同等重要的问题是,既然社会保障是一种重要的收入再分配手段,本身必然存在公平与效率的问题。

20 世纪 70 年代中后期以前,欧盟各国的社会保障侧重于公平而忽视了效率,其后果显而易见:国家财政负担日益严重,个人、企业发展和创新的动力不足,这严重制约了经济的发展。福利国家纷纷面临失业危机、老龄危机、财政危机、社会危机和文化危机。弗兰茨—克萨韦尔·考夫曼在其著作《社会福利国家面临的挑战》中提出,福利国家面临五个方面的挑战——(1)人口的挑战:所谓代际契约;(2)经济的挑战:结构性失业;(3)社会的挑战:混合的福利生产;(4)国际的挑战:比经济区位问题更广泛得多;(5)文化挑战:福利国家的共识和开放社会。[①] 在实践中,福利国家的危机表现为:

---

① 弗兰茨－克萨韦尔·考夫曼著、王学东译:《社会福利国家面临的挑战》,商务印书馆 2004 年版。

社会福利支出费用加大,各国财政日益不堪重负;各种税收加重了企业负担,影响了企业资金积累,进而影响了企业劳动生产率的提高和生产经营积极性的发挥;在福利制度较为完善的社会环境中,失业人数却有增无减。70 年代以来欧盟国家面临的社会保障危机的严峻挑战,主要就是因为社会保障的快速发展超出了现有经济所能承受的范围,这种不协调发展在特定环境下暴露出来,给经济增长和国家的宏观调控能力带来了负面影响。因此,社会保障改革的目标是寻求能够与社会经济协调发展的最佳社会保障制度,这就要求在改革中不能孤立地谈论社会保障制度改革,而要联系经济增长的各个方面,对社会保障制度有关的各个环节进行调整。

在当代政治和社会思想中,福利概念或许正在经受最彻底的检讨。"因为任何关于福利的评论注定要充满关于政治生活实质性目标的具有高度争议性的假设,而国家的作用和个人自我实现的意义便成为争论的关键领域。"①吉登斯认为,目前的"福利国家无法及时调整自己的步伐,以便覆盖那些新的风险,比如与技术变迁、社会排斥或者不断增加的单亲家庭有关的风险"。② 历史上,福利争论与个体性问题以及个体行动责任的问题交织在一起。在正统福利经济学领域之外,评价福利政策和制度对个人的影响是关键问题。特别是在美国和英国,福利国家的怀疑论者的重要观点是认为非歧视性的福利支付会削弱个体性和个人责任,尤其是当它们以权利资格的形式出现,并且对接受者没有要求相应的责任,创造了一种众所周知的"依附性"文化,而不是一种由负责任的、自主的主体构成的社会。福利是一种支持,而不是一种礼物。在美国,观察家中间存在某种共识,认为该体系没有实现它的目标。尽管贫困者的数目减少了,但这并不是因为更多的人实现了个人自主,而是因为更多的人开始依附新的福利项目。高福利对劳动道德造成了威胁,具有反工作伦理和反生产性;福利政策会产生一种"依

---

① 诺曼·巴里著、储建国译:《福利》,吉林人民出版社 2005 年版,序言。
② 安东尼·吉登斯著、郑戈译:《第三条道路——社会民主主义的复兴》,北京大学出版社、三联书店 2000 年版,第 120—121 页。

附型文化",福利的轻松获得和以"权利资格"形式分配福利会产生失去自立和自主能力的公民,它很不利于培养好公民。这种批评让人想起"斯宾汉兰德 vs 新济贫法"的论争,这种论争主导了维多利亚时代关于社会问题的许多思考。现在所争论的关于穷人的问题不只是"他们没有足够的钱",而是包括了自我实现、公民资格和什么导致有价值的生活等复杂的问题。很明显,对于许多观察家来说,个人幸福意义上的福利(或者更具争议性的社会福利意义)不一定通过过分依附国家而得到加强。正是福利的主观性让什么是增进幸福这个问题变得难以解决。"很难高估因果性、个人行动的责任性和福利概念之间联系的重要性,如何理解这些观念(以及它们之间的互动关系)严重影响到对国家干预经济和社会事务的态度。"①几乎所有的福利理论都有一种让人沮丧的含义。不可能存在既不反直觉,也不反生产力这样一种福利体系。尽管一些社会理论家建议国家完全退出,因为保险和私人慈善可以解决类似的问题,但这是很难想象的。所有这些尝试性问题都与这样一个基本命题有关:福利问题本质上关涉个人的感觉和态度,不管它们通过市场、国家,还是通过这两个竞争领域之外的自愿行动形式来调和。正是将福利特征归于"社会国家"或聚合体,才在一定程度上(如果不是主要地)导致了国家一开始就内在具有的理论和实际问题。②

关于福利国家的变迁模式如下表所示:

社会福利国家模式变迁的历史比较

项目＼时期	第一阶段	第二阶段	第三阶段
政治派别	老左派	新右派	新中派
指导思想	社会民主主义	新保守主义	第三条道路

① 诺曼·巴里著、储建国译:《福利》,吉林人民出版社 2005 年版,第 16 页。
② 诺曼·巴里著、储建国译:《福利》,吉林人民出版社 2005 年版,第 149 页。

续表

时期 项目	第一阶段	第二阶段	第三阶段
经济理论	凯恩斯主义	新自由主义	吸收新自由主义的某些做法
价值观	社会平等 社会公正	个人自由 对不平等认可	强调起点平等 强调民主和责任意识
国家干预	混合经济	私有化程度高	新的混合经济
社会福利	全面而广泛	不同程度削减	积极的社会福利
就业状况	充分就业	把劳动力抛向市场	以社会投资（教育、培训等）促进就业
社会关系	劳资合作 社会团结	劳资对立 社会问题突出	新的合作 包容型社会关系
贫富差距	小	大	较小
工会力量	强大	弱	较弱
财政负担	大	小	较大
经济效率	较低	高	较高
生态意识	低度	低度	较强

来自:高鹏怀:《历史比较中的社会福利国家模式》,中国社会出版社 2004 年版,第 154 页。

面对高福利带来的种种弊端,欧盟"福利国家"纷纷发出了"福利国家将向何处去"的疑问。最近关于福利国家的争论,不是它本质上是否合乎需要,功能上是否必不可少,而是建立福利国家的速度和方式问题。在今天的西欧社会,即便设想一种部分废除现存福利国家制度性要素的政治战略,而且是一种具有现实希望的战略,那也是极度困难的,更不用说整体上废除福利国家的制度安排了。这也就是说,在某种程度上,福利国家已经成为一种不可逆转的结构,废除它与废除整个政治民主、联盟以及从根本上改变政党

体系没有什么差别。"根本不能证明'发达资本主义国家减去福利国家'的
模式将会是一种实际可行的模式。这种不能证明的原因是非常明显的,这
也是即使新自由主义的意识形态被付诸实施,那也将是一种非常危险的治
疗方法的原因。福利国家大规模提供了住房补贴、公共教育、医疗服务以及
广泛的强制性社会保障计划等。在缺乏这些方面的条件下,工业经济的运
转根本是不可想象的。考虑到城市化的要求和条件,工业企业劳动力的大
规模集中,技术、经济和地区的迅速变化,家庭越来越丧失了应对工业社会
所产生的生活不幸的能力,道德领域日益世俗化,拥有财产的中产阶级的数
量变得越来越少而且变得越来越具有依赖性,等等,所有这些方面都是资本
主义社会结构的典型特征。在这样一种条件下,福利国家的突然消失将使
整个社会系统处于一种毁灭性的冲突和无政府状态。福利国家令人尴尬的
秘密在于:尽管它对资本主义积累的影响很可能是破坏性的(如保守主义分
析所着重强调的那样),然而废除福利国家所带来的影响简直是毁灭性的
(这一事实被保守主义分析系统地忽视了)。由此产生的矛盾就是:尽管资
本主义不能与福利国家共存,然而资本主义又不能没有福利国家。这种情
况正是我们使用矛盾概念时所指的境况。保守主义分析的缺陷就是,它着
重强调了这种矛盾的第一个方面,而对第二个方面默然不语。当然,资本主
义福利国家的基本矛盾也可以看作仅仅是一种'困境',通过对其两个方面
进行慎重的平衡,它可以得到'解决'或'管理'。然而,这又以具备下列两
个条件为前提,而且这两个条件都是高度不确定的:第一,能够找到这样一
个'最佳点',在这一点上,福利国家维持秩序的功能得以发挥,而其破坏性
作用又得以避免。第二,即便能够找到这样一个最佳点,政治过程和管理实
践还必须足够理性,以维持这种危险的平衡。"①

　　西欧社会民主党人在肯定"福利国家"将继续存在的前提下,提出应对
"福利国家"进行改革。其主要观点在费边社的《福利国家的未来》(1983)

---

① 克劳斯·奥菲著、郭忠华等译:《福利国家的矛盾》,吉林人民出版社 2006 年版,第 290
页。

一书中得到了较全面的反映。他们认为,第二次世界大战以后,"福利国家"的建立扩大了公民权概念的范围。公民权不仅包括人身自由、言论自由、信仰自由、在法律面前人人平等、一人一票等,而且应该包括经济福利、经济保障、享受文明人应有的生活标准等,享受一定的社会福利是公民应有的权利。国家应继续保持对社会福利的管制,因为这种管制可以防止私人垄断组织的剥削,允许和促进社会经济的计划化,通过减少以盈利为目的的领域来减轻贪婪和自私的影响。但是,由于第二次世界大战以后"福利国家"通过增加政府开支、进行收入再分配来解决资本主义社会不平等问题时失败了,其原因主要是由于第一次分配不平等,并且社会保障制度也忽视了在职但工资很低的工人。因此,他们主张在保持国家管制的同时,应该改革现存的社会福利制度。减少可普遍享受的优惠服务,改善低工资工人的处境,增加只给予穷人的补助,让穷人取得国民收入和财富中更大的份额。为此,他们提出了一项税收改革建议,包括:在确定税收时提高社会目标在其中的作用;提高个人所得税的起征点;建立更加累进的高税率结构;实行有利于所有低收入者的税收补贴;取消向私人保险机构所提供的减免税收的优惠,加强对偷税漏税的预防;取消给抵押贷款的利息收入在按较高税率纳税时提供税收减免的优惠,等等。E·范莱内普也认为,自第二次世界大战以来个人所达到的保障是具有历史意义的社会成就,这一成就不应该被那种不可能获得支持的临危"逃避"所取代。也就是说,政府不能因为存在较严重的福利保障问题以及财政赤字甚至财政危机而放弃自己在社会福利保障方面的责任、不能因为出现了"福利国家"制度的危机而将社会福利计划实行"多元化"、"私人化"和"市场化",应该继续维持和发展"福利国家"。他认为,"维持福利国家的最佳方式是严格规定福利国家的主要目标与界限"。其基本原则包括:一是一定要继续坚持足够的工作收入是福利的根本基础的原则;二是国家有责任遵照民主社会的公共愿望,通过财政系统争取提供比市场系统更公平的收入分配;三是国家一定要继续实行"社会保障",对失业、疾病、残疾和老年等社会风险进行主要担保;四是可采取各种方式救济社会上的贫弱群体,如可以实行国家、省、市的直接救济,给低消费者价格补贴,利用各种形式的私人团体救济。然而以上方针必须以有效的方式来进行,并且要迎合现今主要经济潮流。① 需要通过"福利国家"的调整与改革来维持和发展社会福利保障事业,在兼顾社会公平的同时提高其经济效率。

抛开关于福利国家矛盾的文化和价值上的种种判断,在 80 年代,直接以这种或那种方式依赖福利国家的人数占了总人口的很高比例(在斯堪的纳维亚国家中达到 40%)。这些人包括病人、依赖他人者、养老金领取者、公职人员。这一切使福利国家在现在和未来都不可能也不会被轻易放弃。首先需要说明的是,没有任何迹象表明,西方国家的政府将放弃其高度发达的社会职能。就连提倡"小政府"的美国,其社会功能也是在加强,而不是在减弱。美国政府并不是越来越疏于社会管理,而是更新了福利给付的观念,并且使用了多种手段。虽然在社会保护的领域里,市场的因素在增长,但是迄今为止,向社会提供福利和保护仍然是国家的主要功能。面对一个通过支配社会 30% 的财富来达到社会目标的估价,我们很难得出福利国家衰落的结论。② 英国撒切尔主义时期对福利国家的削减,也主要是在社会服务和附加保险额领域,对基本社会保障并没有触动。安东尼·吉登斯在 1998 年出版了《第三条道路——社会民主主义的复兴》一书,该书在对英国新工党的理论政策主张进行系统阐述的同时,明确提出社会福利国家改革的新设想,即建立"社会投资国家"。在吉登斯的文章《左派瘫痪之后》中,这种"社会投资国家"被描述为一条将福利国家引向富有动力的、创新的社会之路。它将通过投资人力资本而不是直接给予利益的方式,建设一个"积极的福利社会",并将在风险和安全、个人责任和集体责任之间建立起新的关系。这一改革设想受到布莱尔的大力推崇,并很快得到德国总理施罗德的认同。在二人所发表的共同声明中,福利国家改革的目标进一步明确了,"我们旨在使福利国家现代化而不是取消福利制度。要采取新的做法表示社会团结和

---

① 　经济合作与发展组织秘书处编、梁向阳译:《危机中的福利国家》,华夏出版社 1990 年版,第 4—5 页。
② 　周弘:《福利国家向何处去》,《中国社会科学》2001 年第 3 期。

对他人的信任,而不是把纯粹的个人利益完全作为经济活动的动机。"①

福利国家模式经过了几十年的发展,它的局限性逐渐被人们所认识,特别是在民主化和世界经济一体化逐渐推进的时代,它所提倡的国家主导福利模式带来的低效率化问题已经成为一种制约社会发展的因素,需要寻找新的模式来弥补和取代它的缺陷。"福利国家"在经过了这些修补和改革以后,将更加完善、合理,其前景也更加美好。这些改革随后成为推动福利社会发展的一个重要社会背景。福利社会可以说是福利国家的后发展阶段,是对 21 世纪社会福利发展形态的一个探索和实验。90 年代以来,随着经济全球化的发展,福利国家的国家社会功能面临着更加严峻的挑战,关于福利国家需要结构性调整的议论一时又占据了重要的地位。欧洲福利国家的改革走向,再度成为人们关注的焦点。在全球化时代,根据各自认定的主要战略和主要社会风险,福利国家已经开始采取不同的政策组合。尽管官僚制的社会服务管理如此无能、无效,为什么却仍然得以维持——其原因的分析必须与集权化的福利官僚机构行使社会控制的功能联系起来。这种分析导致对福利国家在社会控制方面所具有的压制性功能的批判。②

二、福利提供职能的分散——市场化、地方化、社会化

福利有多种来源:国家、市场(包括企业)、志愿组织和慈善机构以及血缘网络(包括家庭)。战后凯恩斯模式的福利国家在其管理和提供服务却以国家为中心。实际上,它将公平和社会保障最低标准的集体责任等同于由国家提供服务。但是,没有理由能说明,为什么维持最低标准的适当的国家责任不能与提供服务的大幅度权力下放和多元主义并存。关键在于,不能简单地把福利供给形式看作"功能的等同物",它们建立在不同的原则上,范

---

① 社会党国际全球进步委员会文件(1999 年 6 月):布莱尔和施罗德的共同声明:《欧洲:第三条道路/新中间派》。

② 克劳斯·奥菲著、郭忠华等译:《福利国家的矛盾》,吉林人民出版社 2006 年版,第 270页。

围也不同。在这种情况下,重要的是要对社会福利的结果与手段加以区别,也就是说,在福利作为一种享有只能由政府保证的充足收入或服务标准的权利的原则,与它作为输送或供应这种服务的最有效的手段之间进行区分。这里还有另一个问题:政府或国家部门并不仅仅是福利的供给者,它也是社会价值和社会活动的法律监督机构。国家作为福利供应者的角色需要与它作为福利监管者的角色区分开来。在福利收缩或权利剥夺之间,关键在于后者即权利剥夺。国家在前一个角色上的后退(福利收缩)与后一个角色上的退让(权利剥夺)具有天壤之别。不幸的是,论述多元主义的文献常常将国家作为监管者和供给者的双重角色混在一起,以至于不能把权利剥夺与供给的私有化区别开来。"有能力"的政府更侧重于资助、计划、促进和规范服务,而不是生产和输送服务。"满足需求的集体责任与被当作手段的提供福利形式这二者之间的区别,对于理解最近的事态发展来说十分关键。然而这种区别如此经常地被混淆,以至于值得给予进一步的关注。"①考察公共部门和私人部门的相互作用怎样使某一具体福利服务在不同的福利国家制度中得以具体化,这一点具有双重的意义。首先,如果不能在与私人部门的关联中对福利国家的行为加以定位,就无法领会什么是福利国家。其次,那些认为市场或者国家能够自然而然地使福利得以完善的观点,是虚幻的神话。事实上,市场通常是政治的产物,并且成为全部福利国家制度的内在组成部分。② 无论如何,社会福利的结果和手段都涉及了各种各样的冲突,既有价值观的冲突,也有利益上的冲突。多元主义者常常忽略这些冲突问题。③

　　社会提供福利的形式在许多重要方面上都不同,它们不能被单纯地看

---

① 　R·米什拉著、郑秉文译:《资本主义社会的福利国家》,法律出版社 2003 年版,第 118—119 页。
② 　考斯塔·艾斯平—安德森著、郑秉文译:《福利资本主义的三个世界》,法律出版社 2003 年版,第 4 页。
③ 　R·米什拉著、郑秉文译:《资本主义社会的福利国家》,法律出版社 2003 年版,第 116—117 页。

作是彼此的替代品。福利多元主义是福利供给形态上的中间路线。"福利多元主义的两个主要概念是分权/分散化及参与。分权/分散化不只是将福利服务的行政权由中央政府转移至地方政府,同时要从地方政府移至社区,由公共部门转给私立部门。分权/分散化指的是政府将福利服务提供的责任转移至市场,同时也含有中央政府将职权下方给地方政府和将资源继续分散至邻里或是小型社会服务团体的意义。至于参与是指希望福利提供者(社区、非营利组织等)和福利消费者共同参与福利服务的制度决策及服务输送过程,譬如服务提供者可以有根据机构、社区属性设计提供服务内容的权利。"①

(一)福利多元主义——从政府到社会与市场

欧盟各国在20世纪70年代中期以后开始对社会保障制度进行调整和改革,表面上看改革的重点主要在增收节支上做文章,即增加社会保障收入,减少支出。但是实际上,各国政府都对其社会保障职能和管理体制动了或大或小的"手术",其中很重要的一点是从社会保障制度管理体制上"开刀",即从"国家化"向"私有化"转变,改变把社会保障统统由国家包下来的办法,尽量缩小政府干预社会保障的范围和项目,把一些项目交由非政府机构管理,或由工人合作社和其他社会团体承担,同时恢复某些传统的社会保障机制,如家庭、慈善机构、互助组织等。通过社会各领域、各阶层的参与,减缓政府保障资金的沉重压力。

从80年代开始,西方各国民营化开始成为一股全面性风潮,政府不仅从产业与公共服务领域撤退,在社会福利领域的政策或服务也开始从政府转移到民间,从中央下放到地方,单一的服务提供模式变成组合式的服务提供方式。90年代,许多福利国家做了进一步的调适,希望在不继续扩张政府规模,或者最好能减少政府预算的前提下,能够充分地同时运用科层制与市

---

① Norman Johnson. Mixed Economies of Welfare —A Comparative Perspective[M]. London and New York: Prentice Hall Europe, 1999.

场的优势来寻求问题的解决。新策略与方案众多,如去机构化(deinstitution-alization)、去科层化(debureaucratization)、市场化(marketization)、商品化(commercialization)、契约外包(contracting out)、民营化(privatization)及社区化(communitization)等。这些主张都强调政府不应该是福利的唯一提供者,而应该与民间合作,结合民间的资源与力量实施各项社会福利方案,提供各项社会福利服务。供给福利的责任应该由公共部门、营利部门、非营利部门和家庭社区等四个部门共同负担。可以说,当前社会福利供给的最新发展,是从政府转移到社会与(或)市场;从中央下放到地方;从机构式照顾变成社区家庭照顾。通过正式或非正式的、营利的或利他的、私人或政府的综合性计划来援助人们,在这一过程中,单一的提供者与提供方式变成组合式的提供者和提供方式,福利供给主体从一元变成多元。吉登斯将新行福利国家的特征归纳为 13 个方面:[①](1)撒切尔主义或新自由主义;(2)小政府;(3)自治的公民社会;(4)市场原教旨主义;(5)道德权威主义,加上强烈的经济个人主义;(6)与其他市场一样,劳动力市场也是清楚明晰的;(7)对不平等的认可;(8)传统的民族主义;(9)作为安全网的福利国家;(10)线性式的现代化道路;(11)低度的生态意识;(12)关于国际秩序的现实主义理论;(13)属于两极化的世界。

　　关于福利提供主体的分类可见下表:

政府导向型的福利政府	北欧
市场导向型的福利政府	北美
社会导向型的福利政府	亚洲
福利混合型的社会	后福利政府

来自于:丁开杰:《后福利国家》,上海三联书店出版社 2004 年版,第 414 页。

　　"福利社会"理论在 20 世纪 80 年代初提出,其核心在于福利设施的"私

---

① 安东尼·吉登斯著、郑戈译:《第三条道路——社会民主主义的复兴》,北京大学出版社、三联书店 2000 年版,第 9 页。

人化"或"再私营化"以及权力下放或"非调节化"。福利国家体制强调国家权利,通过国家机制的运作实现为国民提供公平、公正的福利。而福利社会强调的是社会权利,通过社会成员的公共参与,来生产同时提供公共福利。两者最大的区别是国家运作还是社会运作,即运作主体的不同。这是鉴于各个国家在社会福利运作的过程中出现的政府的失败和市场经济的失败而提出来的一种改良社会福利的方案。它所要体现的精神是在政府和市场之间开创混合福利经济的领域,在政府提供福利和市场购买福利之间进一步开发、开辟多元福利主体体系。福利社会的构想是针对福利国家体制已经显露出来的局限性而提出来的后福利国家社会发展模式。①

市场是一个以供求关系为基础的个人消费选择场所,它的功能是满足效益和效率的最大化。在社会政策的范畴内,市场的作用在于为有需要的使用者提供可供选择的资源,满足家庭或政府在福利供给上的不足,或是消除福利带来的"社会标签"作用,减轻福利接受者的羞耻感。② 在当前的福利国家改革中,实行私营化是最常被提倡的战略之一。

美国未来学家约翰·奈斯比特(J. Naisbitt)把"福利国家"的"私有化"视为90年代"通向21世纪的入口"。他认为,这种对社会生活产生最重要影响的趋势之一是"福利国家"的"私有化",重新构建社会福利制度应该进行根本性改革:一是从公房制到私房制;二是从国家保健服务到个人选择服务;三是从国家法令到市场机制;四是从社会福利到工作福利;五是从集中到分散;六是从政府垄断到企业竞争;七是从企业国家所有到企业雇员所有;八是从政府的社会保险计划到私人的保险和投资;九是从税收负担到税收削减。③ 福利的"私人化"和"非调节化"实际意味着福利"市场化"、"社

---

① 沈洁:《福利非营利组织在社区福利供给中的作用——以日本社区福利为例》,《华中科技大学学报(社科版)》2004年第2期。

② 熊跃根:《论国家、市场与福利之间的关系:西方社会政策理念发展及其反思》,《社会学研究》1999年第3期。

③ 约翰·奈斯比特、帕·阿博顿妮著,夏冠颜、章玉和、杨晓红译:《2000年大趋势——九十年代的十个新趋向》,东方出版社1990年版,第22、191页。

会化"。它包括以下内容:一是福利计划应该建立在个人自由、自主和自助原则的基础上,每个人都应该首先尽可能依靠自己的力量来解决生活保障问题,只有当个人的收入和财富不足时,国家、社会机构才进行干预;二是在国家负责的社会福利费用中,应增加雇主和雇佣人员分担的社会保障份额,减少税收的份额;三是在福利计划管理上,应减少国家干预,加强私人机构的作用。"福利社会"论者认为,社会福利计划的"私人化"和"非调节化"可以克服社会福利制度的弊端,刺激工人的生产积极性,有利于经济发展。

社会福利计划的"私人化"和"非调节化",实际上就是"市场化"、"商业化",各人所得福利的多少由其实际支付能力的大小来决定。这必然会导致不同社会阶层之间社会福利收入差距的扩大,保持和加深社会的不平等。该理论反映了要求实行自由市场经济的新保守主义学派的经济思想,代表了资产阶级右翼和保守党派的政策观点。但是,他们并不是主张社会福利完全"私人化",而是主张对国家管理社会福利的方式应当进行改革,国家管理社会福利的程度应当降低。也就是说,在提供社会福利方面,国家将继续起作用,只是应当改变方式和作用的范围。[1] 事实上,私营化被提出来是因为两个不同的理由:一个理由是削减公共支出负担,鼓励自力更生;另一个理由是应付"后工业"社会更加差异、更加个人主义的需要。在实践中,至今几乎没有重大的私营化改革……不过,在许多国家,"缓慢爬行的"的私营化进程可能在进行之中,这主要因为津贴或服务水准是逐渐降低的。[2]

福利国家正在走向福利社会,面对这种转型,人们力图避免激烈的社会冲突,希望通过一种缓和的、民主的形式对社会内部结构进行调整和改革,来实现一种政治、经济、社会的最佳结合。结社革命是实现这一转型的主要手段,因此,非营利组织以及其他各种社会团体有了活动的大舞台。对福利非营利组织的性质和功能可以如此描述:福利非营利组织是指在福利、卫

---

[1] 陈银娥:《现代社会的福利制度》,经济科学出版社2000年版,第58页。

[2] 哥斯塔·艾斯平-安德森编、周晓亮译:《转变中的福利国家》,重庆出版社2003年版,第35页。

生、医疗领域中从事各种非营利性质经营活动的组织和团体,也是近年来引起各国普遍关注的新的社会公益组织形式。它是混合经济的产物,也是介于政府部门和私营部门之间出现的第三部门的福利服务提供组织。在福利国家走向福利社会的进程中,面临的一个最主要的任务是培育新的社会组织。以往的社会经济组织在这一进程中也将有诸多新的变化。福利非营利组织的发展在很大程度上受到来自政府福利政策以及福利财政的制约,政府的福利政策对福利非营利组织发展具有直接的影响。目前,经济发达国家推行的福利政策大致可以概括为三大模式,如下表所示:

功　　能			
政策取向	供给主体	财源	分配原则
福利国家政策	以政府运作为主体的公益组织	政府	政府直接向个人分配福利
福利多元主义政策	志愿者/非营利组织	政府	政府、志愿者、非营利组织(中介的构造)
新自由主义政策	政府给志愿者/非营利组织以政策和财源	私有财源	市场(个人通过市场购买营利组织或者非营利组织提供的福利)

德国社会经济学家阿德尔德特·埃弗斯(Adaldert Evers)曾经对福利社会的经济组织进行过这样的定位。他提出如果把企业(市场)——国家——家庭都作为社会经济组织来认识的话,三者之间则形成一个倒三角形的关系。非营利组织的活动范围基本定位在三角形的中间地带,这个地带又常常被称为非营利的、公民社会的领域,是一个发展空间很大的领域。同时根据经济经营活动的内容与三项经济主体之间的关系,又可以把非营利组织分为四种类型。第一类组织是从事小规模经营活动的组织,这类组织比较接近市场,并在市场和家庭之间游动。第二类组织是独立性比较强的行业联合会,它与市场和政府以及家庭都保持着一定的距离,不仅在经济立场而且在政治立场上都保持着中立和自立。第三类是志愿者组织,它位于国家

与家庭之间的轴线上,因为它比较接近国家,容易受到来自政府社会政策的制约和影响。互帮互助的居民小组属于第四类,它虽然定位在政府和家庭的连接线上,但比志愿者活动更接近家庭、远离政府。同时,阿德尔德特·埃弗斯还用公共与民间、正式与非正式组织的尺度对上述4种组织进行分析。他认为,第一类、第二类和第三类组织处于一个水平线上,介于公共与民间以及正式与非正式组织之间的状态。而第四类组织则属于非正式组织或者民间组织。如果借用阿德尔德特·埃弗斯的理论对福利非营利组织进行定位的话,可以认为它主要集中于第三类和第四类组织,位于政府和家庭的轴线上,主要的任务是调节和整合政府与家庭以及社区之间的社会福利资源。由于它比较偏离市场,受市场经济的制约和影响比较小。

此外,瑞典学者维克多·佩斯托夫(Victor Pestoff)用制度化和非制度化的理论,对非营利组织又进行了进一步的分析。他通过制度化和非制度化、公共和民间、营利和非营利化三个轴线对社会经济组织进行了界定。可以看到,国家的公共组织具有制度化、非营利化、公共的性质。民间组织分为制度化与非制度化两种类型。制度化的民间组织,具有依靠市场营利的性质,同时还具有非营利的一面。非制度化的民间组织比较集中在社区、邻里、家庭的领域,它的活动可以不经过市场流通手段,通过物与物、人与人的互助交换,提供一种非营利、非商品的公共福利,解决养老扶幼中的福利需求。维克多·佩斯托夫还认为,在国家和市场之间逐渐膨胀的制度化以及非制度化的各类非营利组织,将是支撑福利社会发展的主要力量。非营利组织的主要特征是,它与国家、市场以及家庭之间有着密切的相互不可分割的关系,同时又对三者之间的功能兼收并蓄,自然具有三者的社会经济功能。

分析以上三种政策取向,可以看出:第一,福利国家模式的福利政策是政府最大限度干预社会福利政策的制定、实施,并通过最大限度地提供各项福利服务对公民的生活予以保障。这种从摇篮到坟墓的国家福利政策,虽然解除了个人生活之忧,但是,它同时又使社区、邻里、家庭等私人活动的领域制度化和国家化。家庭以及邻里在制度化的阴影下,成为一种躯壳,无法伸展亲情和互助的优势。其次,福利多元主义的福利政策强调福利服务的供给主体为志愿者和非营利组织,而财源则依靠政府提供,政府通过委托和资助的方式,在财源上对作为福利服务供给主体的非营利组织以及志愿者组织予以保障。政府通过宏观福利政策以及福利财源对各种福利供给机构进行统合和调节,具体服务内容和服务方式则由供给机构自行决定。政策实施工具的激增、扩张和延伸,将极大地影响政府的行动,改变政府运作的前景。比如政府管理从直接变为间接,即从政府自己管理和供给服务转向越来越多地依赖大量的第三方来实现其目标。由于绝大多数政府项目将涉及大量的管制,重要问题是如何进行有效的管理和监督。而社会组织一旦加入公共服务供给体系中来,就意味着它们在某种程度上分担或者共享政府的基本功能,包括对政府资金支出和政府权威运用的裁量权。而且,不同的政府行动工具有着各自不同的动力学,有着自己的个性和风格。当决策权被广泛分散并被赋予这些机构,它们有了自己独立的权力和支持来源时,如何保证一定程度的责任,如何促进协调。在责任问题上,双方如何适应新关系,如何保证政府的影响力和服务的最终效果,确保在多主体参与社会福利供给的模式下建立一套普遍的现代公共保护体系。政府在伙伴关系中起着至关重要的作用,关键在于,如何在保护合法的公共责任与不损害社会组织作为政府的有效合作伙伴的特点之间找到平衡。还有一点,政府如何面对第三方的竞争。第三,新自由主义福利政策强调通过市场机制刺激福利服务供给组织的活力,以及通过购买福利的形式促进供给体制之间的竞争,以保障福利服务的质量和价格。在这种政策下,福利非营利组织发展相对贫弱,即使有一定数量的非营利组织存在,也可能由于缺乏福利政策和福利财政的支持,难以与被制度化的营利民间企业和组织抗衡,形不成主体形式。

鉴于福利国家的失败以及市场福利的失败,许多国家都在探索福利多元化的途径,并逐步形成主流。然而,尽管大家都在谈论福利多元政策和多元体制,其中的内涵却大相径庭。比如,北欧诸国的非营利组织基本上是以社区为基础,自然或者自发形成,组织与组织之间的连接比较松散,自由度也比较大。此外,自助和共助精神比较强,组织规模相对较小。而以英国、荷兰为代表的另一种非营利组织则与前者有较大区别。它是一种被制度化了的、组织规模比较大的福利供给体系,与政府有着密切的关联,并对福利政策的制定和推行有较强的影响力,同时专门化程度比较高。而在法国"保守主义"的福利体制下,从历史上看,在这些国家,中央统制的"合作主义"遗产根深叶茂并得以发扬光大。合作主义与教会有着传统的渊源关系,所以传统的家庭关系在社会保障制度中占有重要的位置;在这些国家,市场化和商品化的自由主义原则从未占过上风,私人保险和职业补充保险从未担当过主角,公民的社会权利问题几乎从未受到过质疑;在这些国家,合作主义政制几乎完全取代市场而成为福利提供者的国家工具之一,而国家的作用主要是维护社会阶级和地位的差别,保护既有的阶级分化现状,再分配对社会权利的阶级归属和社会分层几乎没有什么影响。① 在拥有东方文化背景的日本,"非营利组织在解决就业问题上,在发达国家中处于领先位置,仅次于美国","但是,如果从整个国家经济发展水平评价的话,日本是发达国家中非营利部门最不发达的国家之一。私人赠予水平和志愿者水平都很低"。

作为社会的构成要素,非营利组织的天然属性意味着它在供给福利服务时独具优势,但在福利国家的改革与转型中,通过种种形式,非营利组织承担了本属于国家的职能,从社会的一员变为政府行动的工具,这可能危及非营利组织的"独立性",扭曲其使命,威胁其长处,最终使之失去作为服务提供者的动因。经由非营利组织提供的福利服务也会出现失控的局面。凡此种种,或许会使得政府最初的期望落空。但同时,承担社会福利供给,得到政府的支持,亦会拥有更大的发展空间,有助于社会组织自身的发展壮大。福利非营利组织根据社会文化背景以及社会福利政策的不同,会出现不同的差异。每个国家要根据自己的文化背景、社会发展进程的需求等来培育适合本民族文化土壤的非营利组织。培育和指导福利非营利组织健康

---

① 考斯塔·艾斯平-安德森著、郑秉文译:《福利资本主义的三个世界》,法律出版社 2003 年版,第 325—326 页。

的发展,是政府的一项重要任务。

对于私营经济来说之所以在社会保障领域得到发展,在于它比国营经济更具灵活性,并且职业福利的目标和责任明确。但是,私营福利项目只能作为福利国家社会保障的一个重要补充,这是由私营经济的局限性所决定的。私营经济不可能提供大的福利覆盖面。职业福利提供者易受私利的驱使而可能损害公共的利益,提供的服务不一定是高质量的;而公营福利则根植于广大人民的利益,深受其欢迎。因此虽然目前面临种种困难,但改革不会改变国家提供福利的核心原则。

社会权利与社会分层化都是由国家与市场在分配制度中的关系所决定的。从自由主义立场来看,依赖福利国家是危险的,因为福利国家会极大地损害自由与效率。而从社会民主主义的立场来看,依赖市场作为供给社会福利的基本手段很成问题,因为市场既不公正又无法提供不可剥夺的权利。支柱理论是一种比较新的理论,它强调社会行为者的功能和实际责任。支柱理论关心"由谁提供社会服务,而又由谁来付款",在清理社会上各种行动者的责任和权利的过程中,将这些行动者化为政府、市场和个人。理想化的政府支柱通过总税收、经过政府机构和公务人员提供福利和服务,或者通过政府的政策,建立个人缴费的社会保险制度。理想化的市场支柱从市场上为个人获得福利提供条件。理想化的家庭支柱在家庭中为人们分担风险,并提供相互支持。支柱之间的关系并不是相互隔绝,而是相互合作的。政府可以通过承包社会服务和市场合作,也可以通过鼓励性社会政策与家庭合作。市场可能替代许多种家庭责任,可以提供从家务劳动一直到抚养儿童和赡养老人等各种服务。政府可能在资金和服务方面支持家庭,但这样做的同时又是在替代家庭的传统功能。①

通过以上的论述可知,20 世纪 70 年代以来,严重"超载"的福利国家陷入种种危机,各个国家开始进行了与国情相适应的改革,共同之处在于减少国家的直接提供,扩大各类私营机构提供福利的渠道。人们认识到不仅市

---

① 周弘主编:《国外社会福利制度》,社会科学出版社 2002 年版,第 58 页。

场存在缺陷,而且政府过多干预也会导致失败。虽然福利国家供给和分配服务的官僚制和专业形式越来越被看作无效率的根源,但是,很明显,一个社会的社会福利的总体性质受到政府的强烈影响,这是现代福利国家的特征。政府是唯一拥有权利和资源的代表公共利益开展广泛的综合性行动的社会机构。唯独政府能(通过税收)迫使市民为社区利益服务,保证被排斥的个人——没有私人的、非正式的以及个人支援网络的人——在困难时得到援助,保证没有人的福利水准降到最低标准之下,以及重新分配资源和促进平等。[①] 鉴于社会福利的安排已经成熟,现在出现的许多问题是关于政府在提供基本服务上的作用。

在公共服务供给中,政府是主体。市场与社会虽然独具优势,但它们也有自身缺陷。究竟在多大程度上选择和采纳多样化的实施工具,要看是否有利于实现公共服务供给目标。在公共服务供给上引入其他工具,完善供给系统,首先要系统分析、仔细研究众多不同的工具,并从总体上研究政府行动方式的改变。政府与多样化的供给机构是什么关系——替代者、竞争者、还是合作者? 关系的性质不仅对政府重要,对社会组织和市场也非常重要。任何复杂的制度安排都会面临巨大的困难和紧张。多元化主体参与公共服务的供给必然带来种种挑战。政策制定者面临的挑战是,他们要重新定义政府和市场的合理分界,这一议题事关福利国家之未来。随着政府的功能由提供养老保险福利向管理和促进私人养老保险计划的转移,他们必须解决诸如用何种方式、在多大程度上将社会保障私有化之类的问题。因为社会福利政策也正不断屈从于经济考量的压力。这些考量包括在竞争性全球经济环境中保持劳动力市场灵活性的需要、强制政府限制开支和为私人部门开放新市场。社会福利政策的导向越来越趋向于帮助更多的人工作以及扩大私人部门活动范围。

---

① Neil Gilbert、Paul Terrell 著,黄晨熹等译:《社会福利政策导论》,华东理工大学出版社 2003 年版,第 72 页。

三、后福利国家时代的中央政府、地方政府和地方社会

中央与地方的关系不仅仅受到中央政府与地方政府之间权力博弈的作用，而且受到社会经济变迁、国家与社会关系以及政府职能变化的影响，这些因素进一步导致国家权力在空间形态上的结构变迁。

"福利国家"还有一层意思，那就是特指国家中专司福利的那部分职能和机制。我们已经看到，这种职能在各个国家中的分量很不相同。当然，福利国家小并不意味着福利小，因为福利可以取之于国家，也可以取之于市场和社会。在福利国家的形成之前，福利提供在工业革命之前主要由宗教团体、慈善机关和家庭来承担。现代福利国家的历史发展表明，它的早期概念和职责出现在地方水平上，因为地方当局常常第一个对 19 世纪猛烈的工业化和城市化造成的悲惨社会问题作出反应。所以，正是地方层级的政府从事初始形式的"地方福利国家政策"。只是到了 19 世纪末，通过将福利职责与福利政策国家化和中央集权化，最后中央政府才开始建设"现代"福利国家，不过地方政府的早期职责可能保留下来了，它适应并被整合进了发展中的福利国家体系。从历史和发展的视角看，"地方福利国家"的概念有助于确认这些地方职责的来源和（或许）"路径依赖"。① 随着资本主义的发展，国家承担了越来越多的福利职责，到二战以后建成福利国家，西欧国家普遍提供了"从摇篮到坟墓"的广泛社会保障，国家对经济社会进行全面干预，同时国家的负担也越来越重。

福利国家的形成，使得国家从"守夜人"型的最小主义国家扩展成最大主义国家，以特别显著的方式引起了人们的关注，对 20 世纪尤其是 20 世纪中期以来的中央与地方关系产生了至关重要的影响。在建立大规模福利国家的过程中，政府不仅有效地提供市场经济所需要的制度和规则，而且还直

---

① Hellmut Wollmann. The"local welfare state"in European Countries-in Comparative Perspective:Concepts, Patterns and Trends. Paper prepared for the international WRAMSOC conference, held on April 23 – 25 at Humboldt-University Berlin. http://www. docin. com/p-379842104. html.

接提供许多物品和劳务。福利在本质上是国家的职责,但是,全体国民是在全国不同的地方接受福利服务,要依靠地方政府来具体向每位公民提供相应的服务。制定福利政策主要是中央政府的职责,国家提供资金和进行监督。地方政府的职责在于实施,它需要根据地方情况,使中央政策在全国范围内得到贯彻,使国家的目标得以落到实处。因此,对次国家级政府的关注不应该使人意外。尤其是在所谓的发达工业化的民主国家,通过政府的补助金体系和下级政府的执行,随着福利国家的扩张带来的复杂性,政府之间已经变得不那么各自独立了。这一扩张过程解释了不同项目之间和不同层次国家级政府之间巨大的差别,不过中央政府不得不以某种一体化的程度实施项目,相互依赖是日益扩大的城市化和地区治理所需要的职能。这反过来导致中央政府关心税收、资源、服务、外流人口和外部性问题。进一步来说,地方政府日益被期望与那些地区和中央政府协调决策制定、计划和行政选择。地方政府传统上被视为民主的试验田,自下而上建立制度。它们的决策一度被认为独立于高层级政府,但是事实不再是那样了。当中央政府试图平衡国家权利,保护少数者(因为他们提供了伦理地方自治主义),促进全国一体化和次国家级政治、社会和文化的多样性的时候,相互依赖在许多国家都已经产生了。福利国家的形成使中央和地方关系更为密切和相互依赖,地方政府成为国家福利政策的代理人或者工具。地方政府承担的职能越多,它在政府体系中的地位越重要,对地方的控制也不断加强。

在 20 世纪 70 年代,这些国家面临重重危机。重新思考国家的作用,人们发现"有效的政府虽然是发展所必需的,但是国家在经济与社会发展中的中心地位,不是作为增长的直接提供者,而是作为合作者、催化剂和促进者体现出来的。政府通过国家行为直接提供商品和服务以改善人民福利的做法注定要失败,政府只能依靠市场,为市场提供基础条件。并通过有效的公共政策支持市场运作,这样才能实现真正的发展和繁荣,并改善人民的福利。"①这一观念的变革,使西方政府开始了治道的转型。对于这一时期为什

---

① 毛寿龙:《西方政府的治道变革》,中国人民大学出版社 1998 年版,序言。

么有如此多的地方制度重构,简短的回答是它与公共领域的近期发展,即福利国家带来的最大程度的国家干预以及它所面临的危机和转型密切相关。这样的评论,在其一般性上,获得了广泛的传播。确实明显的是,没有二战以来发达民主国家公共部门的急剧扩张,地方政府的重构几乎不会发生。重构地方政府看来是到处都在解决那些政府扩张引起的组织化需求和现存制度安排之间紧张关系的尝试。不过,同样明显的是,公共领域扩展的方式,不同时期的特定性质,以及支持地方政府的相当重要意识形态因素,影响了改革的类型、改革的时间序列和改革引起的冲突。① 从前福利国家——福利国家——后福利国家的三个阶段中,国家的作用也经历了三个阶段的变化:最小主义国家——最大主义国家——最小主义国家,这是个从统治到治理的转变过程。既然地方政府是福利国家的代理人,那么,从福利国家转向后福利国家,地方政府成为福利国家改革的中心,目的是使次国家级政府成为更有效率和更具反应性的福利国家的引擎,最终解决如何治理后福利国家的问题。

对于分权化的含义,人们在一些主要方面达成了共识,形成了对各国分权化改革形式进行评价的基本分析框架。哈罗德·沃尔曼(H. Wolman)认为,分权化是与集权化相对应的、将集中在一个中心的权力和责任向相关平行的部门、下属区域或组织方向进行转移和分散的过程。② 按照著名分权专家罗伯特·贝内特的进一步解释,分权化具体可以包括:一方面,在各级政府之间和政府部门之间围绕政治与决策权、事权与财权分配而进行的权力、责任转移过程,它主要表现为权力在政府间平行或垂直移动的过程,具有府际间权力、利益关系调整的属性;另一方面,分权化指不同层级政府部门在公共事务管理和公共服务中,将相关权力、责任向市场组织与公民社会转移

---

① Bruno Dente, Francesco Kjellberg. The Dynamics of Institutional Change—Local Government Reorganization in Western Democracies[M]. London: Sage Publications, 1988: 2.

② Harold Wolman. What It Is and Why We Should Care[A]. In Robert J. Bennett(ed). Decentralization, Local Governments, and Markets: Towards a Post-Welfare Agenda [C]. Oxford University Press, 1990: 29.

的过程,表现为政府、市场和公民社会的关系结构。①

　　民主社会主义者"对福利国家的组织形式也提出了异议,认为福利国家组织过于集中,主张分散化,让地方政府也承担一些福利服务的功能"②对福利好处的接受者施加的互惠义务,许多公民资格理论家所喜好的政策,在地方政治社群中,比在国家社群中更容易得到。③ 如果"所有幸福陈述都是绝对主观的,那么在对人们的选择缺乏了解的情况下,企图由一个中央机构(国家)来提供一系列服务,逻辑上就是将一种集体安排强加到一个不可知的偏好组合上面。④ 倾向自愿主义和地方主义的一个重要论点是它们让道德风险更容易克服;分散化的主体输送福利更可能拥有福利问题所赖以产生的环境方面的知识,并且更警惕福利体系的滥用。不管福利是私人运输还是公共运输,这个考虑都适用。"⑤詹姆斯·S·温施(J·Wunsch)论述到,单中心的统治及其官僚制的组织形式,"造成了不同组织之间的合作困难;把大量资源从地方移至中央,增加了合作和管理成本;设计了那些与地方需求、条件毫不相符的工程与项目;降低了地方服务中的灵活性、适应性和时效性,阻碍了学习和变革的继续,甚至恶化了资助人——受益人体系,以及中心与边缘、富人与穷人之间在权力、财富、地位上的严重不平衡现象;维持了地方政府组织的虚构;阻碍了地方居民用于公共服务的投资;并且不时地破坏现存的、有效的以地方为基础的管理基础结构和服务体系;继续自上而下的、威权的方式处理那些需要城市——技术官僚和穷人、乡村居民之间真心合作的问题。总之,阻碍了穷人和村民参与发展的进程……大量学术研究得出这一结论:中央集权的、等级制的、官僚制的行政管理模式已经

---

① Robert J. Bennett(ed). Decentralization, Local Government, and Market: Towards a Post-Welfare Agenda [M]. Oxford University Press, 1990: 1.

② 刘金源:《多维社会视野中的福利国家》,《国外社会科学》2002 年第 2 期。

③ 诺曼·巴里著、储建国译:《福利》,吉林人民出版社 2005 年版,第 149 页。

④ 诺曼·巴里著、储建国译:《福利》,吉林人民出版社 2005 年版,第 143 页。

⑤ 诺曼·巴里著、储建国译:《福利》,吉林人民出版社 2005 年版,第 174 页。

失败。"①

地方治理运动的发展与当代地方政府分权化改革是密不可分的。如果我们将地方治理的发展视为是国家、市场、公民社会三者之间权力结构和权力关系重新调整与塑造的过程，那么，地方治理实际上就是分权化改革，是重建分权结构的过程。地方治理发展的每一个步骤都需要分权结构的支撑。反过来，分权化的过程和结果也必然呼唤地方组织拥有自主治理的能力，实施自治管理。一方面，分权化既是地方治理实现的制度化基础，也是地方治理运作的有效策略手段；另一方面，地方治理又是分权化改革过程的现实载体，是分权化改革过程诉求的一个目标或一种模式。所以，在今天，分权化改革和地方治理是同时进行、不可分割的改革过程。不研究分权改革的取向及方式问题，也就无法说明和解释当代地方治理现象及其发展能力。②

在这个过程中，改革的视角从地方政府转向了地方治理。人们越来越意识到，地方公共事务的有效治理不能仅仅依赖地方政府，而需要将视野扩展到地方政府与其他横向和纵向的政府间关系、地方政府与私人部门、志愿部门和市民之间的关系。传统由政府主导和影响的地方公共舞台成为多种组织和个人与政府共同表演的场所。政府更多的是助推者和协调者而不是指挥者和控制者，是掌舵者而不是划桨者，是服务的供应者而不必是生产者。因此，传统的地方政府全能角色必须进行分解和重构。国家在福利体制运营中的作用减少，福利提供市场化、福利主体多元化，并且重新重视社区的作用，形成了一个组织网络化的地方治理。从地方政府到地方治理意味着人们治道思维方式的转变，这种转变表现在：从国家角度转到国家和市民社会两个方面；从公共部门角度转到公共部门、私人部门和志愿（第三）部门共同参与角度；从静态的制度转向动态的过程；从组织结构角度转到政策

---

① 詹姆斯·S·温施：《制度分析与分权》，引自迈克尔·麦金尼斯主编、毛寿龙译：《多中心治道与发展》，上海三联书店 2000 年版，第 309—310 页。

② 孙柏瑛：《当代地方治理——面向 21 世纪的挑战》，中国人民大学出版社 2004 年版，第140 页。

和结果角度;从"划桨"、直接提供服务到"掌舵"和让其他部门或个人来提供服务;从命令、控制和指挥转向领导、推动和讨价还价;从等级和权威关系转向网络和伙伴关系。① 可见,地方政府的角色已经从国家福利政策的代理人变为地方治理的领导者;从直接提供福利的"划桨者"变为"掌舵人",成为"赋权者"。

在福利国家服务的私营化、市场化和多元化的过程中,多中心的地方治理逐渐形成,从福利国家向后福利国家转型的过程,同时也是从地方统治到地方治理转变的过程。其中,地方政府从国家政策的执行者、代理人转为地方治理的领导者;从垄断和直接提供服务的"划桨手"转为"掌舵人"。可见,地方政府的角色发生了重大的改变。地方政府与地方社会的关系也发生了变化。地方政府从过去主要供给地方民主转为供给服务,并且在今天,地方治理要求地方居民更广泛的参与。在新的体系中,地方治理参与者之间是平等的关系,它们就如何提供公共服务的问题进行平等的协商。那么,地方治理主体的多元化给地方政府带来了新问题,即地方政府如何协调多样化的地方社会? 治理不仅是地方或者基层的事情,中央政府如何通过新的地方治理系统实现对社会的治理? 同时又如何将众多更为强大的地方政府整合起来? 应对这些挑战,是各国政府必须考虑的重大问题。地方治理是解决福利国家危机的一个新手段,但是地方治理本身又向国家提出了新挑战,这需要调节和改革中央政府对地方政府原有控制模式。

由上可知,从福利国家转型到后福利国家,中央政府、地方政府的角色已经改变,国家、市场和社会的关系已经发生了实质性的改变。地方社会已经与以往不同,这就必然会对各国的中央与地方关系产生重大的影响。地方政府如何管理和调控参与者日益多样化的地方社会,中央政府如何整合自身众多角色、如何面对制度结构改变了的地方政府,如何在后福利国家时代通过地方政府对地方社会实施良好的治理。这些问题意味着中央对地方

---

① 赫尔穆特·沃尔曼、埃克哈特·施罗德主编,王锋等译:《比较英德公共部门改革——主要传统与现代化的趋势》,北京大学出版社 2004 年版,第 3 页。

控制策略与模式需要做新的调整,后福利国家背景下的中央与地方关系,是一个具有重要理论意义和现实意义的研究课题。

对福利国家和中央—地方关系改革进行的新制度主义分析表明,虽然西方主要福利国家在共同危机下进行了相同趋势的改革,但是,福利国家的改革明显存在一定程度的"路径依赖"现象,各国采取的改革措施并不相同;并且,各国地方政府的改革路径存在"路径依赖"和"路径替代"双重特点。这些揭示出各国原有福利体制和政治体制的历史传统在重塑中央与地方关系中的作用。在后福利国家背景之下,英国、法国和日本面临的挑战不同。在以下各章中,本书力图分析在迈向后福利国家这一共同背景下,英国、法国和日本中央与地方关系的不同变革及其原因。主要从地方政府的历史变迁和地方政府改革、中央与地方关系、地方政府与地方社会等方面展开分析。论文也将分析地方治理在英国,尤其是在法国和日本的不同适应性或者说契合性问题,进而研究地方治理的必然性和可行性问题。

不过,应该看到,市场提供的服务无法替代政府提供的服务,这是已经被历史无数次证明了的事实。而且与政府的力量相比,社会在后福利国家中发挥的作用仍然有限。问题的关键不在于政府有无社会功能,而在于什么样的政府和哪一级的政府具有怎样的社会功能。所以,国家不可能完全退位,后福利国家时代并没有与福利国家时代完全断裂。

第二章　后福利国家背景下英国的中央与地方关系

第一节　现代英国地方政府的形成过程

在一些西方国家,不仅存在一般性的地方当局,而且还有大量专门履行某项职能的特别机构。英国地方政府的历史变迁告诉我们,多中心的地方治理是英国的传统。"多中心地方"概念在英国有其固有的渊源,但是也给其他国家提供了重要的治理范式。英国地方政府的历史变迁可以归纳为三个阶段:多中心——单中心——多中心,三个阶段地方治理模式改变的动因,分别是工业化——福利国家的形成——福利国家的危机。

一、19 世纪中期的多中心地方治理结构

近代以前,地方政府只负责税收和地方治安这些维护国家机器运转和统治秩序所必需的职责,其目的只限于维持自身的存在,为统治而统治。英

国是具有悠久社会救济传统的国家。中世纪英国的社会救济事业已经有了一定的发展,特别是教会与行会的慈善救济事业与社会救济行为,在中世纪英国社会救济中具有重要的作用。宗教改革前,英国教会什一税的 1/3 用于慈善事业。个人慈善救济在中世纪英国的社会救济中也发挥着重要作用。在这一时期,政府亦介入救灾济贫活动,这一时期的政府介入:一是没有法制约束,二是并非固定的、经常性措施,三是所提供的救济被看成一种恩赐行为,四是这种救济活动十分有限,不能与现代国家举办的济贫事业相提并论。① 英国中世纪的社会救济事业还没有形成系统的制度,各种社会救济措施的发展水平还十分有限,所提供社会救济的作用和效果也不明显。

在中世纪,一般的管理事务由郡法院实施,该法院是由治安官(sheriff)担任主席的自由人大会,采取团体管理的模式。地方政府中的治安官作为一名皇家官员主持郡的法庭,治安官受英王议事会监督。法庭具有普通政府的职能,也有司法职能。13 世纪是治安官的黄金时代,在从其鼎盛时期开始后的几个世纪中,治安官逐渐失去了其所有的职能。经过一系列的试验之后,地方的司法职能在 14 世纪中叶让度给了治安法官。"从 14 世纪以来,治安法官(justice of the peace)补充了郡治安官的的权力(包括行政和司法权力)。他们是亨利七世维持秩序的主要代理人。"②

教会的教区、郡和自治市(镇)拥有它们自己的职能,这些职能在很大程度上独立行使。独立观念如此之强,以致一个具有多种用途的地方政府系统的概念直到 19 世纪后期才出现。从此以后直到 1834 年的将近 500 年的时间里,对于自治市镇以外地方政府的控制主要是掌握在这些治安法官手中,因为他们是法律的裁决者,而他们适用法律所作的判决可以上溯至如高等法院或者郡法院之类的皇家法院,从而通过司法的渠道实现了中央对地方的控制。季审法庭除了取代治安官及郡法院和百人法院而享有的司法职

---

① 郑功成:《社会保障概论》,复旦大学出版社 2009 年版,第 38 页。
② Samuel Humes IV. Local Governance and National Power —A Worldwide Comparison of Tradition and Change in Local Government[M]. Harvest Wheatshea, 1991: 107.

能之外,一系列的法律还赋予其大量的行政管理义务,涉及诸如公路、济贫、工资及许可等诸多领域。"考虑到地方议事会本身议事机关的性质,以及地方政府本身基本上没有行政执行机构的现实,季审法庭在英国的行政管理方面所起的作用显然不是一个一般的下级法院所能取代的。这一点应当引起我们的重视。"①

不过,治安法官是义务性的地方官员,"即使到伊丽莎白一世时期,中央与地方领薪的官员不超过 1000 人。由于中央政府不能从财政上控制地方政府,因而地方官员在处理地方事务中,受到来自中央的束缚与限制很少,这也是由担任地方官员者的身份与经济实力决定的。这些担任地方官员的大小乡绅本身有较为稳定和雄厚的经济实力,他们所考虑的不完全是上级与中央的意志,而是在很大程度上代表地方社会的利益,从而能得到地方社会的支持,这是他们对抗中央专制的一个强有力的保障与基础……地方财政的来源是地方社会,因此地方的公共行政事务应该对地方社会与社区共同体负责。"②

对于自治市镇来说,"只有到了 11 世纪,它们才在世界大舞台上崭露头角,而且是作为现代文明中的一个重要因素登场的。"12 至 15 世纪,我们才会看到自治市镇的发展和这一制度的成果。关于自治市的治理,除了伦敦,在发展独立的市政机构方面,英国的市镇慢于欧洲其他国家。随着城市的集中发展,许多市镇获得了王室特许状,使它们从周围地区独立出来。行会向自治市镇指派代表,市自治机关要依靠行业协会。直到 1066 年后的几个世纪,通过后来在上院旁侧建立下议院,市镇才在中央政府赢得了代表,这意味着这些自治市接受了中央的控制。直到第一次议会改革之前,地方政府仍然沿用中世纪的区域划分和管理系统。究其原因,一是 17 世纪内战和"光荣革命"均没有触动传统的地方管理体制;而王权的倾覆和式微,枢密院

---

①　A W Bradley, K D Ewing. Constitutional and Administrative Law[M]. New York: Longman, 2003: 37.

②　陈日华:《英国法律传统与中世纪地方自治》,天津师范大学硕士学位论文,2003 年。

的衰落,又减弱了中央对地方的控制,增强了地方政府的管理能力。例如治安法官除受王座法院颁发的特许证限制之外,不再受中央的行政监督。二是英国自 1688 年以来没有出现过任何形式的独裁政体,中央政府对地方的管理控制依旧比较松弛,加上强大的地方主义的影响以及贵族世家对地方的控制,就排除了进行强制性改革的可能性。即便有些变化,也是温和、微小的。另外,从立宪君主制建立到第一次议会改革之前,英国议会制度变化微小,多数时间里地方政府又基本能够适应当时经济和社会的变化,因而没有必要进行地方管理制度的改革。①

在近现代以前,各国地方政府机构无论在规模上还是结构上都较为简单,而且很难说是今天意义上的"地方政府机构"。一些国家的地方政府只不过是中央委派的少数几个官员及其幕僚。有些地方则没有职业性的地方官员,地方公共事务的处理常常是业余的、兼职性的。由于没有多少地方公共事务,通常也就没有必要在地方设立庞大的正规机构。同时,地方财力有限,以及中央政府不愿意让地方势力坐大等原因,都制约着地方政府机构的规模。②

发动战争是强化政治权力的途径之一,承担社会责任、实施福利行政是强化政治权力的另一途径。若使赈济贫民、就业服务、老人和残疾人保护成为有效的、经常性的活动,就不能单纯地依靠募捐和自愿者的施舍,而需要建立一套系统。这套系统需要具有强行征收赋税的权威,也需要具有组织和实施社会福利行政工作的能力以及拥有从事这些工作的人员。这套系统被纳入政府行政系统,社会保护便成为政府的一项社会职能。世俗的政府、王权的政府用行政和强迫的方法组织和实施福利措施,这比教会以道德说教为主的福利措施要行之有效得多。这种世俗政府和福利之间的早期关系,这些王权和世俗政权取代教权而行使社会保护职能的实例就是福利的

---

① 阎照祥:《英国政治制度史》,人民出版社 1999 年版,第 363 页。
② 陈嘉陵主编:《各国地方政府比较研究》,武汉出版社 1991 年版,第 169 页。

政治起源。① 政权的职能是什么？政府的责任是什么？布鲁斯·奥尔索普（Allsopp）在他的《社会责任与负责的社会》一书中简单地概括说，政府这个词本身就包含了一个问题：它暗含了控制、命令、行政，用维普斯特的话来说就是"通过规范行动来行使权威"。在民族国家形成时期的欧洲，在福利实施的领域里，我们看到的正是这种"通过规范行动来行使权威"的现象。"中世纪末期，在西方社会中发生了三个对于福利机制具有重大影响的变化，使得封建社会的依存和责任关系受到挑战，被迫演化。一是政治权力从封建主和教会向民族国家政府集中，这就增加了中央政府的财税权力；二是教权为世俗政权取代，这就减少了教会用于慈善和赈济的基金，而使那些被封建领主赶出庄园的需求者变成流浪者。作为第三个重大的变化，地方政府乃至国家被迫开始承担起扶助穷人、病人和老人的责任。"②

1536 年，英国颁布了具有重要影响的《亨利济贫法》，它标志着英国政府开始为解决社会贫困问题承担一定的职责。不过，在 16 世纪中期，英国用于向贫民提供救济的财物主要来自于教会和个人捐献。1572 年，英国国会颁布法令规定，不论城市、城镇或是乡村，每个公民都要缴纳为了济贫而专门设立的基金。还要求设立教区贫民救济委员会，专门负责为贫民提供救济，并为身体健全的无业者提供工作。可见，该法确认了政府为实施各种救济而征税的权力，从而为英国政府建立起社会救济制度奠定财政基础。到 16 世纪后期，英国政府已经认识到，对流浪者的惩罚措施不足以维持社会秩序，更不利于整个国家的长期稳定。在上述各种社会立法的基础上，1601 年，英国颁布了世界历史上著名的《伊丽莎白济贫法》（《旧济贫法》）。马舍曾经将英国民族国家形成初期的《旧济贫法》称为"微型福利国家"，它在提出这个定义的时候强调的不是"福利"，而是国家功能的发展变化。因为英国政府在 17 世纪初通过实施《旧济贫法》而重新划分了 15000 个教区，

---

①　周弘：《福利的解析——来自欧美的启示》，上海远东出版社 1998 年版，第 37 页。

②　周弘：《福利的解析——来自欧美的启示》，上海远东出版社 1998 年版，第 40—41 页。

从而强化了中央政府的社会行政管理。① 在 19 世纪,英国地方政府沿袭中世纪的济贫法传统,按照中央政府的指令,只对穷人提供最基本的社会援助。随着福利国家政策的发展,地方政府在住房补贴、个人性社会服务和健康服务方面开始扮演越来越重要的角色。在英国,在福利住房和个人性社会服务方面,就提供服务的机构形态而论,直接由地方当局及其职员来提供。

英国地方治理制度的历史告诉我们,19 世纪以前的地方政府,也就是地方法庭,主要承担司法职责,而不是行政职责。随着工业革命以来政府活动范围的扩大,行政事务开始占有更为显著的地位,现存的地方政府体系逐渐走向崩溃。这是因为,从 18 世纪下半叶工业革命以来,随着工商业的迅速发展,围绕火炉和工厂,出现成千上万来自农场和农村的人,他们向新的居民点转移。大量农村人口涌入城市,给城市政府增添了新的负担。在工商业发达的地区,形成许多新的城市中心,如曼彻斯特、利兹、伯明翰等。在城市中,诸如警务、治安、供水、卫生、照明、养路、住房等公共设施或公共服务方面,都出现了新的问题。

行会领导下的市镇和乡绅领导下的郡和教区的顽固不化,新工业的领导者发现被迫自己通过私人团体和特别机构来发展诸如警察、消防、供水、排污、道路维护和照明。至于为何创建特定目的的机构,有以下几个原因:(1)历史上地方政府的发展是为了满足特定需求。逐一解决产生的麻烦,实际上是着手处理事情的显而易见的方法。(2)就某个项目求助于一个特定机构来达成协议是比较容易做到的。(3)设置一个特定机构有可能保证管理委员会代表某种利益。(4)在不适于一般的通用机构的情形下,地方特定机构可能也被采用。(5)之所以创建特定目的的机构,有时是因为通过它们可以实施无党派政治的行政。② 这些自由主义的措施,由边沁和密尔等知识分子提供意识形态的依据,一个个被贴上功利主义的标签。当 18 世纪英国道路状况极糟时,

---

① J. D. Marshall. The Old Poor Law, 1795–1834[M]. London: Macmillan, 1968: 25, 45.
② R. M. Jackson. The Machinery of Local Government[M]. London: Macmillan Co Ltd, 1959: 7–8.

地方居民不是聚集起来说:"我们想要一个地方政府"。他们只是说,从 A 路段到 B 路段的道路处于一种不能再坏的状况,需要一个机构来修复。结果就有了收费站,每一个收费站负责特定长度的路段。在英国,人们不是等待郡去改革,而是通过改革市政和创建新的特别目的的机构来解决问题。

工业革命也导致了社会问题尤其是贫困问题和失业问题的日益严重,从而使英国济贫法制度在 19 世纪 30 年代进行重大改革,颁布实施《新济贫法》,英国的社会政策进入《新济贫法》制度时代。《新济贫法》的主要特点是实行院内救济,贫困者必须进入济贫院才能得到救济。为了保证院内救济原则的推行,英国各地开始逐步建立起济贫院,各种济贫院成为 19 世纪大部分时期英国重要的救济机构,也是 19 世纪大部分时期英国社会救济制度的一大特色。《新济贫法》被认为是 19 世纪将济贫法现代化的"最有意义的尝试"。议会设立了全国性的济贫法委员会,监督该系统的工作,并将教区分组,规定在地方合并若干地区,结合为济贫联合会。该法确认了这样的原则,即除了治安方面的相关事务以外,济贫法的实施从此成为地方政府最重要的职能。通过相关立法,在乡村地区,改革者成功建立一系列特别的区:济贫协会、卫生委员会、学区和卫生区。1834 年《新济贫法》所确立的新济贫法制度,在以后的实施过程中虽有过一些变化,但它的基本特征和原则却一直保持未变。新济贫法制度成为社会保险制度出现以前英国政府实施贫困救济的主要政策和措施。在新济贫法制度时代,除了作为政府主要救济措施的济贫法制度以外,英国还存在多种非政府性救济组织和救济行为,其中,慈善组织所提供的救济在各种非政府性救济中占有重要地位。

济贫开始主要是地方政府的职责,后来越来越受到中央政府的监督。对济贫法制度的任何实质性改革都将涉及英国地方政府的权力这一十分敏感的问题。自 1834 年《新济贫法》实施以来,济贫法制度下的各类救济都是由英国地方政府自主进行的,这已成为英国政治中的一个传统。废除济贫法制度就等于削弱了地方政府的权力,这必然引起地方政府的坚决反对,进而有可能带来政治危机,所以任何一方都不敢触及这一敏感问题。济贫法制度的根本缺点是,它以救贫为主,而不是以预防贫困为主。因此,济贫法制度从根本上说不可能有效地解决贫困问题,尤其是随着工业社会的发展,社会问题愈发复杂,贫困的原因更加多样化、社会化,在这种情况下,仅仅以救济为主的济贫法制度显然已经无法满足社会发展和变化的需要。1870—1914年,英国的社会问题类型复杂、程度严重,超过以往任何一个历史时期,作为一种综合性救济措施的济贫法制度根本不可能有效地解决所有这些社会问题。济贫法制度面临着严重的困境。1870—1914年在英国所建立起来的新型社会保障制度与济贫法制度相比,不但是英国社会福利制度的一次重大改革,而且是英国社会福利制度的一次根本性转折,它在英国第一次建立起以社会保险为核心的现代社会保障制度,并为20世纪英国社会福利制度的发展与完善,为英国福利国家的建立奠定了基础。

地方政府的活动程度与政治经济力量的平衡紧密相联。原有市政机关不能适应新的发展和需要,新的问题就出现了。19世纪工业化和城市化过程的一个结果,产生了政府的"革命"。对于地方的治理来说,这一革命尤其重要的地方是地方政府能量的较大扩展。在这一过程中,通过把地方政府置于法定基础上,使之承担数量益增的制定规章与行政职责而重新构造了它。正是随着工业化的兴起,各国普遍出现了正规的、制度化的地方政府机构。在这一过程中,地方政府机构日益完备,出现了以下几个趋势:规模不断膨胀;职能分化与专业化程度不断提高;地方自治日益强大;地方政府组织的结构和形式日益多样化。①

议会通过《新济贫法》废除了由教区征集济贫税赈济穷人的"斯宾汉姆兰制度",设立"劳动院",采用强迫劳动的方式发放救济金。此法案由终身从事地方卫生改革工作的医生爱德温·查德威克爵士提出,虽局限于济贫事宜,却提出了有关地方政府职责三项重要原则性要求——设立专门机构解决地方贫民救济问题,实行教区联合、改组地方机构,通过中央政府的济贫法官员加强地方管理。鉴于此,该法案可视作19世纪地方政府改革的

---

① 陈嘉陵主编:《各国地方政府比较研究》,武汉出版社1991年版,第171页。

序曲。①

为了适应工业化发展，从 1832 年开始，英国议会对地方政府体系进行了一系列的改革。"这些转变基于实用主义和功利主义的观念，显示了英国建立政府的途径。"②1832 年的改革法扩大了选举权，废除了人数少的市镇——部分通过终止衰败的市镇，部分通过扩展市镇的边界，部分通过新增投票权——由此也影响了下议院的构成。1835 年英国议会通过了《城市法团法》(the Municipal Corporation Act,1835)。该法的颁布以选举产生的自治市镇议会取代了由指派的成员组成的寡头政治的执政团，从而将选举设立的议会引入传统地方政府机构，并且加强了财政上的控制。法人机关为纳税人通过平等、直接投票的办法所选出的任期 3 年的议员所组成的议会，由市议会管理地方事务。该法最初适用于除伦敦以外的 178 个市，但对英国城市地方制度的确立产生了很大影响，通过 1882 年的自治市镇法得到进一步加强。"市之现代制度，为一八三五年之法案所采用，此法案将有限制团体(close corporation)之恶制度，以及此恶制度所特具之营私腐败，一扫而空。该法案于一八八二年重新制定，为市区法案(Municipal Corporations Act)，内有重要之新规定，此法案为现今市所遵行之法律。"③

直到 19 世纪中叶，乡村地方制度无大变化，仍然由治安法官负责治理。1834 年，议会通过济贫法修正法案(the Poor Law Amendment,1834)，规定在地方合并若干地区，结合为济贫联合区(the Union of Parishes)。该法确认了这样的原则，即除了警察方面的相关事务以外，济贫法的实施从此成为地方政府的最重要的职能。通过相关立法，改革者在乡村地区成功建立一系列特别的区：济贫协会、卫生委员会以及学区等。

上述立法，加上其他方面，如教育、公路、安葬等方面的立法，设立了各种各样的管理机构。在维多利亚时代(1837—1901 年)和爱德华七世时代

---

① 阎照祥:《英国政治制度史》，人民出版社 1999 年版，第 364 页。

② Samuel Humes IV. Local Governance and National Power —A Worldwide Comparison of Tradition and Change in Local Government[M]. Harvest Wheatshea, 1991: 105.

③ 赫勒斯著、张永懋译:《各国地方政府》，商务印书馆 1937 年版，第 234 页。

(1901—1910 年),英国地方上存在着众多的特别机构,在城市治理最活跃的中心,公共部门和私营机构联合治理地方。在法国,只是到了 20 世纪 30 年代,城市管理中才出现了参与者的多元化。这些特别机构各管一项事务,各有各的管理区域,并各自征收地方捐税。许多机构叠床架屋,体制混乱,效率低下。结果,19 世纪 30 年代形成的是一个妥协和迁就的体系,这一体系直到半个世纪以后才延伸到郡。逐渐地,一个特殊或特别目的的地方政权体系就形成了。到 19 世纪早期,一个地方机构的混杂物开始出现,它"没有任何可以在理论或实践上被看作是地方政府体系的东西"。这一陈旧的杂物变得不能被迅速成长的中产阶级所接受,他们发现自己被排除在郡和市镇政府之外。

这一时期的英国政府干预没有发展得那么深入,地方治理的主要情形是:首先,地方政府的职能分散在一堆混杂的机构当中,比如教区大会、改进委员、公路视察员、城市自治团体和地方卫生委员会。多用途的机构限于城市地区,与现代地方政府相比只有很少的职能;其次,不同地区之间的地方政府模式完全不同,这反映了地方自治观念的重要和地方对中央干预的对抗力量。主要的区别存在于拥有经选举产生的市自治团体的城市和继续由治安法官治理的乡村地区之间。更大的不同归因于地方主动性的变化,这造成在英国各地公路花费、济贫法、警察、卫生设施和教育水平差别很大。城市,如伯明翰,以其在煤气和自来水领域的市政公司而著名。最积极的城市利用了国家允许的立法和地方法令。"在这一时期,所有地方的支出不得不由地方负担,因为中央补助金还刚刚开始。""与对不同类型私人财产的关心相比,地方政府大体上很少关心集体消费。"①

19 世纪英国发展全国性地方体系的重要举措仅仅取得了有限的成功……在中央政府没有给地方当局有效实施并执行改进的权力之前,并没有取得真正的进步。由此形成了一个政府干预的重要领域,即督促地方当

---

① Chris Pickvance, Edmond Preteceille. State Restructuring and Local Power: A Comparative Perspective[M]. London and New York: Pinter Publishers, 1991: 50, 51.

局解决他们自己地区的问题。1835 年的《城市法团法》(the Municipal Corporations Act)已经协助塑造了当时的地方政府体系,但直至 19 世纪末,地方政府体系才形成了让其行使今天这样广泛职能的结构。在 19 世纪,一些改革要求地方当局采取行动并雇用专业人员,如 1871 年法律对医疗卫生领域雇用医务人员的规定。而另一些改革是通过建立特别机构,承担中央政府的委托。① 但昔时在市以及乡区,许多地方政务由负责特殊职责之法定机关来执行……代议的郡议会,系一八八八年之地方政府法案(Local Government Act)所产生者,在此时以前,郡行政由治安吏(justice of the peace)与上述之特殊机关办理之。②

　　19 世纪的英国地方政府系统有大量不同的特别机构,但其数量在逐渐减少,尽管少数特定机构幸存下来了。最后,为我们留下了一个正式模式的多用途地方政府。英国地方政府的出现是对这些特别机构的取代。这一结果是通过一系列改革达成的。在中央控制地方的问题上,19 世纪后期以来,地方政府承担了一些新的服务项目和管理权限,中央政府也因而拥有一定范围的权力来控制地方政府。

二、19 世纪末走向单一的地方治理结构

　　现代政府虽然也承担必不可少的统治职能,但其日常职能的绝大部分,却是管理社会、经济事务和为普通公民提供服务:从制定本地社会经济发展计划、发展教育文化事业、建设公共工程和公共设施,到保护消费者利益、社会救济、环境保护以及提供医疗卫生服务等。这一点,在福利国家和都市地区尤为突出。当然,从另一个角度看,突出管理和服务职能也可以说是有利于其统治职能的,因为在现代社会里,不能提供满意的公共管理和服务的政

---

① 迈克尔·希尔著、刘升华译:《理解社会政策》,商务印书馆 2003 年版,第 30—31 页。
② 赫勒斯著、张永懋译:《各国地方政府》,商务印书馆 1937 年版,第 234—235 页。

府,是不能继续统治下去的。①

在地方自治的传统中,英国议会几乎不试图在全国范围内对地方事务的治理引入任何制度。现代生活的压力引起了一系列的挑战。工业化加剧了贫困的问题,并把对贫困者的关切责任施加给中央。地方机构对城市提供基础设施要求的不同回应,留下了很多居无定所者的医疗和福利问题。针对这些问题,英国议会最初的反应是创建一个多样性并配备特定权力的地方机构,但是,这样的做法使地方治理更为复杂了。此外,应对地方的需求,议会在用传统方式处理地方行政事务数量巨增的问题上遭受着严重的压力。环境的变化要求对地方政府进行变革:地方政府需要放在一个更为系统的基础上,并且中央管理地方事务的方式也需要改革。②

为了调整和改革地方制度,议会通过了一系列立法。1870 年《教育法》(the Education Act,1870)规定设立新的学务区。1871 年,济贫局改组为地方政府委员会,有关公共卫生、救济贫民以及对地方政府的一般监督事宜集中由地方政府委员会管理;1868 年成立皇家卫生委员会,对地方行政体制做了广泛调查,并于 1871 年提出了改革建议,在 1872 年将全国划分为城市卫生区和农村卫生区。1875 年,将所有关于公共卫生的法规加以修正,整理为统一的公共卫生法。在 19 世纪中期以来的改革过程中,"地方政府的活动范围急剧扩展,并且全国一致。城市煤气、供电、供水事业从 19 世纪 80 年代以来建立;教育和议会住宅提供成为主要的支出项目,另外较小的如城市规划、娱乐和文化设施等也渐渐增加了。中央对地方自治的宽容下降了,相应地,地方增加了对中央干预的接受。地方政府支出从 1879 年的 3% 到 1914 年的 10% 增加到了 1939 年的 14% 。"③

1888 年的地方政府法(the Local Government Act,1888)和 1894 年的区

---

① 陈嘉陵主编:《各国地方政府比较研究》,武汉出版社 1991 年版,第 140 页。

② Martin Loughlin. Legality and Locality:The Role of Law in Central-Local Government Relations[M]. New York:Oxford University Press,1996:50.

③ Foster C・D,Jackman R・A,Perlman M. Local Government Finance in a Unitary State [M]. London:George Allen & Unwin,1980:78.

及教区议会法(the District and Parish Council Act, 1894),是议会通过的关于英国现代地方政府的最重要立法,为英国现代地方制度奠定了基础。这两个法案对英国地方政府的改革是很激进的。1888 年的地方政府法(Local Government Act, 1888)将 1882 年市自治团体统一法(Municipal Corporations Consolidation Act,1882)和 1884 年人民代表法(the Representation of the People Act,1884)规定的原则适用于郡。该法在沿用原有行政区划的基础上,设立行政郡(administrative counties),创建了选举产生的郡议会。在此之前,郡行政由治安法官和上述特殊机构管理。1888 年改革后,季审法庭治安法官的许多职权,如公路、食品卫生、收容等转移给了郡议会。但警务仍受郡和治安法官组成的联合委员会管理。除了郡以外,在郡境内居民人口超过 5 万人的自治城市,设郡级市(county boroughs)。它们离郡而独立,享有与行政郡同样的职权。在郡级市设立选举产生的市议会。1888 年地方政府法首次把选举产生的议会带到了乡村地区。它使现存的 32000 个地方机关模式得到了极大的简化。地方政府改革法系列的最后一个,即 1894 年的区及教区议会法规定:(1)每个郡划分为城区和乡区,作为郡的一般行政区划;(2)乡区又划分为教区;(3)区及拥有 300 以上居民的教区应设立由选民选举产生的议会,人口稀少的教区则设教区大会,由当地居民组成。这样,以往由教区委员会行使的职权转移给教区议会和教区大会,只留下宗教事宜仍由该委员会处理;区议会则代替原有的卫生等当局,有处理卫生、公路及其他事务之权。[1]

　　这些 19 世纪的改革扩大和加强了地方选举出来的议会的任务。传统上认为英国和斯堪的纳维亚国家的宪法中包含有地方自治主义,而且在系统地提供福利方面远比法国、西班牙和意大利早的多。[2] 在英国,福利职能

---

[1]　许崇德:《各国地方制度》,中国检察出版社 1993 年版,第 33 页。

[2]　Edward C. Page, Michael J. Goldsmith. Centre and Locality: Fuctions, Access and Discretion [A], In Edward C. Page and Michael J. Goldsmith. Central and Local Government Relations—A Comparative Analysis of West European Unitary States[C]. London: Sage Publications, 1987: 9.

主要由地方政府提供,19 世纪中期以来英国中央政府对地方政府体制和制度的一系列改革,为将要在福利国家中承担众多职责的地方政府奠定了基础,推动了英国福利国家的发展。这一时期的改革增强了作为"地方自治体"的角色。地方自治是这一时代英语国家的道德观主题,在 19 世纪末和 20 世纪初的流行达到了一个高潮,影响了很多鼓吹地方自治者的思想。

中央控制地方的权力中,比较突出的有:(1)制定一些规范地方行动的法规或规则(指导原则);(2)进行视察和检查;(3)地方政府如不履行某一责任,中央可以采取适当行动予以敦促;(4)地方的某些决定或计划需得到政府大臣的批准;(5)大臣有权否定地方政府的一些决定,如规划上的决定,尤其是由第三党控制的地方政府的申请。此外,在传统上,大臣还有权处理地方的争端。而代执行权则往往作为最后一种手段,而不是作为控制地方政府的一般方法来使用。总的来说,中央对地方的控制倾向于制定广泛的政策提纲、要点和主要原则,命令地方政府遵照执行。① 中央对地方政府的控制或影响,最初是通过立法、通告以及有选择性的批准地方的资金项目等办法来实现的,尤其是在中央政府采取一项新政策,或是对地方政府提供的服务采取一种新的管理结构时。此后几经改革,地方政府对这些服务进行直接管理,于是政府也便通过建立各种委员会来对地方政府管理体制进行监督和控制。奉行的原则是:中央政府避免承担地方的行政管理职能,这种职能应由地方机构负责。不过,"建立起来的中央控制体系更是一个浮现出来的行政法体系的性质,而不是寻求领导和提高由地方政府发展的服务。这一模型在很多方面是改革后地方政府体系内金钱关系原则重要性的反应。造成的结果是:中央当局视自己为一个核算机构以确保个人和部分群体的利益得到适当的考虑,以及确保多数地方政府不滥用权力。这一角色在大量的实践中明显地表现出来。这些实践包括:地方政府遵守检查原则、报告结果和会计程序的运用;在中央各部获得的受理上诉权限;甚至在用以

---

① 胡康大:《欧盟主要国家中央与地方的关系》,中国社会科学出版社 2000 年版,第 2 页。

调控权力和以实验性方式完成一定范围对地方政府提出挑战的行政解决方案和对地方私法案的控制。如我们所看到的,高等法院默许了这一行政法的初生体系它本身既没有资源也没有充分有效的方法对地方影响到个体利益的决策进行监督。"①

虽然在 19 世纪 30 年代对地方政府的改革已经准备就绪,1888 年和 1894 年的地方政府法已经重组了现代地方政府的基本结构,单一层级的郡级市形成城区的地方当局,郡的其余地方基于郡——区两级制建立。19 世纪晚期对地方政府结构改革以后,进一步推动实践这一原则的、最值得注意的是,学校委员会在 1902 年被吸收进地方政府之内。1902 年保守党政府通过了一项重要的《教育法》。它把国家教育的责任从学校委员会转移到郡和郡级市区议会,设计了为教会学校提供资金支持的公式,保留由志愿者控制的办法。该法案的其他重要特征是使中等学校和技术学校开支合法化,因而刺激了这方面国家教育的发展。② 但是,直到 20 世纪早期改革还没有到达最后完成的阶段,标志着这一过程完成的最显著的里程碑是 1929 年和 1933 年地方政府法的制定,后者是巩固性的法令。1929 年的地方政府法在很大程度上没有影响 19 世纪末的地方政府结构,然而,最重要的是,1929 年法标志着 1835 年法所规定的这样一个原则的顶点,即,一个地方议会应该承担起所有地方提供的公共事务。1933 年完成了总的立法过程,首次规定了支配所有地方政府的一套组织规则。

在 1929 年法保留下来的特别机构中,济贫联合会被整合进这一体系,并且,实现了尽可能把每一个地区所有来自公共资金支出的行政集权于一个地方当局的原则。这一成就完成了对那些与地方政府相竞争与抗衡的特别机构的淘汰,巩固了地方政府的地位,现代地方政府制度的基本轮廓形成了,今天的地方政府出现了。

---

① Martin Loughlin. Legality and Locality: The Role of Law in Central-Local Government Relations[M]. New York: Oxford University Press, 1996: 51 – 52.

② 迈克尔·希尔著、刘升华译:《理解社会政策》,商务印书馆 2003 年版,第 34 页。

英国地方治理的发展有强大的独立传统。它们逃避了中央机构如内政部和省(省在其他国家各层级地方政府中保有更多独立权)的强制。直到20世纪70年代,英国地方政府也没有发展出最高地方行政长官的概念。①现在地方行政管理的普遍原则是,由唯一的经选举产生的、多功能的地方政府提供其辖区内所有的服务。英国的地方政府即是地方议会,采取议行合一的组织结构,地方议会既是立法机构又是行政机构。地方当局是由选举产生的议员组成,主要以讨论的方式进行决策,而不是实行首长负责制。实际上则是议会内的各委员会在进行统治,即许多决策都委托给议会的专门委员会或小组委员会。但是,委员会一般不直接卷入具体行政事务的管理,这些行政管理由议会雇用的职员来贯彻执行。英国的地方政府结构如同其模式一样复杂。地方政府组织在很大程度上是长期历史演化的结果,地方政府的一些重要部分是从只提供一种服务的单一目的的特别机构演化而来的。不过,19世纪特别目的的机构和一般地方政府的合并助长了职能分裂组织的出现。

在英国的历史上,随着时代的变迁,中央与地方的关系出现过几种不同的模式。在较早历史时期,中央权力比较薄弱,统治覆盖不到全国,影响力极为有限。在这种情况下,中央对地方政府的事务基本上采取一种不干预态度,或是作一点指导和要求。随着经济社会与政治的不断发展,中央的权力逐步有所增强,其影响也越来越大,进而对地方政府事务采取一种鼓励和促进态度,说服或促使地方执行中央的政策,以便保证政府的政策能在全国得到有效的贯彻执行,实现国家的目标。19世纪以来地方行政集权不断发展,这种19世纪末形成的英国地方政府结构,经过1929年、1933年等地方政府法的调整,一直延续到1974年。虽然1929年法的制定标志着改革的顶点,但是,不应该据此认为,它也表示一个稳定的新时期的开始。自从1929年以来,作为在现代福利国家之内寻找地方政府的合适角色的运动的一部

---

① Samuel Humes IV. Local Governance and National Power —A World Comparison of Tradition and Change in Local Government[M]. Harvest Wheatshea, 1991: 104.

分,仍在继续调节这一体系,以使其成为福利国家的有效代理工具。到1945年为止,英国已经开始发展一个由地方政府管理的个人社会服务体系,但其中的大部分服务还不很成熟。1948年创立的全民健康服务是社会政策中又一个关键的创新,它对每一个人均提供免费的普通医师和医院服务,用一种复杂的结构统一了医院部门,同时把普通医师作为独立承包人连同其他的社区服务统归于地方当局的管辖之下。迈克尔·希尔发现,到此为止,除了地方政府,社会政策体系没有出现新的参与者,而且也没有对已有的参与者加强管理。这在卫生保健领域中可能会有些例外,但那时值得注意的是那些经核准协会的行为,他们几乎不去做政治普及性的努力,也没有提出要求要做初露端倪的福利国家的参与者。由于福利国家的形成及其规模的日趋扩大,中央对地方的拨款愈来愈多,无论是占国民生产总值的比重,还是占政府开支的比重,都呈不断上升的趋势。为了确保中央拨款能得到有效的使用,同时防止地方官员的腐败,中央干预地方事务的范围便越来越广、越来越细,控制也日趋严厉,并辅之明确的经济、行政和政治上的惩罚,从而使中央与地方政府之间的关系出现了明显的变化,在20世纪70年代的经济危机中和福利国家的危机之下,双方的矛盾和冲突不时发生,一度激化和表面化。20世纪80年代,这些地方政府,传统上曾经享受重大的独立性,自认为是中央政府和中央各部的合作者,遭受了连续的创伤,因为中央各部变得越来越命令它们,并且它们的资源和职责也变得更为有限。[①]

第二节　20世纪80年代以来重建多中心地方治理结构过程中地方政府角色的变化

在福利国家危机的背景下,对于如何建设福利国家,世界主要国家的观念已发生根本的变化。一般的社会或者政体的思想框架变化可能挑战过去

---

① Samuel Humes IV. Local Governance and National Power —A Worldwide Comparison of Tradition and Change in Local Government[M]. Harvest Wheatshea, 1991：110.

的经历。福利国家的发展和最近关于市场力量的强调都可以被视为对地方当局强有力的影响,虽然各国的反应不同。① 在80年代撒切尔的改革之前,英国直接由地方当局及其职员来提供福利服务。从二战时期一直到70年代,地方政府支出持续上升。1979年保守党政府上台后,英国的地方自治政府被彻底改造。这一改造除了削减地方支出以减轻政府严重的财政压力这一重要目标之外,中央政府还有更大的战略计划,即重建多中心的地方治理结构,并调整地方政府的角色,改革传统的地方政府委员会体系,使地方政府成为福利国家的引擎。在这一过程中,地方政治呈现出全新的气象。

一、20世纪80年代以来多中心地方治理结构的重建

在重建多中心的地方治理结构方面,保守党政府的改革集中体现在以下几个方面:"福利住房的私有化、强制性竞争招标(它使地方政府成为'授权者'而不是服务的直接提供者)、把地方政府的职能转移给各类自治组织(中央政府所指定的财政上独立的部门)。其结果是地方政府模式被中央改变了,较之过去,中央政府拥有更大的权限,英国地方自治政府的地位得到历史性的转变。"②在这里,"政府的假设是,地方议会可能是个糟糕的管理者,因为他们垄断其辖区内服务的提供。不满意的消费者不能离开(如果他们不搬家)。地方议会几乎接收不到使它们能够提供符合要求的服务的反馈信息。在这种情形下,体力劳动者协会和专业人员组织能够掌控服务,违背消费者的利益。应授权给现在地方议会的消费者,他们可以选择不同的服务供应者。"③

(一)通过私有化削弱地方政府。撒切尔政府对英国的社会福利项目进

---

① John Stewart. The Nature of British Local Government[M]. Macmilian Press Ltd, 2000: 24.
② 赫尔穆特·沃尔曼、埃克哈特·施罗德主编,王锋等译:《比较英德公共行政——主要传统与现代化的趋势》,北京大学出版社2004年版,第13页。
③ Chris Pickvance and Edmond Preteceille(ed). State Restructuring and Local Power —A Comparative Perspective[M]. London and New York: Pinter Publishers, 1991: 75 – 76.

行了私有化改革,在这方面取得较大进展的是住房私有化改革。除此以外,保守党政府在国民健康服务和个人社会服务方面也进行了一些私有化试验,但和住房改革相比,这些措施的作用比较有限。

(二)通过鼓励立约外包削弱地方政府。立约外包意味着议会的职能由私人公司而不是议会自己的雇员来履行。与私有化不同的是,议会仍对职能保持控制。鼓励承包分为两个阶段。在第一个阶段,议会获准包出某些服务,但是很少会利用这样的机会,并且包出限于"家务性"服务,如收垃圾和学校清洁。这些都是因为协会的反对,议会担心丧失对服务的日常控制,还因为与承包相联系的服务质量恶化。这一阶段关于"承包"的争论可以描述为"茶杯里掀起的大风暴"①。然而在 1988 年,采用了强制把某些服务通过竞标承包出去的做法。这意味着竞标者是受邀来自私人公司的,但是议会的雇员也可以提出内部投标。结果就是或者将服务承包出去(如果竞标者的出价被接受),或者继续依赖议会劳动力来提供。佩因特(Painter)认为,投标的职责促使地方议会劳动力的工作强度更高,尽管它也增加了工会的参与和协会间的合作,这是一个意想不到的效果。采用竞标的做法逐渐向前推进。截至 1990 年,必须用于收垃圾、清洁建筑物和街道、公共饮食业、路面维护和车辆维修,以后将延伸到运动和娱乐,并且立法允许内政部长增加这一名单。值得注意的是,以上相关的是那些雇佣体力劳动者的服务,也就是说,那里工会很强大。主要雇佣专业人员的服务尚未受到竞标义务的支配。这表示在上述地方政府权力集团内,体力劳动者的地位弱于专业人员。② 此外,还可以把职责从选举产生的议会转移到有着特定目标的机构或组织(准自治的非政府组织,Quangos),后者的活动范围由中央政府指定,在财政上依靠中央政府的拨款。斯图尔特(Stewart)指出这种非政府化的改革,分解了地方政府的多元化职能,并导致职业的"部门化",从而产生

---

① Ascher. K. The Politics of Privatisation[M]. London: Macmillan, 1987: 227.
② Chris Pickvance and Edmond Preteceille(ed). State Restructuring and Local Power —A Comparative Perspective[M]. London and New York: Pinter Publishers, 1991: 71.

了地方政府职能分割的趋势。①

　　(三)通过设置迂回机构削弱地方政府。迂回制度的主要例子是在城市发展领域。首先,自从 1979 年起,政府就在小的地区设置约 30 个"企业特区"。在这里设立公司有两个主要方面的鼓励:一是 10 年的免税期(也就是说,它们不交纳地方财产税);二是在建筑投资上的税收津贴。"企业特区"也使得某地方政府失去规划权力和提升不同方面的较小的官僚规制的能力。但是,这一做法在政治上被预期和理解为对地方政府的攻击。起初,一些议会拒绝了企业特区的建议,但是作为在当地创造就业的方法,多数议会是欢迎的(即使是以其他地区的衰落为代价)。第二,政府已经建立了 11 个城市发展公司,打算把废弃的土地投入使用,通常尽可能依赖私人资本促进再发展。这些又被认为是对地方政府在土地发展方面缓慢、无能和低效率的攻击。"这两个动议绕过了地方政府,但是没有涉及与福利相关的地方议会的关键职能。"②

　　英国在福利国家改革方面的主要特点是私有化。私有化涉及三个政策领域:福利支付、福利补贴和法规。政府曾经通过公共服务机构和雇佣劳工直接向公民提供福利服务,这是福利国家时代的做法;政府也可以通过动用公款补贴福利产品和服务,或者降低社会福利产品和服务的价格,使之可以免费或者低价提供给需求者;政府还可以制定法规控制产品和服务的质量、数量或价格。私有化意味着在所有这些方面削减政府的作用,转让给私人部门去做,从而扩大福利提供领域里的市场经济。③

　　以玛格丽特·撒切尔和约翰·梅杰为首的保守党政府极大地限制了地方政府的权力和自治。他们加紧财政控制,剥夺了地方政府提供部分服务项目(如教育)的权力,增加对其他服务的管制并迫使地方政府把服务对外

---

① Stewart J. The Role of Local Government in the United Kingdom[M]. Birmingham: Inlogov, 1995:32.

② Chris Pickvance and Edmond Preteceille. State Restructuring and Local Power —A Comparative Perspective[M]. London and New York: Pinter Publishers, 1991:72.

③ 周弘:《福利的解析——来自欧美的启示》,上海远东出版社 1998 年版,第 152 页。

承包。尼古拉斯·里德利认为,地方当局应变成一种"赋权的当局"。它负责服务项目计划,然后与私营和志愿部门的服务供给方签订合同。地方政府的地位不断被削弱。新的工党政府已明确表示,它不同意保守党的很多措施,但对里德利的观点表示一定的认同。

"撒切尔夫人1979年当选时许诺过减少失业,削减对福利的依赖性。尽管救济金规定已经有了很大变化,政治气候更加苛刻,到处都在对这种依赖性大肆抨击,但自那以后15年里,领取收入补贴收入增加了两倍,靠救济金生活的人比1945年至1979年整个时期还要多。"[1]但总的看来,撒切尔政府的社会福利制度还是取得了一些成就,为90年代的调整确定了方向。在自由主义改革的影响下,英国的社会价值观念发生了微妙的变化,人们重新接受了强调"个人责任"与"选择权"的价值观念,这对英国福利制度的转型产生了重要的影响。从趋势上看,70年代的石油危机结束了西欧福利国家的"黄金时代",各国政府先后开始调整自己的角色,从社会经济生活中逐步"淡出";社会福利制度开始向"基本安全网"的方向转化,不再承诺公民生活水平的提高,只负责解决少数人的特殊困难,使社会上的失败者和弱势群体无冻馁之险而已。在"撒切尔革命"的引导下,英国在福利国家转型方面走在了多数西欧国家的前面。[2]

保守党提出了大约上百个重塑地方政府的法案,虽然并不是所有法案都能得到有效的执行,一些又被明确取消,但它们在总体上重新塑造了英国政府体系中地方政府的政治地位和职能。英国中央政府对地方政府的干预比当代其他任何国家都要深远,它们使英国的中央政府在与地方当局的关系中比以前拥有更多的权力。从国际上来看,欧洲其他国家出现的是分权化趋势,而撒切尔的步调不同于欧洲其他国家,其"革命"使英国从一个"统

---

[1] 托尼·布莱尔著、曹振寰译:《新英国——我对一个年轻国家的展望》,世界知识出版社1998年版,第166页。

[2] 周弘主编:《国外社会福利制度》,中国社会出版社2002年版,第120页。

一的、高度分权的"国家变为一个"统一的、高度集权化的国家"①。

1997年工党政府上台后决心进行深入的行政改革,将"第三条道路"作为自己的施政意识形态。在根据"第三条道路"的方针对各政府部门的功能进行重新定位的同时,努力提高行政效率和服务质量。1998年12月,工党内阁公布了题为《面向未来的公共服务:现代化、改革与责任心》的白皮书,1999年3月又公布了白皮书的补充文件,两者合称"公共服务协定"。"协定"按照工党的政治纲领为各政府机构制定了具体的施政目标,并相应做出了财政安排。在社会福利制度改革方面,第三条道路的基本思路是维护权利与义务、企业家精神与社会公正之间的平衡,在全社会范围内建立一种积极的伙伴关系。"第三条道路"的社会福利改革模式与新自由主义模式的区别是:它更加强调改革过程中维持社会公正、扶助弱势群体的重要性。②1998年,工党政府公布了题为《我们国家的新动力:新的社会契约》的绿皮书,提出了新福利制度的八项原则:围绕"工作观念"重塑福利国家;公私福利合作;提供高质量的教育、保健和住房公共服务;扶助残疾人;减少儿童贫困;帮助极度贫困者;消除社会保险中的欺诈行为;将政府的工作重心从发放福利津贴转向提供良好的公共服务,使现代福利制度灵活、高效、便民。归纳起来,在社会福利制度改革方面,工党政府试图通过福利制度促进就业、扶助弱势群体;在减少贫困的同时,降低人们对社会福利的依赖性、提高工作的动力。这种方向用工党政府的口号来表述就是:"为那些能够工作的人服务,为那些不能工作的人保险"。③ 在社会福利制度改革的过程中,工党政府非常重视发挥志愿者组织与慈善组织的作用,将其作为改变福利国家机制的一个重要方面。在一定程度上,志愿者组织与慈善团体的介入体现了"第三条道路"社会福利制度改革的基本思路。可见,与英国分权性的福利运营体制相适应,英国对福利提供体制的改革主要是将福利提供职能下

---

① Jones J. W. Local Government in Great Britain[A]. In J. J. Hesse (ed.). Local Government and Urban Affairs in International Perspective[C]. Nomos Baden-Baden, 1991:208.
② 周弘主编:《国外社会福利制度》,中国社会出版社2002年版,第120—121页。
③ 王振华、刘绯、陈志瑞主编:《重塑英国》,中国社会科学出版社2000年版,第101页。

放给私营机构和市场。

布莱尔执政时期,修正和继承保守党的政策,对地方政府垄断服务提供又进行了重大改革。布莱尔与撒切尔改革的不同,在于撒切尔的改革主要限于将地方政府的生产性职能私有化,而布莱尔时代的重点是福利服务提供方面的市场化,后者在前者的基础上,进一步促进多中心地方治理的发展。

国务大臣约翰·普雷斯科特在《贴近人民的当代地方政府》白皮书的序言中讲到:传统的议会试图计划和运作大部分服务项目的方式是没有前途的。它所提供的服务人们并不需要。这种现状在当今世界行不通。同样,那些只盯着内部事务的议会——只关注如何维护它们的结构和既得利益;不倾听当地人民和社区呼声的委员会,也都是没有任何前途的……现代化的进程从根本上就是要将传统的议会重新定位。整个地方政府文化的根本性变革是很重要的……因此为寻求变革,我们制定了一个要求很高的日程,中央政府要主动与地方政府结成合作伙伴关系。①

在本书第一节所探讨的英国地方治理结构的变迁中,19世纪存在众多特别机构,它们有的是自发产生,有的是根据中央立法要求而设立,在这一时期,职责分散,机构庞杂,地方服务缺乏计划与协调。在19世纪末到20世纪30年代期间,现代地方政府单中心治理形成,支配地方政府的是一种"向内看"的文化,"地方政府被视为封闭的组织,它的注意力聚集在生产者而不是能和它一起工作的公众或合伙人身上……地方议员和官员经常持家长式作风,认为应该提供什么服务是由他们来决定的,即,提供服务要根据是否适合作为服务提供者的地方议会来决定。公众的利益屈居第二。这种文化仍然简单地把更多支出和更多税收视为处理问题的方法,而不是探索如何获得充分的资源。除此之外,地方议会和其必要的合作者之间的关系——地方商业、志愿组织和其他公共部门或机构——既不强也无效。如此,就不能希望地方议会能成功地领导其社区。更为糟糕的是,这种'向内看'的文

---

① 迈克尔·希尔著、刘升华译:《理解社会政策》,商务印书馆2003年版,第86—87页。

化会为腐败和坏事打开大门。"①由地方政府垄断地方服务的提供产生了种种弊端,英国对其进行了市场化改革,80 年代以来地方重新走向多中心治理结构,地方政府面临着新的转型。

"以'多中心'治理观念替代传统公共行政管理'单中心'的思维逻辑,是地方治理理论最先导入的基本价值取向,是整个治理行动的出发点。也正是在这一理念的基础上,地方治理思想首先'破除'了'单中心'统治权威模式的逻辑,继而又明确阐述了'多中心'治理结构的必然性和可行性,为地方治理引入了基本的'多中心'治理模型。"②"地方治理的思考建立在与传统地方自治不同的视野之上。地方治理并非将思路仅仅局限于中央与地方之间的纵向权力格局上,它更加注重在政府、市场和公民社会的三维关系中,寻求更广泛的治理支持力量,发展更有效的公共事务道路。所以,从地方治理兴起并构建起理论体系的那一天起,它就努力在'政府统治'和'市场权力'之间发掘'第三条道路',试图避免由'政府失败'与'市场失败'带来的管理问题。着力探索多种社会资源广泛合作,共同促进地方公共问题解决的治理途径与策略。"③

英国地方政府组织的发展充满了集权与分权的对立统一,地方治理结构的变迁,有传统地方管理制度的持续影响,而中央政府的政策和立法在其制度变迁中发挥了主动性作用。只是在 19 世纪末之前,地方在国家层次上主要是与议会而不是与中央政府相联系。根据新制度主义关于制度变迁研究的三个范式来分析,英国地方治理结构的变迁,不是路径依赖,而是路径依赖和路径替代相结合的制度变迁模式。

英国地方治理结构从多中心到单中心再到多中心的变迁表明,与其他国家相比,英国似乎更容易找到地方政府的替代者。更为重要的是,它意味着中央向地方分权,不仅仅是向地方政府授予权力,还包括向地方社会上的

① John Stewart. Modernising British Local Government——An Assessment of Labour's Reform Programme[M]. Palgrave Macmillan, 2003: 3 - 4.
② 孙柏瑛:《当代地方治理——面向 21 世纪的挑战》,中国人民大学出版社 2004 年版,第 78 页。
③ 孙柏瑛:《当代地方治理——面向 21 世纪的挑战》,中国人民大学出版社 2004 年版,第 4 页。

公共机构授权。有学者认为 80 年代的英国地方政府改革不完全是中央集权,而是行政性集权与经济性分权的结合。① 80 年代以来,英国多个地方机构中,有许多是中央政府任命和资助的。这引发我们进一步思考英国 80 年代地方政府改革的复杂性质。与美国的地方自治相比,英国的地方自治在更大程度上受到了中央集权的控制,对地方治理的研究不应该忽视中央与地方的关系。

但是,我们也应该看到,"地方治理也带来了一系列的弱点,尤其重要的是,地方服务提供体制和地方治理体制总是比以前单一机构体制要复杂得多。通常,消费者很难理解各种各样的服务提供团体。更重要的是,提供地方服务的各种各样的机构存在越来越多的责任性问题,反过来,当不同机构为资源和行动空间而相互竞争或与选举组成的地方政府之间竞争时,这有可能强化合作和策略方面的问题,尤其是后者会发现自己花在建造网络上的时间,以及花在与其他地方机构各种合作中的时间越来越多,尽管那样一种发展可能在实际上会加强这个体制运行的基础。"②这使地方政府的角色将从直接提供地方服务的"划桨手"转为"掌舵人",地方政府需要应对地方治理的弱点或者挑战,中央与地方的关系将面临调整。

二、地方政府的新角色——社区的领导者

在撒切尔和布莱尔改革之后,地方治理意味着政府组织已经不是唯一的治理主体,治理承担者扩展到政府以外的公共机构和私人机构。影响地方福利活动的组织和机构体制日益多样化;来自更多部门的更多机构参与了更多事务。这些组织与地方政府以及其他的地方治理机构之间的关系也发生了变化。20 世纪 80 年代的改革效果到 90 年代早期可以进行评价了。

---

① 杨光斌:《中央集权与大众自治:英国中央与地方的新型关系——以财政变革为中心的分析》,《欧洲》1995 年第 4 期。

② 俞可平主编:《治理与善治》,社会科学文献出版社 2000 年版,第 188—189 页。

此时,"英国的情形是这样的,观察家不再把次国家级政府的安排称为地方统治,而是用'地方治理'这一术语。因为地方政府已日益成为处理地方问题的众多代理机构之一。中央资助的、涉及到私营、非官方部门和广泛的公共代理机构日益增加。在这种情形下,英国地方政府从很大的服务直接供应者,转为敦促者,发起人,有时是协调者也是合作者的角色。"①

公共部门的参与者像企业家那样行动,而私营公司可以肩负提供公共服务提供的使命。其他的私人机构参与者,如利益集团和志愿团体变得更为重要了。在英国,公共和私人部门的混合受中央政府政策驱动,如立法要求地方当局将服务投出招标;在法国则是由于地方财政压力迫使市镇依赖私营部门来提供服务。两个国家中地方治理的一个重要方面是私营或志愿部门的参与者卷入地方服务提供中的方式。尤其是在英国的环境中,对市场的信仰已经影响了地方政府,如缩小国家对经济干预的范围所证明的,立约承包、公私合作、创建新机构、强调个人是服务的消费者。在法国,这种思想的流传就不是那么畅通无阻了。法国的公共服务体制给予法国公共部门的合法性比英国大得多。不考虑这一点,从 20 世纪 80 年代早期开始,在法国已经有了重要的组织化改革,包括公共部门组织之间新的合约化关系,行政权的下放,预算自主性的加强和效能指标利用的增加……在功能上,某些方面可以视为与英国所采取的措施意义相同。

地方治理发生在机构碎片化的背景下,公共与私人部门的边界日益模糊。本质上,社区领导是指地方当局与其他在地方治理中发挥影响的机构、组织和团体的关系。② 治理不仅寻求描述一个更为网络化的政治形态,也谈到在复杂的环境中治理体系协调政策、解决公共问题的能力。现代决策需要对许多长期项目、福利管理和城市政策中的失败作出反应。它们的解决办法要求重新思考政府如何"引领"社会发展的问题。在日益碎片化的制度

① Paul Carmichael and Arther Midwinter(ed). Regulating Local Authorities – Emerging Patterns of Central Control[M]. Frank Cass And Company Limited, 2003: 96.

② Robert Leach and Janie Percy-Smith. Local Governance in Britain[M]. Palgrave, 2001: 88.

背景下,地方当局的目的不只是委托、提供和(或)管理服务,还有治理地方社区。地方议会不能独自治理地方,而是需要和广大范围的其他机构合作,这包括公共、私营、志愿和非正式的社区部门。

社区领导者并不是地方当局的新角色,然而,随着地方治理变得更加复杂,这一角色越来越重要和富于挑战性,要求地方当局内部拥有不同技能和结构。地方当局不再是地方领域的唯一参与者。对领导者角色的认同来自于地方选举而不是任命,它们具体体现和代表整个地方共同体的利益。如果地方当局没有充分提高对地方共同体的责任和诺言,这一角色将会受到公开的挑战。第二个关键的变化是要求具有使正式和非正式网络达成合作的能力。这或许又要求它具有与以前要求相当不同的技能。第三,为了使地方政府领导社会的角色有效,需要以这样的一种方式,即把与地方政府相连的职责与价值定为准则,借此扩散地方政府。① 现在,社区领导是地方政府的中心职责。议会可以综览本地需要和优先考虑的事项、领导工作,满足众所关心的需要和优先考虑的事项。政府倾向于确保议会真正处于地方公共服务的中心,它们能够开发出一个发展社区的清楚指导,建立合作以确保地方社区获得最大利益。

复杂性、模糊和相互依赖是现代治理的特征。承担了社会经济生活中的重要职责的地方非选举机构的增加,在公共部门内引发了责任危机。因为覆盖了许多利害相关者,关于哪项决策是哪个公共机构的责任,缺乏清楚的划分。与它们缺乏对地方社区的有效负责的争论一起,已经导致重新评价地方政府与这些机构合作中应该具有的角色。地方政府对于这些服务的控制较少,公共责任较少。例如,志愿者可能常常任意决策,有时与议会政策交叉,或者甚至(偶尔)会根据种族和性别标准来实施法定要求,确立公共服务提供的原则。没有几个评论者会认为或者认真期待,把那些已经从地方当局撤除而给予地方非政府组织的职责应该还给地方政府。不过问题仍旧是,在与这类机构的关系上,地方当局应该扮演的角色。政府将对这些机

---

① Robert Leach and Janie Percy-Smith. Local Governance in Britain[M]. Palgrave, 2001: 98.

构活动的详细审查视为地方当局社区领导角色的一个深层次方面。复杂的
地方治理环境需要地方政府的协调与领导,要求地方政府具有与以前不同
的技能与结构,存在种种缺点的地方政府委员会体系,不能满足调控多中心
地方治理结构的新要求。为了应对治理带来的新挑战,工党政府启动了对
地方政府委员会结构的重大改革。

三、地方政府委员会体系的改革

长期以来,地方政府并不是政治科学研究的主旨,因为传统地方政府很
少有变动。现代地方政府则处于复杂的社会经济政治环境中。在英国福利
国家的形成过程中,国家对社会经济生活的干预日益广泛而深入,国家的角
色不再是"守夜人",提供公共服务成为国家的主要任务,也成为衡量政府合
法性的标准之一。合法性更实际,合法性问题更复杂了。"政府作为服务提供
者的角色预示着统治者与被统治者之间关系将发生根本转变。这一关系过去
表现为公民的权利和义务,现在则是以公共服务对象的权利为特征。服务就
意味着要完成工作,要使客户满意和进行有效产出,而不是依赖于合法性和权
威。在面对政府时,人们作为客户关系比作为公民享有更大的权力。关心客
户权利甚于关心公民权利,民主的合法性问题被置之一旁。"①因应国家性质
的变化,地方政府承担的公共服务职能越来越多,也更多地涉入民众的生
活。地方政府的地位越来越重要,与中央政府的关系越来越紧密互赖。地
方政府既成为英国福利国家的引擎,也是各种潜在矛盾聚集之地。20 世纪
80 年代以来,地方政府成为福利国家危机改革的焦点,目的是使之更有效率
和更具反应性。在撒切尔执政时期,英国对地方政府的改革以服务为导向,
主要是削减地方政府的服务职能或者改变其供给服务的方式。布莱尔继承
并深化了这一做法。但布莱尔政府在给予民主复兴适当重要性的同时,已

---

① 经济合作与发展组织编、国家发展和改革委员会经济体制综合改革司中国事业单位改
革研究课题组译:《分散化的公共治理》,中信出版社 2004 年版,第 45—48 页。

经将重点放在新的政治结构上了,而不是直接放在地方当局和其公民的关系上。政府认为,之所以需要新的政治结构,是因为传统文化在基于委员会体系的政治结构中被表达和加固,这一体系将地方政府对公众封闭而不是开放。①……政府看起来将委员会体系看作地方民主软弱的主要原因,因而把政治结构的变化视为民主复兴和改变传统文化的关键一步。② 在多中心的地方治理结构下,地方政府可谓"中心的中心",如何从结构上改革地方政府意义重大。以复兴地方民主、提升地方政府领导力为导向,英国对地方政府委员会体制进行彻底改革,提出了三种替代模式。

如前所述,1929 年和 1933 年地方政府改革的成就在于完成了对特别机构的淘汰,巩固了地方政府的地位,现代地方政府的基本轮廓形成。到此,地方行政管理的普遍原则是,由唯一且经选举产生的、多功能的地方政府提供其辖区内所有的服务。在这一过程中,地方政府的活动范围急剧扩展,并且几乎举国一致。19 世纪早期特别机构志愿、偶然提供服务转变为地方政府全职且经常提供服务,而且服务提供与普通公民逐渐分离。在创建现代地方政府的过程中,那些特别机构演化成为地方政府的重要部分,但它们多多少少被简单整合在内,以至于后者成了一个预制的委员会体制。自从 19 世纪早期采用选举产生的市政府以来,委员会体系已经是地方政府的一部分了。议会的工作在各委员会之间划分,一般是根据地方政府的主要功能和服务来划分。委员会体制成为英国地方政府的标志,长期以来被称赞为地方政府的力量之一。

在英国,地方议会即是地方政府。地方政府议行合一,主要工作是行政。而在国家层次,立法与行政相分离,英国议会不统治。地方议会由选举产生的议员组成,拥有最终的决策权。地方议会是一个自治体,对其职权范围内发生的所有事情负责。改革委员会体制之前,根据地方政府的主要职

---

① John Stewart. Modernising British Local Government—An Assessment of Labour's Reform Programme[M]. Palgrave Macmillan, 2003: 55.

② John Stewart. Modernising British Local Government—An Assessment of Labour's Reform Programme[M]. Palgrave Macmillan, 2003: 58—59.

能,议会内部划分为若干个委员会,通过各委员会来组织议会事务以履行职责。法律对所有议员一视同仁。他们都是决策进程的一部分,议员们集体决定并最终负责政策执行。决策主要以讨论的方式进行,不是首长负责制,市长和议长的角色主要是履行仪式。在提交议会表决之前,所有的决策都分别在某个或某几个委员会进行。所以,地方上实际是各委员会在统治。不过,鉴于最终决策权在地方议会,委员会本质上是顾问而不是决策机构。委员会一般不直接卷入具体行政事务的管理,这些由议会雇用的职员来执行。

英国选择了委员会体制。在它运转近两个世纪以后,其固有的缺点已不能满足经济社会发展的要求,20世纪70年代末,中央政府从改革地方政府的服务内容及供给方式入手,最终指向委员会体制本身。

(一)委员会体制的优点

人们认为这种模式可以使地方政府高效率同时民主地开展工作。其优点在于:(1)委员会体制有助于地方政府与公众意见保持沟通。(2)把议员分为不同的委员会,使其职责专门化而简化了议会的任务。(3)可以同时在不同委员会内考虑不同事情而节约议员们的时间。委员会规模一般较小,程序更为非正式,这更能鼓励议员自由发言。(4)委员们拥有专门知识。本来委员不需要对议会事务有专业知识,他们代表公众的观点,也就是非专业的观点。他们需要明白在普通民众眼里,即在被管理者而不是管理者的眼里,事情是怎样的。不过,委员会体制使得委员们对不同的服务有所了解直至精通某事。委员们的专门经验和知识为地方当局提供了重要的资源。不过,尽管专门化是一种力量,比如可以更有效地监督和控制对地方行政,但延伸太远就会成为弱点。议员可能逐渐认为自己是对服务负责,而不是对选区的利益负责;他可能成为某领域行政管理的专家,但也可能因此变得眼光狭隘,看不到议会的整体工作。而且人们逐渐认识到,委员们的初级知识也不能满足地方行政管理日趋复杂和专业化的要求。

（二）委员会体系的弱点

委员会体系存在固有的缺陷,主要在于:(1)决策不够透明。委员会阶段的决策一般都私下进行,不允许公众和媒体参加。"关于在哪儿决策,由谁决策是不清楚的。人们不知道该表扬谁,该批评谁,或者谁与他们的问题相关。"地方议员也不清楚自己究竟如何影响决策,对其代表的人民来说,他们常常没有真正的发言权。"决策含糊不清弱化了地方政府、地方人民和他们经过民主选举的代表之间的联系。"①人们对决策失去信任,对竞选感到气馁。公众的疑惑态度意味着这个体系弱化了地方的责任。(2)回应地方需求无力。地方政府秉持"向内看"的文化,对公众封闭。在以委员会体系为基础的政治结构中,这种文化被表达和加固,成为地方政府的"传统"。地方议员和官员经常持家长式作风,认为应该提供什么服务由他们来定,而这又要看什么服务适合作为服务提供者的地方议会,公众利益屈居第二。地方政府提供的服务人们并不需要。这种文化仍然简单地把增加税收和支出作为解决问题之道。地方议会和其必要的合作者之间的关系——地方商业、志愿组织和其他公共部门或机构——弱且无效。那些只盯着内部事务的议会——只关注如何维护它们的结构和既得利益;不倾听当地人民和社区呼声的委员会没有任何前途,现代化的进程从根本上就是要将传统的议会重新定位。整个地方政府文化的根本性变革是很重要的。② (3)运转低效。委员会数量过多,有些分支委员会没必要设置。不同委员会之间职能模糊,工作重复。如果某委员会的决策关系到另一个委员会,则要等待后一委员会的决策从而使决策推迟。行动前,委员会还要等待议会批准。等待会耽搁时间,但这曾被视为实行民主化控制应付的合理代价。以上种种造成委员会体制运转耗时,管理成本高昂。政府强调,过去对委员会的一系列调查

---

① DETR(Department of the Environment, Transport and Regions), 1999e(Local Leadership: Local Choices), 8.

② 迈克尔·希尔著、刘升华译:《理解社会政策》,商务印书馆 2003 年版,第86—87 页。

强调了这些弱点。(4)领导地方的动力不足。历史上,英国地方治理逃避了其他国家存在的中央和省级政府的控制,独立性很强。直到 20 世纪 70 年代,英国地方政府也没有发展出最高地方行政长官的概念。在集会中,每个委员会都执行自己的特定职责,支持自己的理由。跨越不同委员会的联系很少。英国地方政府中盛行的委员会决策制没有为一个最高的政治领导——无论是个人还是集体——做好准备。① 由于缺少直接政治权威和政党基础,议会政治领袖软弱。委员会体制下,地方政府职能分裂,不利于地方的整体发展。1967 年的莫德委员会看到了委员会体系的力量,也看到了其弱点。莫德委员会报告强调了委员会体系的耗时性和被埋没在浩繁卷宗之中,但主要批评地方政府缺少协调。"一般认为,在各委员会的一次集会中,每个委员会都执行自己的特定职责,支持自己的理由。依赖平行委员会,个人联系,政党机制和官员的努力来协调。"②1972 年的贝恩斯和帕特森报告着重批评了地方政府传统的部门化思维,认为地方政府管理应该有整体性思维,这是地方管理的基础。地方政府不应该局限于为当地社会提供狭隘的服务,而应该在其权限之内对地方总体的经济、文化以及卫生负责。前述报告都支持整体性思维的结构。很多地方政府根据报告改进了工作,有的还革新了结构。

而"在以服务为导向的国家,绩效的作用很重要;在进行组织设计时,绩效甚至可能是最重要的。一旦国家成为一名服务提供者,最好是挑选最适合特定任务的组织形式和最合理的提供模式,即使这会导致国家的衰落。"③在多年的改革过程中,由中央资助的私营、志愿组织和非正式机构日益增加并混合在一起,英国从地方政府统治转为地方治理,地方治理结构重新走向多中心。地方政府成为处理地方问题的众多机构之一。现在,多种地方治

① 约翰·格林伍德、戴维·威尔逊著,汪淑钧译:《英国行政管理》,商务印书馆 1991 年版,第 144 页。

② Maud Report, 1967a, para. 60.

③ 经济合作与发展组织编、国家发展和改革委员会经济体制综合改革司中国事业单位改革研究课题组译:《分散化的公共治理》,中信出版社 2004 年版,第 45—48 页。

理主体与地方政府分享权力,竞争资源和合法性。比如,如果公众对地方政府的服务不满意,可以转向非政府组织。从另一角度看,一系列机构与地方政府正在并肩作战,共同致力于地方善治。在多中心的治理格局下,"选举产生的地方政府作为民主的、负责任的服务提供者和主要的资源控制者处于地方治理过程及网络的核心位置"①。与其他治理主体不同,地方政府是代表地方人民的唯一合法机构,具体体现和代表整个地方共同体的利益,这使它在根本上具有一种道义上的力量。与只承担单一职能的非公共机构相比,地方政府提供的服务范围更大。它可以综览本地需要,决定优先事项;可以指导地方、建立合作以确保地方共同体利益最大化。但是,作为地方民主的平台,委员会体制不能充分代表地方选民的声音;作为服务供给的工具,委员会体制有效性不足,从而导致公共利益受损,削弱了地方政府的合法性。传统的地方政府委员会体系问题重重,已经变成一个行动离开了舞台的含糊体系,不能担当促进地方福祉的使命,工党政府对它发动了革命性的改革。

(三)替代委员会体制的三种行政结构

针对委员会体制的缺陷,为了实现地方治理的透明、责任和高绩效,工党政府的改革方法是把地方议员分为行政和代表两种成分。认为两者分离程度越高,好处更大。一是可让行政从直选中获取合法性;二可让非行政议员从职责繁重、做事费力和消磨时间的委员会体制中解放出来,使他们与当地社会的联系更直接,利于代表和支持地方社会,也利于充分发挥他们的专门化力量而克服其弱点。以分离地方政府行政与代表职能为基础,英国议会提出了三种可供选择的行政管理结构,来取代委员会决策体制。它们是:

1. 直接选举的市长和内阁制。先由全体选民直接选出市长,再由市长任命2—9名议员组成行政机构。

"市长"这个词让人自然而然联想到这个名称在传统上作为第一公民

---

① B·盖伊·彼得斯著、吴爱明等译:《政府未来的治理模式》,中国人民大学出版社2001年版,第75页。

的、议会领袖的社会礼仪角色,而不是与政治领导联在一起。现在,市长的这一传统角色将被改变,对直接选举而生的市长的期望将是,他应该能够承担一般情况下与领导角色相关的主要公共职责。市长的选举可以使市长成为一个受大众欢迎的名流,他(她)可以是没有从政或管理的经验的,可能取得巨大的成功或者造成巨大的失败。后一种情况下,除了直到 4 年后由全体选民或者议会结束其任期之外,没有任何办法。

直接选举的市长成为议会的成员,尽管不是议会主席,议会将选出一个单独的主席。市长任期 4 年,拥有重大的权力。市长从议员中任命一个内阁,而且任命不需要议会的通过。市长可以随时撤换内阁成员,进行新的任命。市长可以决定内阁行使的权力,包括内阁成员的权力以及官员或者说他们自己的权力。议会的领导者可以拥有相似的权力,但是只有议会这样决定了才能行使,反之,市长的权力是法律规定的。只有全体议员的 2/3 反对,市长提议的预算和政策计划才能够被改变。中央政府认为,因为市长拥有地方全体选民授予的权力,拥有重大权力以执行他们的政策是正确的。但是议会也有全体选民授予的权力,可能比市长的权力更新。如果议会以少于 2/3 多数拒绝或者修正这些提议,将会导致地方政府"死机"状态,大概只能通过市长和所有或者一些议员的妥协才能克服这种后果。

市长的强大地位反映了中央政府对个人领导的信仰。个人统治是否适于复杂的城市社区,是一个易于引起怀疑的问题。对于直接选举市长有强烈的认同,也有强烈的反对。认同和反对的方面相同——它产生了清楚的职责和责任点。权力的集中可以视为一种力量,它在地方政府和社区之内产生了权力和影响的中心。权力的集中也可以视为一个危险,因为它提出了腐败极限的问题,但是一般更多思考权威的途径和对那些不要求市长注意的问题的忽视。① 有人认为,市长的选举可以使中央重视地方政治家。据说,直接选举的市长将在城市的革新中提供有活力的领导,给予市镇以生

① John Stewart. Modernising British Local Government—An Assessment of Labour's Reform Pro-gramme[M]. Palgrave Macmillan, 2003:65 – 66.

机。但是,无论如何,城市革新中的领导不是依靠直接选举的市长,许多市镇的例子已经表明了这一点。现在通过直接选举重要的官员来推动地方政治个人化的倾向,存在一个失去议会体系优势的危险。并且,这样的进展可能反映出这样的愿望,即抑制发生在地方的经济、社会和环境政策中活跃的政治争论,而不是反映出任何提高地方自治的真实许诺。

2. 议会任命的领导和内阁制。议会全体会议选举产生一名行政领导(通常是多数党的领袖),再加上 2—9 名议员组成内阁。内阁成员可以由行政领导决定,也可经过议会选举产生。

领导者—议会这一改革选项是与以前结构最相近的一个。伴随着多数政策制定委员会的废除,领导者—议会选项代表了一个基本的改变。① 在领导者和市长选项之间,一个主要的差别是这里的领导者必须要有议会的支持。如果领导者没有这一支持,议会可以并且很可能将他免职。而在某种程度上,对于直接选举的市长,这种情况几乎是不可能的。中央政府建议确保在权力和任期上使这一模式接近市长模式。替代方案有两个:内阁由行政长官任命。行政长官决定委托计划;或者内阁由整个议会任命,议会决定委托计划。前一方案接近市长和内阁选项,而后一个遵循过去的实践。

3. 直接选举的市长和议会经理制。市长由全体选民直接选举产生,不能被议会免除。议会再任命一名官员担任议会经理,负责日常管理工作。议会经理"对议会全体负责",并能被议会解职。市长—议会经理选项下没有内阁,法案把市长和议会经理共同描述为行政部门。

在这一模式下,市长的地位与市长和内阁模式下市长的地位非常不同。市长具有来自直接选举的身份,但是没有行政权力,这属于向议会负责的议会经理的职权。选举市长的角色是为了给议会经理广泛的政治指导,使其符合许诺的宣言和政策计划。市长可以任命一个或多个顾问委员提建议,其成员人数不需要与议会政党力量成比例的。立法并没有给予执行者任何

---

① John Stewart. Modernising British Local Government—An Assessment of Labour's Reform Programme[M]. Palgrave Macmillan, 2003: 68.

直接的权力,因为这些权力被单独给予议会经理了。议会经理可以将这些权力授予执行者,但是不能单独授予市长或顾问委员会。在决定授予时,议会经理必须考虑选举市长的任何建议。所有贯彻和执行计划的行政决定将是议会经理的职责。而在市长—内阁模式下,行政部门的权力被给予决定这些权力如何授予的市长。议会经理将会"考虑市长的政治领导",因此将会自然地考虑市长的意见。但是议会经理也不得不考虑议会的意见,议会经理对议会负责。当市长和议会经理意见一致的时候将不会产生问题,但是,如果市长在议会不占多数,他(或她)将会缺乏有效的职权,因为在这些情况下,议会经理将可能必须注意议会的意见和领导。

在给议会经理以行政职能,以及向议会负责的方面,立法使得这一角色与美国的城市经理相似,使市长与议会经理同时有部分行政权力。立法似乎混淆了两者的职务,尽管所有的行政职能都给了议会经理——在美国没有发现这一混淆。美国的议会经理制度从一开始就没考虑选举产生的市长,并且在采用议会经理制的 30% 的地方政府中,都没有选举产生的市长。即使有选举的市长,他们也不是行政部门的成员。市长因为领导议会而变得重要,但是没有独立于议会的权威。

除以上新结构外,地方政府还可以继续保留委员会体制,但必须经国务大臣批准,且必须进行改进。实践中,保留委员会体制的较大地方政府决策趋向于领导者—内阁模式。

新模式或许增强了地方议员和民众的联系,但同时也疏远了他们和决策者的距离。非行政议员被排除在决策之外,限制了个人和集体的参与空间,减弱了他们的参与意识,影响了整个组织的士气,这是新结构的最大问题。改革之前,政党对地方政治的影响很小,新结构改变了这种状况。在直选市长模式下,市长们的表现受议会内政党势力分布的制约,政治环境对其执政实效影响关键。市长所属政党在议会内可能占多数,也可能是少数,或者市长本人是独立候选人。如果市长所属政党在议会内为少数,将增加其决策通过的难度。不过,英国地方存在很多变体,这会缓和政党的作用。在某政党占多数的地方,有的地方议会让该政党占据内阁所有席位;有的允许反对党在内阁任职,但不给予具体职位;有的即使不这么安排,也允许反对党领袖与会,在争论时发言。在任何政党都不占多数的地方议会,有的允许最大的政党占据所有内阁席位,有的在所有政党之间分配内阁职责,还有的实行联合内阁。联合内阁模式没有前两种稳定。在很多地方政府,党员会自律,不公开批评自己行政上的同事,但这威胁了决策的合理性和责任。在议会领导人和内阁模式下,地方政府不用彻底改变工作方式,在议会官员—议员关系上的适应力更强。不过,领导人和内阁成员之间的关系也有很多变体。有的领导人有相当程度的个人权力,如挑选内阁成员,向阁员分配职位,基于个人判断决策等。有的领导人一种权力都没有。一般来说,地方政府希望继续坚持集体负责的旧原则,很少增加单个人责任。

议会任命的领导—内阁模式与国家政体相近,这一改革路径遵循英国的传统。市长—经理制则借鉴了美国的经验。尽管工党政府高姿态支持市长直选制,但它却是实践中的少数。直选市长改变了所有行动者的关系,彻底偏离了前体制,反对者众。因为议员们的角色如何,后果难料。截至2006年,人口在85000及以下的地方政府中,只有4%选择了这种替代制度,81%选择了内阁—领导模式,15%保持旧的委员会体制。而且实行直选市长的地方都是小城市,这限制了该模式的示范效应。所以,在复兴地方民主的日程中,市长们可能会置身局外。但作为一项制度创新,直选市长制提供了很好的学习机会。

对地方政府角色的思考指导着英国地方政府改革,这也是对福利国家广泛评论的一部分。地方政府的基本职能有二,一是服务职能,二是政治职能。即使地方政府服务功能强大,如果取消其政治职能,地方政府则无异于地方行政。服务还是民主,顾客还是公民,这种区别至关重要。它不仅仅是归类上的变化,更意味着公民与政府关系的不同。术语的不同反应的是政府对待公民个体的方式不同。在顾客/服务供给者的视角下,地方政府的责任是为公众提供服务和即时回复针对服务的投诉。商业惯例进入公共部门,地方政府与公民之间的互动形式越来越商品化,要用更适合商业关系而非政治关系的术语和概念来定义和评价政府业绩。政策分析大多与服务提供的效率有关,考虑的是不同供应系统的成本和收益。在公民/地方政府的视角下,公民利用手中的选票赋予地方政府以权威,为政府活动提供财源。不管是否利益相关,都有表达意见的权利。"有趣的是,许多参与权的定义纵然被解释成公民权,但实际上仍是指公共服务的消费者权利。"①公民与顾客两个概念互有交叉,地方政府既是服务的最大供给者,也是地方的民主平台。但是,服务与民主给予地方政府不同的合法性资源。服务通过有效性来追求合法性;民主则通过同意来创造合法性,它主要不是为了效率。在对合法性的追求上,服务与民主相互弥补一方之欠缺,偏赖一方则会引发地方政府的合法化危机。关键是如何保持平衡,以满足随时会出现的合法性需求。

在 20 世纪 80 年代和 90 年代的变革浪潮中,英国关注的焦点一直是地方政府的服务职能,比如如何使服务提供有效、便宜、均质、有竞争性。地方议会逐渐意识到,那些以前被动接受其服务的人更应该被当作顾客来对待。公众也已倾向于将地方议会更多地视为服务提供者而非他们的地方政府。他们一直首先被当作消费者,其次才被当作公民。虽然工党在 1998 年借"服务第一"之名重新发动公民宪章运动,但其中的公民权本质上是一个非常狭隘的用户至上主义者的概念,在这一概念中消费者价值代替了民主价值。② 与之相比,包含了民主复兴计划大部分内容的《2000 年地方政府法》却不得不屈居第二,又逢 2001 年大选而被推迟执行。2001 年政府白皮书的题目是《强有力的地方领导——优质的公共服务》,焦点也集中在如何在政治和管理上最有效地使地方议会提供优质服务。民主复兴议程只是顺便提到了而已。这样做导致了失衡,因为服务仍被放在首位,地方政府作为公共权力机关的色彩被削弱了。

与以往改革相比,新结构主要影响到地方政府的政治职能而不是服务

---

① B·盖伊·彼得斯著、吴爱明等译:《政府未来的治理模式》,中国人民大学出版社 2001 年版,第 75 页。

② 戴维·威尔逊、克里斯·盖姆著,张勇、胡建奇、王庆兵译:《英国地方政府》,北京大学出版社 2009 年版,第 19—20、374—375、416 页。

职能。政府认为,要重振地方民主,就要将代表和行政机关分开,并在公众思想中明确这一点。新结构使行政机关从投票箱中直接取得合法性,这有助于创建强有力的地方领导,利于提高整体性和一致性决策的能力。现在,议会开会的确比委员会体制更经常,正式公开的会议常常与非正式非公开的会议交替进行。但公开会议一般都比较简短,使公众失望。新结构改变了普通议员的角色,这种分化意味着发展。但是新结构是否有利于地方政府向公众开放以更好地代表并实现公共利益,并没有确定性。因为与委员会体制相比,新结构下地方议员与公众的关系并没有得到制度性加强。在选举周期来临时,公民在选票上勾出"是"或"否",选出地方议员,这是直接也是最简单的参与形式。选举周期进行,公共利益的维护却需要不间断的参与。没有公众的积极参与,政府很难使其行动合法化。并且,作为服务对象,公民通过参与给予决策者信息,有利于决策的合理性。政府给予民主复兴以重要性,重点放在新的政治结构上,而不是直接放在地方当局和其公民的关系上。民主治理要求公民以某种方式直接影响决策,在很难实现公民直接参与的时代,建设参与式国家是一个全新的挑战。由哪些人参与?如何创新参与形式或结构?参与范围和程度如何控制?这些问题会影响到国家的运转。

英国曾是地方自治之乡,被全世界尤其是后发国家视为地方政府发展的榜样。英国属于单一制国家,地方政府隶属于中央政府,这一地位决定了它在面临中央控制时的无力。在福利国家的形成,危机与转型过程中,中央政府与地方政府、地方政府与地方居民之间关系发生了重大变化,传统地方自治不再。

四、地方政府的网络政治

政策网络指的是政策制定与执行中的非正式方面,这一过程牵涉到各级政府和不同部门。政策网络可以与其他两个"治理原则"对照。这两个原则就是指基于统治与权威的官僚机构(或等级体制)和基于价格和竞争的市

场或半市场原则。比较来说,政策网络中的"通货"是,或者应该是,信任与
互惠。① 创建政策网络是地方治理的突出特征,也是其必然特征。尽管旧模
式中不缺乏这样的网络,但是治理政治的本质是,网络化的关系发挥着更大
的作用。在地方政府统治的时代,政策目标主要通过等级体制的命令与控
制来获得。但是,多中心的地方治理时代是一个机构碎片化的环境。地方
治理网络包括各种机构的相互依赖关系,最常见的是,决策似乎在网络之内
制定而不是与组织惯例和控制路线一致的方式,这使得传统的责任机制必
然不以简单明了的方式发挥作用。

　　"制度的变化已经更改了地方决策的一体化模式。这在英国和法国表
现出了不同的形式。在英国,制度的分裂主要是指履行特定政策职能的非
选举机构的成长,常常与地方上选举产生的当局进行竞争;在法国,分裂主
要指(不单独是指)创建次国家层级政府的新层级,在两个国家内已经出现
了一大群私营公用事业的机构,在提供服务的截然不同的组织之间职责重
叠,新形式的公私合作日益增加。"②英法地方政治的领导镶嵌在一个截然不
同甚至相反的制度框架内。法国乡镇中强大的个人领导与比较注重集体的
英国风格形成对照;不过,富有创新思维的领导人能够动员地方共同体采取
集体行动。能干的领导能够形成治理能力。成功的领导则要依靠混合不同
角色的能力。

　　"网络反映出地方复杂性的增加,它本身就是复杂的组织形式。复杂性
的一方面是指网络不是静态的,随着外部环境和组织间关系的改变,它们不
断发展和变化。因此,网络化中难以管理的组织间关系总是一个模糊元
素。"③重要的决策者之间通常的联系和关系成为协调和产生公共决策的一
种手段。参与者忙于投入与其他组织中相应机构的关系,即使他们的合作
不是法令或条例所要求,他们也常常意识到,通过自愿参与,利益自然会增

---

① Robert Leach, Janie Percy-Smith. Local Governance in Britain[M]. Palgrave, 2001:89.

② Robert Leach, Janie Percy-Smith. Local Governance in Britain[M]. Palgrave, 2001:11.

③ Robert Leach, Janie Percy-Smith. Local Governance in Britain[M]. Palgrave, 2001:90.

加。众多机构为了达到各自的目的，需要相互依赖，也就是说，需要其他机构去做某些事情，才能获得彼此需要的技术、土地或资金等资源。罗斯认为，在这些"政策共同体"中，较小的集群浮现出来，它们共享和交换对政策发展有贡献的资源，如技术、知识和合法性。英法的地方网络包含传统的参与者，如政党领导人和地方政府官员，但是也有新的参与者，私营部门或私营公用事业机构，它们的合作对于制定有效的政策非常重要。这些网络提供了提高公共政策合作的一种手段，并且它们有助于建设信任和治理能力。这些联系是交流和交换信息、专门技术和其他资源的手段。合作也使得公共决策者可以根据快速变化的日程灵活反应。所以，社会资本是地方治理中的一个关键要素，公民社会的福利将在很大程度上依赖于它。为了保持在地方治理网络中的领导地位，地方政府需要发展新的特征和技能，"这些包括经纪人的技巧、说服和谈判以获得政策效果，而不是直接运用权力；还应具有理解地方治理网络的动力和据此管理的能力。地方当局的内部组织结构也需要反应这些变化"。①

有种观点认为网络的有效功能或者合作依赖于封闭和保密。共享资源和信任的建立依靠资源的相互交换，而过于透明将会迫使参与者退回到社会公共机构的角色。网络可以把公众排除在外，引起寡头政治和照顾既得利益。责任问题和相应的合法性危机是当代治理的主要挑战。如果说网络给予复兴地方政治以可能，它们也引起了对民主责任传统观念的挑战：在理论上，一个民主政体要求政治商讨透明，有积极的公民参与和对技术和专家决策的政治控制。公共领域依靠对于基本准则、制度和价值意见的一致；如果有不同意见，应该通过公共讨论来寻找解决方法。

所以，虽然撒切尔的改革迫使地方政府放弃某些职能，削弱了它的自治地位。但是，地方治理形成过程中的市场化改革并不只是对地方政府体系

---

① Prior. D. Working the Network：Local Authority Strategies in the Reticulated Local State［A］. in H. Davis（ed）. Quangos and Local Government：A Changing World［M］. London：Frank Cass，1996：101－102.

的削弱,某些还加强了地方政府的地位。此外,与只承担某项特殊职能的非公共机构相比,地方政府提供了范围更大的服务,并且是代表地方人民的唯一合法机构。所以就地方政府对地方社会的统治来说,其地位并没有降低。地方治理意味着地方政府提供服务职能的减少,但是却加强了其领导地方社会的能力,或许地方政府正在变得更加强大。面对多个更为强大的地方政府,中央需要改变对它们的控制策略。

第三节　后福利国家时代的英国中央—地方关系

在 20 世纪,可能政府间关系最重要的决定因素就是福利国家的发展和它在不同国家的不同形式。[①] 与此同等重要的是,70 年代西方世界福利国家面临种种危机,促使它转向后福利国家时代。两种时代下的国家、福利与社会的关系明显不同,后福利国家形态对英国中央与地方关系的影响日益引起学术界的关注。

一、福利国家形成之前中央与地方的相互分离

英国 1688 年的光荣革命产生了中央与地方的政治分工模式,即"双重政体"。为了更充分地理解英国地方政府体系运作的方式,从夏普的地方政府"执行者"概念和鲍比特的"双重政体"概念开始很有帮助——因为他们指出了英国地方政府关键的组织和政治特征。利曼(Leeman)曾将盎格鲁体系称为"双重体系",它是对鲍比特(Bulpitt)所用概念"双重政体"的早期称呼。鲍比特认为英国中央和地方政府的职能分离起源于"双重政体"的模式。在这种模式下,议会作为国家主权和地区势力的代表很自然地成为英国政治制度的中心,成为双重政体的调解人。这或许可以解释为何直到现

在为止,中央权威和地位很高,而地方地位较低。

从 17 世纪到 19 世纪 30 年代,英国地方行政机构始终保持着一定程度的自治特征,王室和议会均很少过问地方事务,中央亦无专门管理地方事务的政府部门。这种状态的基础是中央与地方彼此隔离,而且希望相互隔离。这一双重政体意味着中央与地方政治世界没有一体化。在这个世界里,中央政府专注于"上层政治",通常乐于将"下层政治"(地主、村民和市民的次要地方事务,地方服务事业和福利)留给地方精英控制。前提是地方精英要承认中央权威的至高无上,并且支持"高级"政治;地方政府离开中央的政治舞台,同时控制好地方事务。鲍比特认为,只要中央政府和地方政府存在共识,这一安排就会起作用。国家层级的政治精英们,考虑地方事务时喜欢采取工具主义的方式,对地方层级和其"世俗"事务大多表现出骄傲自大的超然,甚至抱着"敬而远之的态度"。其结果就是地方政府被当作实现中央政府政策意图的工具,而不是在地方认同和政治上代表其选民、自身拥有权力的政治整体。[①] 正如鲍比特提出的,中央相信地方精英对地方低级政治的照料,使中央得以从事诸如国防、王国建设和外交等高级政治活动。没有一本书比格里菲斯(Griffith)的经典研究更能清楚地反映在城市事务上地方与中央政治的愉快的分离。不过并不总是这样,20 世纪之前,地方乡绅不仅负责郡的事务,也在议会代表其选区的选民。而且,"上层政治与下层政治之间的区别更多地是地位上的区别,而不是财力上的区别。法律、道德和荣誉这些传统问题与中央相关,工业化和城市福利问题则是低级问题,由地方来处理。双重性政体的两个级别可以作为一个等级式制度(一种每一级或多或少都有自治权的政治体制)共存"。[②] 直到很晚(19 世纪下半叶)的时候,英国中央才建立起全国性的行政官员体系,才在一部分地区建立行政机构,即中央政府的驻外机构。中央与地方的分离模式则一直盛行到第一次世界大

---

① 赫尔穆特·沃尔曼、埃克哈特·施罗德主编,王锋等译:《比较英德公共行政——主要传统与现代化的趋势》,北京大学出版社 2004 年版,第 104 页。

② 伊夫·梅尼、文森特·赖特主编,朱建军等译:《西欧国家中央与地方的关系》,春秋出版社 1988 年版,第 15 页。

战时期。

在那些有着强大封建传统的、并受到拿破仑传统的影响而得到强化的那些国家,地方政府的发展采取了不同的方式,中央可以通过一个国家官员对地方精英和自治市进行监督,因为地方精英可能不可信赖,同时自治市一般来说规模小而且职责少。① 法国中央政治与行政力量的联结问题在英国是不存在的。在法国,市长、地方与中央官员、以及中央政治家之间的复杂的相互作用是如此普通,在英国却不为人所知。英国这样一种中央与地方的垂直而又相互分离的关系模式,造成白厅集团更容易控制和支配地方政府,而且可能比法国官僚机构对地方的控制要大得多。在这一方面,英国要比法国集权。所以,某种程度上具有讽刺意味的是,英国具有历史意义的传统地方自治,它曾经加强了地方单元的职责,却促成了其今日的困境。虽然英国地方政府享受着较大的自治权,但是其政治地位却不如法国地方政府重要。这一点并不奇怪。在这一体系下,地方政府虽然享受地方自治,但却是法令的创造物,其宪法地位很弱。地方自治促进了两个世界的相互隔离,但导致中央政府否定地方政府的重要性,并且在面临重组和中央集权时几乎没有防护工具。英国地方政府体系的一个关键特征,就是面对中央政府决定改造其结构时的政治软弱性。这是阿什福德在《英国的教条主义与法国的实用主义:福利国家中中央与地方政策的制定》一书中对英国和法国地方政府的重组进行比较的主题。这种软弱性反映了它作为一种源于双重政体的政治力量的孤立或隔离。

中央态度的显著之处就在于它们支持精英蔑视地方政府。这样的蔑视促使 20 世纪 70 年代对地方政府主要结构的重组(这些重组逐渐损坏了地方政府应付 80 年代事件的能力),还有迅速改变地方政府的基本财政安排。"更适合另一个时代(在这一时代中央政府和地方政府的职能能多半是分离的)之地方自治理想的地方政府制度继续存在,它与日益增强的中央控制结

---

① Edited by Paul Carmichael and Arther Midwinter, Regulating Local Authorities—Emerging Patterns of Central Control[M]. Frank Cass And Company Limited, 2003:94.

合,使中央与地方关系变得紧张,并且导致地方政府资源和自治权力的明显丧失——前景是,中央政府将继续努力发展各种手段显示其权威,因而不断破坏地方政府。"①当大陆国家的政府各部通过其长期发展的中央与地方密切相连的关系渠道发挥影响时(放松某些控制该体系也能承受),英国中央政府已经发展和维护了其不仅控制而且干涉地方事务的新手段。自治传统没有为英国地方政府(或其他英语国家的相应部分)适应中央政府各部在计划、指示和资助地方税收方面的权力日益增长做准备。具有历史意义的地方自治就这样对中央政府控制与改变地方政治世界发挥了作用。

英国奉行议会主权理论,立法监督在中央控制中居主导地位。"简言之,英国在今日所有国体原以一基本原理造成;此一原理,若用外来的但又极方便的术语表示,名曰:'单一主义'(Unitarianism)。在单一主义的国体之下,有一个中央权力,常时惯熟地运用至尊的立法威权,此项中央权力在英国则为巴力门。"②因此,英国地方政府的权力从根本上说是来源于议会。议会可通过各种法律形式授予地方政府某些权力或某项权力,同时议会也有权否定地方政府关于扩大某些权力的请求。③ 英国地方政府依靠议会法令而存在。结构、职能、资金和地方当局的许多程序都由法律决定。地方议会仅仅能采取被法律证明正当的行动。如果一个地方当局在这一法律框架之外运作,法院将判定它的行动"超越权限",并且强迫其停止不合法行为。④ 某地方议会如欲谋求一项超出议会法令规定的权力,必须促成英国议会为此专门制定一项法令,且此法令只限于该地方议会引用。其他地方议会如需同样的权限,则需议会另外通过一项法令。英国地方议会就地方事务通过的某些决议或法规,还需经中央有关部门的批准或事先征得它们的

---

① Samuel Humes IV. Local Governance and National Power —A Worldwide Comparison of Tradition and Change in Local Government[M]. Harvest Wheatshea, 1991:120.

② 戴雪著、雷宾南译:《英宪精义》,中国法制出版社 2001 年版,第 193 页。

③ 薄贵利:《近现代地方政府比较》,光明日报出版社 1988 年版,第 143 页。

④ J. A. Chandler. Local Government Today[M]. Manchester and New York:Manchester University Press, 2001:2.

同意。

　　在英国的传统中,议会法令成为中央政府向地方表达其意志的正式手段。这一成就的重要性存在于这一事实中,即中央政府需要确保议会的批准,而议会本来就是由地方社区的代表构成的。下议院,就像它的名称意味的,是一个由古老的地方政府代表所组成的机构,在议会的程序中仍然这样称呼这些代表。尽管贵族凭他们自己的头衔参加议会,他们也以地方的头衔参加议会。这样议会为地方提供了一个论坛,在这个论坛中,他们的利益和不平可以引起中央政府的注意。这些实践,引起雷德利克(Redlich)和赫斯特(Hirst)的轻度夸大,认为下议院"几乎象是一个各州的联邦"。① 在英国,宪法和法律不仅构成中央与地方职权划分的基础,而且是调整中央与地方权力关系的"杠杆"。在英国的宪法传统之内,中央政府与地方机构之间从未存在一个等级体系的司法关系。"议会,作为在中央政府内代表地方利益的机构,传统上形成了连结这两个层级政府的主要链条。而且因为这个关键的链条,英国没有发展出一个明显的行政法体系。议会法令实际上成为一种形式,通过这一形式来改变总的法律并且提出行政命令。这样,议会调节中央—地方关系的角色可以被视为遍布英国宪法中的议会主权和法治两原则的说明。行政不得不通过议会来行动,并且,在运用议会法令的方式上,我们确保我们是被适用于普通法庭上的一个不能分割的普通法机构来统治的。我们的地方传统就这样与我们的法律传统交织在一起。"②

　　英国的地方政府都是由各所在地选民选举产生的议事会成员组成的。因此,中央政府与地方政府之间、地方政府相互之间的关系主要是一种法律关系,而不是我们通常所理解的行政隶属关系和行政领导关系。在英国,中央对地方的立法控制多于行政控制。立法机构执行中央对地方政治共同体的控制时,常常用根本不给地方任何表达地方意志权力的办法来限定其权

---

① Martin Loughlin. Legality and Locality：The Role of Law in Central-Local Government Relations[M]. New York：Oxford University Press, 1996：24.

② Martin Loughlin. Legality and Locality：The Role of Law in Central-Local Government Relations[M]. New York：Oxford University Press, 1996：364.

力。而在行政集权的体制下,不是由立法机构,而是由被委以最重要的行政功能的机关,即主要执行机构来行使中央对地方政治共同体的控制。"立法控制主要由立法机关行使。它或者出现于地方政府行为之前(明确权限、授予权限),或出现于地方政府行为之后(违法、超越应有的权限)。它并不直接干预地方政府行为。行政控制则是中央政府在地方政府活动的过程中所进行的经常性控制,通常是由中央行政机关来行使这种控制。"①

在英国,"中央与地方政府之间的权力分配主要通过议会,以法律规定的形式划定。这样,中央政府虽然能够削减或取消地方政府的各种权限,但它不能像中央主导型政府间关系下的中央政府那样,可以直接通过行政手段得以实现。而必须通过立法的手段,也就是说必须通过议会并征得议会同意才能实现。"②这就是很多国家或地区的实际情况。在这些国家和地区,一方面立法是集权的,另一方面这个立法的行政执行却是分散的或地方化的。这就是我们习惯上说的地方自治政府的最重要的特征。正如我们在采用这种行政方式的国家,如英国以及美国的各州看到的,这种行政方法源于这样一种理论前提:国家对所有组成它的地方政治共同体拥有主权。国家可能不承认,在许多情况下也的确不承认任何能够由地方政治共同体表达的地方意志。它可能,而且确实也经常非常具体地规定地方政治共同体的权力,几乎不让它们有机会来行使任何自由处置权。但是,它也确实授予了这种地方政治共同体以实际上在任何国家(或州)有效的控制之外执行国家(或州)法律的这一最重要的权力。③ 在建立在这种理论基础上的最初的英美地方自治政府体制里,国家意志应由国家而非地方的机关表达;但是这种意志一经表达,就应该由地方机关去执行。但是,行政体制与国家意志的执行有着重大关系。任何国家意志的表达,在表达它的机关对它的执行没有控制的情况下都是一句空话。有关政府理论可能承认地方政治共同体在国

---

① 　陈嘉陵主编:《各国地方政府比较研究》,武汉出版社 1991 年版,第 124 页。
② 　林尚立:《国内政府间关系》,浙江人民出版社 1998 年版,第 44—45 页。
③ 　古德诺著、王元译:《政治与行政》,华夏出版社 1987 年版,第 29 页。

家意志的表达上对国家的服从。然而,行政体制的运转可能使实践与理论恰恰相反。国家意志的表达可以委托给国家中央政府的一个机关。但是,如果国家意志的实际执行委托给不受任何有效国家控制的地方政治共同体的话,这种地方政治共同体会通过运用其执行权力,或者某种真正的非执行性的或修正的权力,改变由代表整个国家的机关表达的国家意志,以便使之适应被认为是地方政治共同体的需要。① 这种立法机构的至上性,在英国,与实际上巨大的行政独立性相结合,尤其就地方官员与中央政府的关系而言更是如此。地方行政官员要忠于国法,即议会制定的法律,而不是忠于中央行政长官;他们对法律的服从由他们受法院的控制来保证。② 在英国,行政体制的集权化,在很大程度上削弱了议会在国家政治结构中的地位,这使得英国的立法机关在中央与地方关系中没有过去那么重要。从地方行政的角度看,行政集权在实践上把地方政治共同体从以前议会的控制中解放出来,把它们置于中央行政当局控制之下,却并没有以任何方式来扩大地方政治共同体在表达地方意志上的权力。

国家分配权力以统治地方,中央机构从地区和职能两方面行使权力。地区和中央的职能部门是互相独立的;他们互相补充、互相重合、互相冲突、互相竞争。虽然政府联合这两种原则组织和操作地方政府的治理;但是他们很少总是把这两种原则应用于一切活动上。在特定的活动上,例如在邮政、铁路、国防、外交和货币事务上,重点在于职能性的权力分配:由中央各部和其他专门机构,以及他们的驻外办事处负责,不让地方政府参与这些服务中来。其他活动,诸如公路、卫生、教育——在这些领域,中央各部及相关机构分享的权力是以地区还是职能为主的程度相当不同。

福利国家形成之前的英国,中央与地方相互分离,其体系可以称之为"职能调控"模式,与法国、德国、苏联相比,这一模式更多是逐渐演变而成的。一系列的价值观念变迁的环境由洛克、伯克、边沁等思想家培育而成。

---

① 古德诺著、王元译:《政治与行政》,华夏出版社 1987 年版,第 28 页。
② 古德诺著、王元译:《政治与行政》,华夏出版社 1987 年版,第 54 页。

这些思想家不仅强调自治和个人自由,还强调实用主义。英国地方治理和欧洲大陆国家有着显著的不同,其地方政府体系已经被注解为地方政府的相对自治;那里没有具有广泛职责的国家内政部(或其他中央机构)来负责协调驻外政府部门和地方政府关系;也没有拥有广泛职责、具有强大协调职能的地区行政部门来协调中央驻外机构和地方政府关系。各部直接与地方局(处)合作,这是英国"双重政体"在国家治理结构上的体现。与大陆国家相应部分的职责相比,英国地方政府也没有政治和行政上的最高长官。英国从未进行在中央层级统一官僚机构的努力,更不必说在地方层级了。① 这与欧洲大陆国家形成鲜明对比,后者有着集权主义的国家传统,中央政府机构深入地方层级政府,压制地方的持续挑战。

夏普认为,在英国,中央政府是"非执行者",而地方政府是执行者。中央政府制定政策但执行政策是地方政府的责任,地方政府拥有多数专门知识,雇用所需的专业人员。在英国的体系中,地方政府不执行国家的行政事务,一些中央部的派驻单位直接提供很多地方服务。与英国地方政府体系相对比,法国中央政府的财政和设备部拥有地方驻外机构,其雇员不仅提供建议并且还执行地方政策。与法国相比,英国地方政府没有主要的行政任务,正是它的议会、尤其是议会的委员会,与相关部工作联系密切,权力被授予它们。它的高级职员主要是专家。与职能相关的政府拨款提供了地方政府收入的主要部分。"这些部的链条,就像从前一样顽固,没有克服中央政府和地方政府的分离状况。中央政府的主要职员与地方政府职员的职业生涯、经历相互分开。这两个部分的交流很少见;短暂的工作交流被视为试验;培训计划分别进行和操作。斯图尔特(Stewart)注意到'中央职员的世界与地方政府职员的世界被分离了。它们各自拥有自己的工作和组织文化,几乎不被对方所了解'。"②

---

① Sharpe L. J. The United Kingdom: The Disjointed Meso[A]. In L. J. Sharpe. The Rise of Meso Government in Europe[C]. London: Sage, 1993: 248.

② Samuel Humes IV. Local Governance and National Power —A Worldwide Comparison of Tradition and Change in Local Government[M]. Harvest Wheatshea, 1991: 112.

　　在英国有 10 个大区类似于"省"或者如其他称呼的大区(region)。由于法律上中央与地方的权限有明确的划分,通常情况下中央派驻地方的机构与地方政府本身在事权上几乎没有交叉、重叠现象,因此,基本上不存在中央驻地方机构监督地方政府,以及由此产生的冲突。

　　在这些中心区有中央的驻外机构,其职员由中央政府各部派驻官员充任。每一个办事处都有一位高级官员作为它的行政首长。然而,在英国模式下,地区的驻外机构中没有一位官员总的代表所有不同的部。这或许只是出于方便而成立的组织。任何需要的协调,都是通过代表各部的高级官员之间的会议来进行。从地方政府的角度来看,地区组织非常重要,因为中央政府可能通过它在地区层级的官员而不是通过它在部里的官员实施控制。某些地区的地方议会可能不得不寻求区的官员、区的特派员、驻外政治代表(不管怎样称呼)的许可。一个英国地方议会求助于住宅和地方政府部和一个德国议会不得不获得地区主席的批准之间,不存在原则上的区别。地区办事处没有自己的权力,不是一个独立的实体。它只是中央政府借以从事地方性事务的一个机构,这样就不需要事事都在中央某部处理。在实践中,可以给予地区层级官员一定的自由裁量权,但是它要服从上级的指导和命令,就他们做的所有事情,都对其上级负责。比较起来,一个地方政府当局十分独立于中央政府。它有自己的权力,并依照自己的权利来行使。①

　　英国各部长期使用各种技术来调控地方政府。在由专业忠诚、地方对中央资金和专家技术的依赖以及缺乏一个负责协调关系的部所巩固的体系中,单独的部直接与地方的处(局)直接进行工作上的联系。几十年前,马歇尔(Marshall A. H.)注意到:中央对地方的控制是传统上的职能控制;也就是说,中央的部关心的是单项服务。所以中央与地方的关系是中央与地方专家的关系。中央与单个地方当局作为混合单位的联结是虚弱的。这样,行政长官和财政长官在中央政府之内没有正式联系,举例来说,教育长官和教育与科学部之间的关系就是这样的现状。因此,地方当局作为组成单元,中

---

① R. M. Jackson. The Machinery of Local Government[M]. London:Macmillan,1959:5 –6.

央当局对其认识不充分,几乎没有使部的结构与地方当局在一体化管理上取得进展,就不让人感到吃惊了。①

随着民主化福利国家的发展,英国的中央政府使地方政府放弃了其 19 世纪"双重政体"模式下特定的职能和财政自治,把它们整合进国家的福利政策。从 1976 年特别是从 1979 年开始,随着撒切尔领导下的保守党当选,这一双重政体就分解了。但是,我们将会看到,尽管政治气候变化了,建立在双重政体模型下的作为"执行者"的地方政府结构在新时期依然重要。

二、福利国家时代中央与地方的相互依赖

在近代国家初期的英国,中央与地方关系保持相互分离的模式是适当的。但事实上,随着工业化的发展和 19 世纪以来福利职能的逐渐增加,一个基本上自由放任的经济已经与一套萌芽中的高度集权的福利制度(尽管它还没有形成福利国家)共同存在。支持 19 世纪地方政府改革的原则是合法化和地方政府不得越权原则,改革也给中央与地方关系带了转变,中央对地方具有集权倾向,但其性质不应误解。19 世纪中央当局并不是寻求直接控制地方当局。然而合伙人的术语似乎也不足于表达中央当局和地方政府的关系。贝拉米(Bellamy)的研究表明,至少到第一次世界大战,中央的多数精力主要直接用于界定和审查中央与地方权力划分的界限。这样,中央好像更为关注如何限制地方侵入高级政治事务中——尤其是限制地方当局对中央财政部和金融市场的要求——而不是就地方政府应该执行的职责给予战略上的指导。

福利国家的形成带来了国家权力的扩张。"中央同其所管辖的地方相互间保持独立的能力逐渐受到了现代通讯和福利国家计划发展的侵蚀。19世纪后期以来,福利国家的发展带来了政府的变化。政府不再是一个与上

---

① Marshall A. H. The Layfield Reports: Financial and Administration Implications [J]. Local Government Studies, No. 6(Oct, 1976), pp. 60 – 61.

层政治(适合于在中央作出决定)有密切关系的机构。政府现在是一个主要关心下层政治问题的政府。权力现在真正体现在日常事务中。"①在 20 世纪,可能政府间关系最重要的决定因素就是福利国家的发展和它在不同国家的不同形式。②"福利国家的发展已经把一个无所作为(而且政府的不同级别之间又互相独立)的政府体制改变成一个以互相依赖为准则的政府体制。"③

显然,随着福利国家的发展,为了实现国家的目标,要求中央扩大与地方的合作。"中央政府与地方政府之间的相互不可取代的特性,既规定了权限划分与中央控制的必要性与必然性,也规定了两者之间相互沟通、影响和合作的必要性和必然性。而且,随着人类的进步和社会的发展,更加强了这种必要性与必然性。"④在一定程度上,政府与地方的直接联系增加了,以共同应对日益增多的挑战。

琼斯·哈里斯研究了英国社会福利制度的发展与英国社会思想以及政治思想的关系。她指出,"1870 年到 1950 年英国社会福利制度的结构性转变不仅在社会福利政策史上,而且在更大范围的政治史、政府史、社会结构演变史以及民族文化史上都是十分重要的。"维多利亚时代的社会福利制度是如何演进为合理的政府性的福利国家呢?她认为,"在走向政府集权化的道路上,存在多种多样实践的、物质的和功能性的压力,这是不可避免的。在这个历史时期,经济组织范围的日益扩大、地方政府税收的不足、家长制社会结构的逐渐消失、人口的变化以及一些主要社会问题特别是失业问题难以避免的全国性,所有这些结合在一起,使得英国的社会福利制度逐步转

---

① 伊夫·梅尼、文森特·赖特主编,朱建军等译:《西欧国家中央与地方的关系》,春秋出版社 1989 年版,第 16 页。

② Paul Carmichael, Arther Midwinter(ed). Regulating Local Authorities—Emerging Patterns of Central Control[M]. Frank Cass And Company Limited, 2003:94-95.

③ 伊夫·梅尼、文森特·赖特主编,朱建军等译:《西欧国家中央与地方的关系》,春秋出版社 1989 年版,第 21 页。

④ 陈嘉陵主编:《各国地方政府比较研究》,武汉出版社 1991 年版,第 132 页。

向中央集权性的财政和控制之中"①。

　　1948 年英国建成"福利国家",产生了对中央与地方政府职能重新划分的需要。由此而来的是,中央政府试图根据自己的需要来安排地方政府管辖的地域范围和组织机构,把地方政府整合进其福利政策中,使地方政府成为实施其福利政策的工具。我们知道,在 19 世纪末,各种特别机构所承担的职能一一转给地方政府,不过,自从 30 年代以来地方政府的职能逐渐减少,一些重要职能被转移到中央机构。这一发展在 1945 年后工党政府执政时期和 20 世纪 70 年代达到高潮,例如,城市的电力和煤气事业在 1947 和1948 年国家化了,也失去了主要公用事业方面的职责;城市医院和穷人救济在 1948 年成为中央的职责,地方政府失去了卫生服务方面的职责。第二次改革浪潮晚些时候发生,供水和个人保健在 1974 年、大城市地区公共交通在 1968 年转给非选举的委员会——尽管后来又变过来了。1945 年后,英国地方政府在职责范围和组成序列上经历了急剧变换。地方政府失去了许多由来已久的职责——尤其是社会援助和医疗服务的提供被转给中央控制的公共机构(如 NHS),而英国地方政府在对弱势群体的社会照顾方面仍然具有广泛的职责,其他社会服务(包括住房)和地方政府提供的教育服务得到重大扩展。

　　在福利国家形成的过程,中央政府变成了全国性政府,而从提供服务事业的视角看,中央政府现在是地方性的政府机构。福利国家使集体消费的职能下放了。夏普认为,为选举产生的地方政府辩护的最有力理由是它宣称要为地方提供有效的服务。二战以来的时期,重点在于把地方当局作为贯彻中央立法及政策的代理人。中央集权增加,地方政府的职能减少,地方自治程度降低。主要报道表明,地方政府的衰落很快开始了。地方当局主要失去了生产性的服务,新调整明显给予地方政府社会服务方面的职能。即使失去某些职能没有必然导致地方政府地位的削弱,也确实导致对地方

---

① Jose Haris. Political Thought and the Welfare State 1870—1940: An Intellectual Framework for British Social Policy[J]. Past & Present, No. 135(May,1992), pp. 116 – 118.

政府职能的重要重组。关于地方政府职能缩减的文献最为常见。几乎在所有欧洲大陆国家作为基层政府职能的某些基本服务,英国地方政府已不再负责。从战后直到 20 世纪 70 年代,地方政权既倾向于失去职能,又可以看到现有职能在范围上的增长与扩张。作为福利国家的主要传输工具,地方政权增加了它们在教育、住宅和社会服务的职责,获得了市镇和乡村的规划权。尽管地方政府失去了一些职能,但是地方政府的支出从 1945 年到 1975年一直在增加,这是因为社会福利职能增加对此加以弥补的结果。地方政府的支出大部分由中央政府补贴资助。这一时期日益增强的中央集权和削弱的地方自治,主要从以下几个方面推断出来:初高级中学(授权)立法数量的增加,中央政府通过通告、视察等手段对地方政府的控制;地方政府对中央税收资源的日益依赖。

随着福利国家的建立,地方政府在教育、住宅和社会服务领域职责增长,这些服务变为地方政府的首要职责,地方政府则成为福利国家的主要代理人。尽管 19 世纪地方政权的多数活动以基础设施和创建健康城市生活所需的自然环境等地方行动为中心,现在,地方政府活动的重点是交付作为福利国家一部分的服务。战后重建时期,在清除贫民窟和市镇中心的发展中,地方政权仍然关心城市的自然环境。但即使是在这些活动中,地方的行为也被看作是国家计划的一部分。建筑高层公寓使用体系支配了很多市镇和城市的发展计划,这更多是因为这一发展得到补助组织、商业拥护和专家的一致赞同,而不是因为它们是地方的政治选择。① 在很大的程度上,地方政权已经变为并自视为沿着制定好的路线交付一系列个别服务的代理人。地方政权的主要任务是对这些服务的管理,地方议员将从这些服务的增加中感到满足。服务的日益增加,一般来说地方议员都接受。在这一基础上,一致意见建立了起来,它支配着联系中央与地方的政策网络。这一时期,把教育描述为国家在地方管理的服务是一件很平常的事,这反映了一致意见而不是具体控制的应用。地方政府职能的扩张包括多种形式:地方性法令

---

① Dunleavy. The Mass Politics of Housing[M]. London: Macmillian, 1981: 35.

法规大量涌现,地方政府雇员人数不断增多,地方政府的税收和支出急剧增长,地方政府机构不断膨胀等。最明显的表现是政府活动的领域不断扩大,政府干预形式日趋增多,越来越深入个人的生活。

地方政府职能的重组对中央与地方关系的性质有很大影响。既然地方政府提供服务变得更严重依赖中央政府的财政支持,财政的控制链条或许是很明显的。然而,即使没有财政上的依赖,重构方式看起来也显示出中央对地方政府行为的核查拥有关键的职责。讨论来自于经济学的分析,它寻求论证在从事收入再分配政策方面,地方政府的能力存在某些限制。既然重组职能的结果之一是地方政府支出具有潜在的再分配性,可以认为,在行政国家,中央政府拥有合法的角色进行监督、调节并使地方政府之间进行合作,这仅仅是为了确保政策的有效贯彻。① 地方政府职能的另一个变化,是以政治职能为主变为管理和服务为主。近代以前,地方政府只负责税收和地方治安这些为维护国家机器运转和统治秩序所必需的职责,其目的只限于维持自身的存在,是为统治而统治。现代政府虽然也承担这些必不可少的统治职能,但其日常职能的绝大部分,却是管理社会、经济事务和为普通公民提供服务:从制订本地社会经济发展计划、发展教育文化事业、建设公共工程和公共设施,到保护消费者利益、社会救济、保护环境以及医疗卫生服务等。这一点,在福利国家和都市地区尤为突出。当然,从另一个角度看,突出管理和服务职能也可以说是有利于其统治职能的,因为在现代社会里,不能提供满意的公共管理和服务的政府,是不能继续统治下去的。②

需要指出的是,前述地方政府职能的膨胀并不意味着中央政府权力的削弱。毋宁说,地方政府职能膨胀与中央政府职能膨胀并驾齐驱。在现代条件下,社会经济的高度发达和复杂性要求一定程度的中央集权来统一进行协调管理:人们日益强烈的民主愿望又使得扩大地方自治成为不可抑制

---

① Martin Loughlin. Legality and Locality: The Role of Law in Central—Local Government Relations[M]. Oxford University Press, 1996: 54 – 55.

② 陈嘉陵主编:《各国地方政府比较研究》,武汉出版社 1991 年版,第 140 页。

的趋势。这两股潮流相互作用的结果,是中央政府和地方政府的权力都得到增长——双方都在不断地向社会扩张其领地。在不同国家、不同时期,中央与地方政府的职权相比可能此消彼长,但与政府职能的总体膨胀相比,其重要性却要小得多。①

20世纪期间地方政府在结构、功能和财政安排上的变化,表明地方政府已经成为行政国家中中央政府强有力的代理人,但代价是,地方政府的事务已经不可避免地与中央政府裹在一起。中央与地方之间的关系如何组织和协调?在1966年出版的一项重要研究中,格里菲斯认为,中央与地方的关系以三个基本因素为条件。② 第一个是地方当局提供服务,因此,虽然中央可以鼓励、禁止和打击它,地方当局一般都是第一个也是最后一个行动者。中央各部可以自己采取政府性的行为,例如促成汽车高速公路或者新市镇的建成,并且如果他们把地方政府牵涉进来,中央与地方政府之间的关系可以用(负责人,首长)与代理人这样的术语来表达。不过在地方政府行使自己法定权力的地方,这一术语就不合适了。第二,根据第一个原则,格里菲斯认为,把中央与地方之间的关系描述为一种控制性质是错误的。因为,尽管各部当然可以施加控制,地方政府也可以对各部构成影响;二者之间的关系是双向的。第三个因素是,地方政府普遍接受中央关于大多数服务的最低标准,这是中央各部坚决要求地方政府达到的。

当过去属于低政治范畴的问题现在一个国家的货币和就业中占很大比例的时候,中央政府领导人就不能忽视这些问题。相应地,当服务事业的费用很大一部分由内中央财政部支付,而且,影响这些服务事业的规章制度是由中央政府制定的时候,地方官员再也不能把对他们自己和他们的团体极为重要的问题——教育、卫生和社会服务的设施——看成仅仅是地方所关心的问题。福利国家的发展已经把一个无所作为(而且政府的不同级别之

---

① 陈嘉陵主编:《各国地方政府比较研究》,武汉出版社1991年版,第142页。
② J·A·G·Griffith. Central Departments and Local Authority[M]. London:George Allen & Unwin, 1966:17-18.

间又互相独立）的政府体制改变成为一个现在以互相依赖为准则的政府体制。① 在诸如提供卫生、教育、维持收入的救济金以及经济的基础结构这些具体计划方面，可以对政府的活动进行最好的分析。在一个特定的计划领域内，有大量与已经提供的服务事业相联系的组织。尽管负责一项计划的职责可以在部、地方当局和准政府机构之间划分，但是，同等职责的必然联系又把这些机构拉到了一起，因为，它们在这项计划方面有着共同关心的东西。今天，政府中最重要的联系不是宪法所规定的东西，而是计划协调职能方面的规则所产生的新事物。这种联系在地方政府的服务事业部门和主管部之间通常是垂直性的，或者在国营企业和主管部之间是平行的。政策把宪法划分的东西联合在一起了。

　　从法律上讲，有关政府计划的许多决定只能在中央政府做出，而从行动上讲，大多数的公共政策必须在全国范围内履行。对于每一个重要的福利国家计划来说，中央政府都有许多法定的措施和财政上的责任。但是，由于老百姓是在全国范围接受计划带来的好处，因此，在基层还必须有一项有关的政策，那就是使得地方拥有提供服务的各种组织。在中央集权制国家（例如法国），大部分活动被控制在部内；在联邦体制（例如西德）的国家，有以一项特殊政策为轴心的垂直协调的宪法规定。在英国，中央和地方政府在制定政策标准时各自的作用是混乱的，而且，在财政紧张时期还会发生冲突。②

　　福利国家的扩张微妙地影响着英国的中央与地方关系，某种程度上"双重政体"的残余依然存在，但在国家对社会经济进行全面干预的过程中，英国结束了中央和地方相互分离的传统，议会在英国中央控制地方的原有模式中的地位削弱了。代议制政府是自由资本主义时期所能采取的最好的政治外壳，因为它最能反映雇佣劳动和资本在市场上的自由和平等关系……但是，随着资本主义的发展，社会矛盾不断尖锐，政府只管"法律和秩序"已

---

① 伊夫·梅尼、文森特·赖特主编，朱建军等译：《西欧国家中央与地方的关系》，春秋出版社 1989 年版，第 21 页。

② 伊夫·梅尼、文森特·赖特主编，朱建军等译：《西欧国家中央与地方的关系》，春秋出版社 1989 年版，第 22 页。

经不能保证资本社会运动的正常远行。因此政府作为总资本家"终究不得不承担起对生产的领导"。它在保证资本主义再生产的外部条件的同时，还要在社会再生产内部的一切领域、一切环节上发挥作用，政府干预和管理社会经济事务的职能日益增多，权力的容量日益扩大。为适应这些新的需要，以议会为中心的代议制政府在内部的权力结构上不得不把议会的权力逐步转移到行政机关。由此，从代议民主制走向了行政集权民主制，从代议制政府走向行政集权制政府。① 也就是说，"国家权力核心从议会走向行政"，人类在 20 世纪对国家和政府职能的认识发生了很大变化，国家职能的理念从"统治"走向"公共行政"、"公共管理"，从"治人"转向"治事"。"国家职能从'统治'走向'治理'"。② 内阁在中央与地方关系中发挥越来越大的作用，议会开始变为一个对政府法令或者政策认可的角色。

19 世纪末期，法律主要用来授权给地方当局，尽管后来加强了地方政府的某些义务。法令改革也趋向于授予中央各部一定范围的监督权。这些变化，转变了中央与地方关系的性质。地方政府私法案程序逐渐被行政行为（通过临时的命令等手段）代替，中央与地方关系日益被一套习惯上的行政实践支配，这些行政实践则是由一个总的和便利的立法框架发展起来的。在 19 世纪末，地方政府被置于法定基础上，地方当局的权力一般由普通法规定。这本质上并不是意味着对地方自治的很大限制，尽管它可能呈现出地方政府是中央政府的创造物的印象。然而，真正变化主要来自于立法的性质。首先，立法寻求的不仅是授予权力还有强加职责。地方，至少在正式的意义上，成为中央的工具。但是更一般的是这一立法本质上授予中央各部一定范围的行政权力，保证中央政府在监督地方政府方面成为一个关键因素。实践呼唤中央各部运用它们的权力赋以最初的法律骨架以血肉，塑造地方政府在实践中行使一般权力的方式。进一步来说，随着这些监督权力的增长，扩展地方权力的请求引入中央各部，甚至在那些最后呈到议会面

---

① 曹沛霖、徐宗士主编：《比较政府体制》，复旦大学出版社 1990 年版，第 9 页。
② 曹沛霖：《制度纵横谈》，人民出版社 2005 年版，第 13—15 页。

前的案例中,中央政府也发挥了支配性的作用。地方当局开始失去与议会的直接通道……在某种意义上,议会首次变成一个真正的立法机构,其职责在于制定社会行为的一般规则,让政府各部处理行政管理问题。随着政府职能的迅速增加,这个发展可以根据立法与行政之间的日益分化来说明。重要的一点,是它使中央各部牵涉进地方政府的行为中。议会被取代了,中央的行政部门接管了监督的任务。进一步来说,对地方事务控制的变化不是必然的。地方政府改革后,议会本来能够超越它批准特定财政补贴给地方当局的权力,而委托给地方当局以地方政府的一般权力。拒绝这样做,在一定程度上反映了改革过程中出现过一种集权主义思潮。①

　　整个 20 世纪,中央与地方的关系实质上是一种行政关系,立法体制促进了这一关系。这一现代解决方式的结果之一就是中止了议会在中央地方关系中发挥的主要调节链条作用。通过正式批准政府新的立法提议,它的主要功能变为使政府政策合法化。这一便利手段的本质意味着,重大政策的改变可以不需要议会授予新权威而得到妥协和执行。在教育领域有一个很好的例子。尽管整个战后时期教育政策发生了重大变化,直到 20 世纪 80 年代,1944 年教育法仍继续为这一体系提供基本的法律基础。立法体制的基本功能是给从行政网络的深思熟虑中形成的规章体系提供一个显而易见的合法化手段。在地方政府中,法律最基本的功能变为:首先,建立地方当局以试验提供新服务、保持公共服务前沿活动并给予地方政府本身优先权,因为地方当局最能判断什么对地方来说是最优的;其次,建立起一个必要的非约束性政权,法律主要关心权力而不是义务。

　　从以议会为中心的权力结构走向以行政为中心的权力结构,体现在中央与地方关系的变化上,就是行政控制因素的增加。项目的范围对议会程序施加了较大压力,通常政府行动需要迅速行进,这在许多方面造成对立法过程高度删简,或者,在某些情形下,实际上被放弃了。中央希望引起地方

---

① Martin Loughlin. Legality and Locality: The Role of Law in Central—Local Government Relations[M]. Oxford University Press, 1996: 51.

政府转变,为此,中央政府常常感到不得不凌驾于议会关注的事务。英国政府曾经经历了国王的政府、议会政府,进而发展到内阁政府三个阶段。60 年代,在英国学术界和政界又出现了内阁政府是否正在被首相政府所取代的争论。自撒切尔执政以来,由于她加强中央集权的一系列措施、对多元民主的破坏及不同寻常的领导作风把这一争论引向了高潮。

英国也通过精心设计的政策网络来处理中央与地方关系事务。在这一网络中,政党正式的法定权利和职责仅仅是——常常不是最重要的——塑造这一关系的众多因素之一。在有关事务的过程中,形成了某些非正式的"游戏规则"或者习惯性的理解,并且与正式的法律主张相比,这些因素更能解释中央与地方的行为。在 20 世纪 70 年代到 80 年代早期,罗斯(Rhodes)认为下列几个是最重要的非正式规则:(1)实用主义;(2)公平;(3)迁就与融合;(4)防卫性;(5)保密;(6)信任;(7)地方民主;(8)中央统治地方的权利。格里菲斯也认为,在中央与地方之间,把二者描述为合作关系是一种"令人愉悦和舒适的借口"。虽然在广泛的意义上,各部和地方当局致力于提高公共福利,在许多情况下它们的利益是不同的。然而,重要的一点是,虽然二者的权力无疑是不对等的,中央各部和地方当局意识到它们被锁定在一个相互依赖的网络中,这一网络要求一定程度上的相互的理解、合作和妥协。①

无疑地,地方政府会抵制变化,惯性使然。撇开关于地方自治的争论,中央政府担心对低层级政府的决策可能瓦解,极为敏感的是在主要历史连贯性的影响上。自相矛盾的是,当 19 世纪自由国家转变为福利国家的时候,作为一种防卫中央政府侵犯的手段,惯性的效力增加而不是下降了。公共部门和公共利益的发展实际上增加了当代中央政府对低层级政府公共政策调整和执行的依赖。这样,为了实现中央更野心勃勃的目标,中央政府增加了对地方政府的兴趣。因为在低层级政府,合作和控制是不可或缺的。

---

① Martin Loughlin. Legality and Locality: The Role of Law in Central—Local Government Relations[M]. Oxford University Press, 1996:61.

同时,新的地方职能为中央政府提供了达到目的的手段。如果福利国家的出现对政治体系的重组没有其他作用的话,那么它使得地方在政策过程中更为重要了。① 很清楚,就像多数总的原则一样,这些惯例只是提供了一个指南,相互之间还存在冲突。但是这样的规则,与法定体制相比,对中央地方相互依赖的网络提供了一个较好的线索。如格里菲斯认为,中央各部与地方当局之间时而不时的对抗是每一方都能担得起的一种纵容与放任,因为双方都知道相互依赖的必要性。

如我们所看到的,从 1979 年开始,政府已经寻求排斥、破坏或者回避行政网络,而利用中央的领导进行治理。然而,现存的法律体制,不是根据这种目的设计的,它单单保留了太多的空子和模棱两可的东西以至于不容易转为命令、控制的调控工具。因此,政府的战略要求建立一个管理中央与地方关系的更为明确的等级结构,反过来,这有必要促进对地方政府较大力度的立法改革。

三、后福利国家时代英国中央—地方关系面临的新挑战

1979 年以来,政府立法计划的规模和复杂性的确是空前的。尤其有趣的是,这一结果仍然又一次把议会带进中央与地方关系的调节中来。然而,对于任何涉及的政党来说,这一经历都不令人高兴。在福利国家遭遇重重危机的时机,保守党政府上台执政,以特有的方式整合了其新自由派信念、政党政治的决定和英国政府体系中的政策制定机制,极大地削弱了地方政府的政治地位和主要职能。20 世纪 70 年代将要看到对战后安排的挑战,这一挑战在将来将会进一步发展。

二战以来,政府在发展中的重要性日益受到世人的关注。政府不仅有效地提供市场经济所需要的制度和规则,而且还直接提供许多物品和劳务,

---

① Douglas. E. Ashford. British Dogmatism and French Pragmatism: Central—Local Policymaking in the Welfare State[M]. London: George Allen & Unwin, 1982: 2.

从而建立了大规模的福利国家。向国民提供福利是国家的责任,不过,在英国,中央与地方政府传统的分工原则是中央政府从事"高级政治",地方政府从事"低级政治",国家在个人社会服务和社会住房方面所扮演的服务角色一开始就是由地方政府来承担、由中央政府资助和监督;虽然英国的地方政府不承担国家事务,但是福利国家的出现却要求地方机构"国家化",逐步扩大其在基础设施和社会政策方面的职责,将地方政府机构逐步转变成为中央政府实施福利国家政策的工具,持续稳定地扩张地方政府的职能,削弱其政治地位。特别是在 40 和 70 年代,中央政府一系列的政策和法案推动发展潮流为,极大地改变了地方代议制政治系统的面貌。一方面,中央将耗时的生产性建设项目转为国有;另一方面,支持和加强地方在社会福利领域的力量。在英国,社会保障一直是中央政府的责任,而社会照顾则主要由地方政府的社会服务部门负责。地方当局成为当地社会服务的主要提供者,社会服务主要由地方当局直接提供,而不是由志愿性组织来提供。地方政府在功能上的重要性得到极大的加强,同时,地方政府对于中央政府的财政依赖也不断加强。福利国家的形成促使英国相互分离的中央与地方关系越来越相互依赖。虽然国家权力的核心从议会转向行政,使英国变为一个"行政国家",议会作为中央与地方之间的中介作用逐渐弱化,但是,英国在制度和原则上依然坚持中央与地方的分离,这一目的正是通过将地方政府视为福利国家的代理或者工具而实现的。

福利国家在 20 世纪 70 年代面临种种危机,重新思考国家的作用,人们发现"有效的政府虽然是发展所必需的,但是国家在经济与社会发展中的中心地位,不是作为增长的直接提供者,而是作为合作者、催化剂和促进者体现出来的。政府通过国家行为直接提供商品和服务以改善人民福利的做法注定是要失败的,政府只能依靠市场,为市场提供基础条件。并通过有效的公共政策支持市场运作,这样才能实现真正的发展和繁荣,并改善人民的福利。"①这一观念的变革,使西方政府开始了治道的转型。福利国家转向后福

---

① 毛寿龙:《西方政府的治道变革》,中国人民大学出版社 1998 年版,序言。

利国家的时代,这对英国中央控制地方的模式提出了新的挑战。

20世纪80年代以来,撒切尔的保守党政府对地方政府的重大改革,迫使地方政府将生产性的职能私营化,继而实行社会政策上的"福利多元主义",彻底改革社会保障服务的提供手段,契约化关系模式成为服务提供组织的核心特征,同时不断减少公共机构直接提供的服务。从"供给方利益"主宰和指导的"资源导向"向以"使用者或顾客为中心"的"需求导向"的服务变化,几乎体现了"新公共管理运动"的全部主要特征,整个服务文化在许多方面毫无疑问已经发生了实实在在的变化。布莱尔的新工党政府接着在社会福利领域进行类似的改革。在这一过程中,传统上由福利国家直接提供的服务,现在已经在相当程度上进行了分权和分离。一系列的政策变化部分结束了由国家提供服务的简单模式,这使得"国家福利"与"非国家福利"的界限已经模糊,原来由国家机构提供的服务现在逐步以合同方式外包出去,这也可以认为是把独立机构引入与国家合作、由国家加以规范乃至以国家为依靠的新型关系中。地方当局受中央政府鼓励,采取步骤把购买服务的功能和提供服务的功能分开,这两种功能的分离对于有效的福利混合经济得以形成和运作来说是必要的。地方当局从直接提供服务转变为"授权",这个概念很关键。授权被视为"社会服务当局的一种角色,这种角色较少建立在它们自己直接提供服务、而更多地建立在形成和影响在它们服务的社区内可资利用的广泛资源的基础之上"。[1] 这个授权角色可被解释为社区的发展和(或)市场的发展。前者强调与地方团体和组织的合作以帮助它们发展照顾能力。1989年的政府白皮书《关心人民》,"将授权作为市场发展而不是社区发展来强调,绝大多数地方当局将这种强调看做与支持新公共管理的观念一致,却与传统的社会工作和社会服务观念相反"。[2] 新公共管理运动这一全新的全球范围内的改革潮流体现了一种"单向的"现代化形

---

① Wistow G, Knapp M(ed). Social Care in a Mixed Economy[M]. Buckingham: Open University Press, 1994: 135.
② 赫尔穆特·沃尔曼、埃克哈特·施罗德主编,王锋等译:《比较英德公共行政——主要传统与现代化的趋势》,北京大学出版社2004年版,第266页。

式,认为"一切变革都是好的"。它关注于"如何"而不是"为什么",它体现的是"工具理性"而不是"实质理性"。社会服务民营化的具体做法与新公共管理在英国公共服务中的扩展联系在一起。社会服务民营化在英国比在欧洲任何地方都更为先进,新公共管的原理和方法在这一发展进程中表现得尤为突出,1990 年以后民营化政策的实施主要依赖的就是新公共管理的理论与方法。然而,私人部门代替公共部门有一个危险,即私人部门可能复制它的缺点、刚性、不回应以及它的行政成本——规制官僚主义将取代管理官僚主义的位置。如果基于社会整合和社区观念之上的一套价值观被反映不同观念(依自身利益)的价值观所替代,服务的性质及其社会后果将会改变。应用新公共管理方法实施的民营化是否合适,这在英国仍然是一个存在相当多争论和矛盾的问题。

在地方政府的宪法安排中,英国一直遵循地方政府与地方议会合一的传统单一制模式,地方议会既有审议权,又有执行权。现在,英国大部分地方机构都倾向于"内阁模式",即拥有一个议会选举产生的行政领导人,在议会的决策职能和行政职能间作出二元化的区分,开始向行政管理领导权的二元化模式发展。这是因为,首先,面对地方行政管理逐步增加的复杂性和专业化要求,人们逐渐认识到,委员会成员的初级行政管理知识,不足以应对现代都市行政管理和职业机构的复杂要求,其结果必然是"混乱和无效率";其次,地方社会治理结构的多中心化对地方政府提出了领导和调控的需要,而地方议会下松散的"委员会"结构不能应对地方治理时代提出的挑战。布莱尔政府不仅继续了保守党政府对地方政府提供服务内容和手段的改革,而且还改革了地方政府的制度结构特征,直接选举的市长—内阁制,地方议会—内阁制和市长—议会经理制将替代地方议会与地方政府合一之下的"委员会"体系。显然,改革加强了地方政府的协调和领导能力。不过在一个网络化的地方政治时代,地方政府将主要是通过与各个公共和"非公共"、正式和非正式机构之间的合作而不是强制手段来治理地方。

在公共部门,以"规制的自治"为基础的新组织体系与新的"经理人式的"协调相结合,为在政治上形成关于社会福利和国家作用的潜在舆论一致奠定了基础。"福利多元主义"涉及多个部门——主要通过合同机制联系起来,为新的舆论一致奠定了基础;"管理良好的组织"具有重要意义,它被想当然地认为会对新秩序发挥作用。这种政治—经济的基本安排使海(Hay)断定,我们正在面临所谓的"管理型政治"的复兴,即关于谁能最好地管理英国资本主义的一场政党竞争。我们认为,将这些现象描述为"管理化的政治"可能更为合适,因为它指出了20世纪90年代政府、国家和福利三者关系发生的变化以及"管理主义"在这种新的关系中发挥的特殊作用。公众的舆论要求政府作出使用新的管理技巧和管理技术的广泛承诺。①

中央和地方关系的变化给福利国家的改革以新的动力。在更为宽泛的意义上,这种关系的动力机制涉及中央对权力平衡的改变,特别是与政策和财政相关的权力。通过资源、权力和职能的调整,地方政府被非选举性机构所取代。

从英国福利国家的发展过程可以看出,福利国家的形成意味着国家行为性质的根本改变,西方国家普遍告别"守夜人"或者只管"法律与秩序"的政府时代。后福利国家时代地方社会和地方政府结构,与福利国家时代相比,都发生了重大的变化,后福利国家时代是一个无比复杂的社会形态,国家如何治理社会,中央政府如何整合地方政府,这些问题都是前所未有的,对国家治理理念和统治手段提出了新的巨大的挑战。后福利国家时代的国家治理将是一个全新的战略性课题。英国中央与地方相互分离的"教条主义"是否还能坚持下去,这要依靠实践来回答。

---

① 赫尔穆特·沃尔曼、埃克哈特·施罗德主编,王锋等译:《比较英德公共行政——主要传统与现代化的趋势》,北京大学出版社2004年版,第230页。

第三章　后福利国家背景下法国的
中央与地方关系

　　法国素有"在上为民主,在下为帝制"的传统。一向以中央高度集权为
传统特征的法国在 20 世纪 80 年代初进行了广泛剧烈的重大地方分权,法国
为什么要进行地方分权? 如何分权? 福利国家的形成与转型对法国的中
央—地方关系产生了什么样的影响? 这些问题促使我们去探究分权前后法
国中央与地方关系的历史发展,探讨影响法国中央与地方关系的因素。"高
度中央集权的国家,长期以来是法国统一的不可缺少的条件。"①戴高乐说,
"历史的自然演化已经将我国带向一个新的平衡点。数世纪以来,法国一直致
力于中央集权政策。这样的政策虽然一直被逐一归化的县市所质疑,而且他
们也不断有着分歧的意见,但确实一直是实现与捍卫法国统一的重要因素。
然而这项传统政策也终须告一个段落了"。密特朗认为,"过去法国的形成应
该是归功于一个强大与集中的中央政权。今日,要维持法国的统一不至于分
裂,却需要一个分权的政府体制"。希拉克时代的总理乔志班曾经宣示:"分权

---

① 薄贵利:《近现代地方政府比较》,光明日报出版社 1989 年版,第 98 页。

政策是法兰西共和国的国宝及现代化的重要条件"。他更进一步说明,法国的中央政府权力中心体制在经过分权政策的实施之后,将只是公权力的委托单位而已。在中央政府的身旁,各地方团体(乡镇、县、市、行政区、跨县市机构、地方公共机构、医院等)及国家各级公共机构都有责任监督大家对共同利益的尊重及努力将服务公民的国家政策正确无误的实施。

作为法国的重要传统和历史经验,集权政策已经深入人心。但是在全球化时代,现代法国所面临的社会经济发展问题改变了法国的过去。在法国,就像福利措施在中世纪巩固和发展了教会势力一样,由政府出面组织的福利措施反过来加强和发展了世俗政权的力量,巩固了王权,促进了民族国家的发展,也增进了社会的稳定。20 世纪 70 年代末,中央集权式的法国福利国家同样也陷入危机,法国必须对现有的中央与地方政府结构持续进行富有成效的改革才能面对现在和未来的挑战。法国社会保障制度以社会成员的团结共济、家庭间的相互连带、平等普遍收益和慈善赈济为基本理念,是一种广泛覆盖民众的社会保障法律体系。这一体系既受到德国俾斯麦模式的启发,又汲取了英国贝弗里奇模式的一些养分,是一个带有"中庸模式"的混合,其建立和发展经历了一个漫长的过程。

中央与地方关系只能理解为过去和现在的结合。下面从法国的中央与地方关系历史的制度变迁中,探讨法国中央与地方关系的模式、特征和改革路径。尽管法国 1982 年地方分权法力度之大引人瞩目,但这一系列改革并没有脱离法国中央自上而下控制地方政府的传统,而是与这个传统保持着连续性。地方治理的结构也并没有发生根本上的变化。而且分权后的中央调控模式也明显带有旧的历史痕迹,这启发我们去思考在共同的社会经济背景下各国采取不同治理模式的深层次原因。

第一节　使法国民主化:地方分权的历史

1982 年的地方分权改革范围之广、力度之大,在世界其他国家甚为少见,而且于骤然间完成。但是,从地方政府的历史发展中,我们可以认识到,法国政府 1982 年的分权政策并不是从无到有的突然爆发,而是法国大革命以来地方政府改革的逐步发展、历经数次妥协与反复才到达的一个阶段。法国地方治理发展的主要传统包括罗马等级制传统,波旁王朝的霸权主义,大革命前和大革命时期的改革,拿破仑改革和 19 世纪的自由主义哲学。法国历史上对地方制度的三次重大改革分别发生在大革命时期、第三共和国时期和 20 世纪 80 年代。前两次改革是在福利国家形成之前进行的。

一、大革命前的地方政府

封建制度一度将法国中央政府的权力完全破毁。从 16 世纪的波旁王朝时期开始,在首相黎塞留等的襄助下,开始通过建立一套王室官员、支付薪水的官僚机构、国家军队和财政部的网络,维护中央的至尊权力。同时,国王还加强了中央对地方的控制。中央政府向各省派遣了具有监督、协调作用的总监,负责监督各省的行政、司法和财政事务。经过与省最高法院一个时期的斗争,总监成功地将行政上的中央集权贯彻到了城市和乡村。起初,总监只行使巡视稽查权,到 17 世纪末为止,在路易十四和财政大臣柯尔伯特的领导下,稳固把总监设立为中央在省的常驻行政长官,停止地方选举市的官员,加强税收系统并且之更加一致,调整省的法律以提供更多一致性。这些总监直接隶属于中央领导,拥有重要的职权,对地方事务实行严密的监视。

大革命爆发前夕,法国的地方行政制度耗费巨大。当时的省有两类:第一类省,或者一开始就没有议会,或者曾经有过,这时已不复召集。这一类省中,每个省都分成区,每区各有一名财政官,占全国面积的 3/4。这一 3/4 国土通称为"选举省区",不过一开始并没有选举的意义。在选举省区中,省的地位尤其不重要。第二类省则有旧式的阶级议会。捐税由此议会投票决定;财政支出有时易受议会统治。第二类的省约占全国面积的 1/4,通称为"议会省区"。因为有阶级议会,所以自治权力较大,其地位也比较重要。不过在大革命前夕,即使是"议会省区"中的省,也早已失去固有的魄力。各省原由都督(Gouvernaut)统制。都督起初为地方军队长官,并且是国王的直接代表,掌理民政。后来都督官制虽未取消,但已经懈怠不振,尸位素餐。16世纪以来,开始有新成立的行政区域(Generalite),渐渐占据昔日省之重要地位。"Generalite"一词,不妨译为"财政省";因为它的名称来自政府中一个财政官组织的机关,即财政院(Generaux de finance)。财政省初为纯粹的财政区,后来则兼有司法与行政职权。在18世纪中,财政院省的数目,先后不一,多至40,少至30。至1789年,全国共有财政院省32个。每一个财政院省中,有兼理司法、警务、财政的总监,总监以国王的名义统治一切。总监或者直接统治,或者由财政院省下各分区的长官代表总监进行控制。当时,能够保持几分自治权的地方区域,只有最低层级的市镇。18世纪的市政府组织,表面上的确是民治的,市中纳财产税者都可以参加市民大会。市民大会选举市的官吏,保管市的财产,并处理其他地方事件。然而探究起来,当时的财政院省总监,或总监的代表,几乎可以操纵市民大会的一切举动。综上所述可知,大革命前的法国地方政府实在称不上是地方自治。

二、大革命时期的地方政府——过度自治与重新集权

1789年的国民议会毅然决然改革地方政府。"法国大革命抛弃了封建老一套外形上的最后遗迹,消除了省之间的悬殊和市之间的差别。立法机构废除了传统封建特权,镇压了贵族阶层,制定出了通行全国的法典。通过创建一套统一的法律条款,使中央的派驻机构和地方行政部门合理化了。旧省让位给90个'新省',它成为所有地方政府部门行政协调的主要单位。获得特许状的市和教区(在旧制度后期授予它们很多权力)建为'市镇'。"①旧日的省与财政院省取消后,由新成立的三级地方区域制度取代。这三个层级,第一层级是省(Departement),它的区域小于旧日省,疆界亦与旧日省

---

① Samuel Humes IV. Local Governance and National Power —A Worldwide Comparison of Tradition and Change in Local Government[M]. Hertfordshire：Harvester Wheatsheaf,1991：18.

不同;因为它仍然是中央政府下最高层级的地方政府区域,所以仍然称之为"省"。第二层级是郡(District)。第三层级是选举区(Canton)。除了这三级之外,还有最低级的市,所以实为四级制地方政府。1789 年的国民议会,将全国划分为 83 个省。每省分成 6 郡(District)左右,每郡又分成 10 至 12 个选举区。省、郡、区三种区域之分划的特点是:第一,这三种区域,全国一律;各区域间的等级关系,全国相同。第二,所划分的区域,与历史习惯关系不大。换言之,即当时并未根据各地历史习惯的异同来划分区域。所以,"新成立之省、郡、区三者,并无历史背景,并不与任何过去事绩相关联。其居民亦无公同意识与精神上之团结力……似此故意泯戚历史习惯与旧日地方区域之举动,如在富于保守性质英国,当不易见诸实行。然即在英国,一八八八与一八九四两年之地方政府法,亦未尝不富于剧烈之改革性。至于一七八九年法国之当局,则本欲将一切制度与名目之与专制旧制相关联者,一举廓清之;故其彻底清除旧日地方区域之遗制,故亦无足怪者"。① "一七八九年之国会,鉴于旧日之省,地方观念甚深,危害国家之统一,故将旧省划成较小之新省,诚如上章所言,当时之分划,甚不自然。故当分划之初期,省内人民并无公同感觉,然在过去之一百三十余年,此种意识似渐进步。是以时至今日,法国之省,已成为有历史背景之单位,且稍稍有公同利益可言矣。然今之主张并省以成为大区域(Regionalisme)之人,仍以为省之分划之不自然,至今尚极显著,而省之缺乏地方团体之生气,更为人所共知,若夫人民之于省,既无崇敬之心,更无爱护之意。"② 为了维护中央的控制,大革命指导委员会剥夺了某些特权,中央对地方政府的监督管理也渐趋严厉。

大革命初期,极端民治思想的权威控制了一切。所以 1789 年至 1790 年间的法律,与 1791 年的宪法,废除代表国王的官吏处理地方事务的权力,将其全部授予地方人民选举产生之人。改革的剧烈,在其他国家很少见。但是,这一制度运行不久,在经验上就显示出了民治与地方分权过度的弊端和

---

① 沈乃正:《法国地方政制》,商务印书馆 1937 年版,第 4—5 页。

② 沈乃正:《法国地方政制》,商务印书馆 1937 年版,第 17—18 页。

弱点。罗伯斯庇尔失败后,旧官僚的政治势力复兴。1795 年的宪法取消了省参议会;而将一切审议与执行职责,交给一个省督政部。省督政部由省内选民选举五人组织,任期五年,每年改选一人。中央督政部保留罢免省督政和任命署理督政的权力。昔日省中的总检察官,亦予以废除;而以一个所谓"委员"代之。委员由中央政府在省内居民中选任,职责是在所辖省境内,监督法律执行。经过这一变更,省政府虽仍不失其为地方民选政府,不过中央集权的趋势,已经很明显。

不过,虽然大革命之初的改革过于激进,后来又向中央集权回复,但是改革并不是回到了起点。法国在大革命时期对地方政府的改革是迄今为止的一次极为重大的改革,"尤其在雅各宾派执政期间,取得了较好的效果。在政治上,建立了新的中央统一指挥下的地方管理体制,有助于镇压封建势力、平息地方叛乱,有效地抵御外国反法同盟的武装进攻。在经济上取消了过去不统一的度量衡、重叠的关卡、名目繁多的税收,在统一税收的基础上,使商品贸易得到正常的发展。在文化上,统一的地方管理制度不仅使法兰西语言逐渐得到普及,更使种族得到不断地同化,加速了整个国家的统一步伐。人们常把这一时期的地方改革冠以'雅各宾传统'、'雅各宾精神'、'雅各宾主义'、'雅各宾的制度'等称谓,这更明确地标志着这一时期改革的特点和成就。"[1]

三、拿破仑时期系统性的中央集权改革

到第一帝国时期,拿破仑既为第一执政,权力又完全集中于巴黎。最低层级的市政府又恢复为地方行政的基本单位。区虽未予取消,不过此后仅为一种司法区域。市长、助理市长及市议会议员,不再由市民选举。人口在5000 人以上的市的市长和议员由中央政府直接任命。人口不到 5000 人的

---

[1]　胡康大:《欧盟主要国家中央与地方的关系》,中国社会科学出版社 2000 年版,第 243 页。

市,由省长任命。1800 年 2 月 17 日的法律取消省"委员",而在每省设置省长(Prefect)一人,由"第一执政官"任命。省长只对第一执政官负责。省长权力非常大,与旧财政院省的总监相差无几。"省长"这个词,本为"Prefect"一字的译名。此字源出于罗马官名,由此可见拿破仑所创制地方行政制度,颇有罗马集权制气息。省参议会机关,表面上依旧保存,由 16 至 24 个议员组织之。但从此议员改由第一执政官任命,任期三年。"大革命后拿破仑建立的新的行政结构(中央政府、省长、区长、市长)不过取代了旧的行政体系(国王、总督、代表);这些中央在地方的官员在全国警察力量的帮助下控制省的整个生活,保证全国的秩序,新的公务员是从新兴的资产阶级中层招聘的,而不是来自旧的土地贵族。贵族则被吸引到首都的宫廷从事'高级政治'。"①

　　拿破仑建立省长制度时,省长在省里的主要任务是确保社会治安、保证中央政府的决策能在全国得到统一的执行、保证税收和征兵能支持战争、采取一切措施来应付紧急情况和灾难。还有一条更重要,那就是要忠于中央政府。省长常被召到巴黎去向中央汇报省里的情况,包括重大事件及舆论。② 所以拿破仑设置省长的目的,是破除中央各部在各省中的势力。当时,省中的各部驻外机构,每一机构属于一个部的代理人,奉行一部的命令。拿破仑的集权主义,当然不容许省中的权力像这样分属于各部。所以拿破仑在每省都设置省长一人,以代表第一执政官在省中的最高权力。正因为省长是第一执政官的直接代表,省长得以控制管理一切驻在省中的各部驻外机关。省长起初地位的尊严重要,于此可见。此时省长与皇帝之间,仅隔有内政部长一人。各省长只对内政部长负责,内政部长即对皇帝负责。"自帝国覆亡,国会民治制代之兴起后,省长制度虽仍其旧,然总统既无实权,故昔日皇帝之地位,即由下议院议员取而代之。于是昔日省长之所以事皇帝

---

① 董礼胜:《欧盟成员国中央与地方关系比较研究》,中国政法大学出版社 2000 年版,第 67 页。

② 胡康大:《欧盟主要国家中央与地方的关系》,中国社会科学出版社 2000 年版,第 249 页。

者,今将以之事下议院议员;而下议院议员俨然有指挥省长之势力。夫省长之位置,固可由内政部长维持之,然内政部长之位置,进而至于全体内阁,则均恃下议院议员以维持之。是以下议院议员得对内政部长提出互惠之谅解曰:'我将设法使汝保有部长之地位,但汝须助我保我议员之议席,是以汝须为我保留行政位置,与行政利益,俾以分给曾已投票选我之人,及预约将来选我之人'。此种行政位置与利益,即由省长散给之。职是之故,下议员于各该本省之省公署中,操有重大之势力。"①由此可见,即使政治结构被彻底革新,在其实际运作中,旧方式仍得以延续,中央与地方关系亦能因此而富有灵活变通的性质。

拿破仑的改革显然进一步加强了中央集权,削弱乃至取消了地方原本享有的某些自治权。但总的来说,却是巩固和稳定了中央和地方政权,保证了法国大资产阶级充分享受在大革命中取得的果实,以及在经济、政治和思想领域内的绝对统治权。改革加强了中央政府和地方政权的联系,提高了行政效率,从而巩固了拿破仑的管理体制。

行政集权的结果之一,是地方政府机关与行政方法的一致。或许法国人崇尚举国一致,中央集权渐成为法国人拥护的政治传统。郡与区这两种区域,并无自治性质,而仅为一种行政区域,故其组织一致,行政方法一致,尚不足奇。但省则不同,省的地位在行政上极其重要。可是各省的组织也全国一致,对于各省的特殊省情,法律概不顾及。就法国全国来看,数千市级政府,不管大小,不管在都市还是乡村,不管其主营农业还是工业,皆用同一制度统治之。但行政制度如此划一,在当时并未对法国的发展造成导致重大的阻碍。原因可能在于这种制度与法国的特殊土壤相匹配,或者法国在当时仍然是传统的农业国,经济社会变迁缓慢。第三方面则得益于法国中央政府既对地方政府强有力集权和监督,同时也给予地方灵活应对的途径。所以法国的中央集权自有其独特悠久之历史为背景,与英美传统大不相同。

---

① 沈乃正:《法国地方政制》,商务印书馆 1937 年版,第 30—31 页。

拿破仑创设的地方行政制度,既简单又通国一律。拿破仑失败后,地方政制并未随之更易。直至 20 世纪 80 年代,这一制度骨架极少变动,给予它的特征一直保留至今。1830 年革命后,拿破仑创设的中央集权体制才稍稍变更。当时托克维尔研究美国的民主,结果使得一般的法国人士感觉法国应该扩大省与市的自治程度。所以在路易斯·菲利普王政时代,中央集权制度稍稍松懈。1831 年法改市议会为民选。1833 年法改省与郡议会为民选。两个法律对于选民资格的规定亦尚宽松。到 1838 年省与郡两种议会职权,开始稍稍扩大。

1848 年第二共和国成立后,法国主要地方行政制度一如往昔。只是法律规定,成年男子具有选举地方议会的资格。凡是人口不足 6000 人的市,其市长与助理市长由市议会选举。其他较大之市,则其市长与助理市长仍由中央政府任命。自第二共和国转变为第二帝国之后(1851—1852),地方分权趋势再次受阻。在拿破仑第三时代,市议会表面上仍由成年男子选举,但是因为省长监督严密,所以市议会不能自由决策和独立行动。这时的小市则再次失去了选举市长的权力。1852 年又扩大省长干涉地方施政的权力,省长之权至此最盛。在法国保育式行政制下,作为中心角色的省长,其命令随处可见。省长无时无地不在引导左右法国人民的日常生活。

四、第三共和国时期地方自治的重大发展

第三共和国成立初期,地方政制并未受影响。虽然当时时局非常不安定,而且思想自由的人士,对于政府任何部分均欲彻底改革;唯独对于地方政制,没有彻底改革的建议。与之相反,一般以为至少地方政制之骨架,应当保存。当时关于地方政制唯一的要求,是扩大市的自由。后经国会考虑,结果仅回到 1848 年小市议会选举市长与助理市长之权。其审慎渐进的态度,由此可见。1874 年,又取消了选举市长与助理市长的权力。至 1876 年新选国会执政时,又开始回复。同时扩大市自由的运动继续进行。1882 年 3 月,才通过法律,允许全国各市,除巴黎外,不论大小,均自行选举市长与市

长助理,不受上级政府干涉。当这一法律通过之前,已经普遍感觉需要重新
修订当时的地方政府法了;因为自从 1837 年修订后,一直没有再修订。1882
年法律通过后,国会即致力于此。1883 年冬,国会组织九人特别委员会承担
修订法律的任务。1884 年国会将委员会的报告修正通过,4 月 5 日公布。
这就是 1884 年的市组织法,全文共 157 条,非常简明完备。以后虽然稍经修
改,但仍为法国各市的基本法律。巴黎则不适用此法。

　　第三共和国时期的改革标志着折磨法国达一个世纪之久的循环中央集
权的结束。省(1871)和市镇(1884)政府法首次承认了地方的自由,允许民
主选举和加强地方影响。① 法国 19 世纪最重大的变化可能就发生在《市镇
法典(1884 年)》颁布之时。其中一个主要的改良是规定扩大市镇议会的权
力,此后可以选举市长和副市长,因此它极其重要地增强了法国市长的重要
性,并且增加了市镇的行政权。这项法律和 1871 年关于省的法律,使普选
产生的议会权力开始生效,地方政府体系变得相当分权化了。该法典最持
久的贡献是将不同时期通过的不同法律统一制定为一个。使市镇议会的规
模和行政职位的数量依据市镇的规模都得以规范化;对市镇可以或必须提
供的服务制定了一系列具有长期效力的法令和法规。

　　回顾法国地方政府的发展历史,可以看到拿破仑首创的极度中央集权
已逐渐解放,人民控制地方政府的能力逐渐增加。促进这些进步的方法,
"不外下列三种:(一)将昔日由中央政府任用之地方官吏,改由人民选举,并
逐渐扩大选民之范围。(二)扩大民选参议会之权力;如扩大省市参议会之
权力是也。(三)对于奉行中央命令,代理中央政府行政之地方官吏,扩大其
自行处决之范围,俾其无庸每事必须请示于巴黎。上述三种方法中,其(一)
(二)两种,系真正地方分权之方法。用此种方法,中央政府或直接授权于人
民,或直接授权于地方参议会,而间接授权于人民。至于第三种方法,则异
是。中央政府并未将权力授诸人民,亦未授诸人民之代表。其所为者,不过

---

① 　Alistair Cole and Peter John. Local Governance in England and France[M]. London and New
York:Routledge,2001:38.

将权力之行使,委诸代表中央之官吏,而特使其于行使此中央所委托之权力时,得加以自由判断,自行处决,无须秉命中央耳。此其结果,可以使地方事件,得由地方官吏迅速处分;并得随时顾到地方人民之感情与愿望也。是以法国学者,对于此第三种方法,不曰分权(Dcentralisation),而曰分职(Deconcentration)"。"分职"一语,仅足以表明此字之涵义,不足以表明此字之字义。其意若曰,用第三种方法时,中央政府并未与某种权力脱离关系;反之,中央政府仍为此权力之主体,不过使地方官吏以代表中央政府之资格,得比较的自由行使此权力耳。由是而知所分者非其权,而为因行使权力所发生之职务耳;此即吾人用"分职"一语之涵义也。分权之结果,为地方自治;分职之结果,则名之为地方官治可也。就法国地方政治之沿革观之,分权之法大体用之于市。因市自有其活泼之政治生活,分职实不足以厌其欲。至于省与郡,则历来仅得享分职之惠。故直至今日,省与郡,大体上仍为便利中央行政之地理区域而已。换言之,中央政府借省郡之区域,可使各该区域内之官吏,代理中央传达其威权或仁政于人民也。①

第二节 20 世纪 80 年代以国家权力集中为 中心的地方分权改革

为了使地方政府在地域治理中发挥应有之作用,实现有效的治理,就必须明确其治理的范围与职责,充分赋予其治理任务所需要的相应的国家权力,并规定权力的性质和行使的限度,即必须明确赋予地方政府以一定的权限。划定地方政府的权限,是为了调动其积极性,为此必须尊重地方应有之正当权益,以及确保它履行对国家应尽的义务。

第二次世界大战后,发生了富有生机的现代化,而法国的地方政府行政组织远远落后民主、工业化和城市变迁的挑战。众所周知,法国中央—地方关系模式中的"区域行政体系"是传统法国政策和政治模式的一个关键特

---

① 沈乃正:《法国地方政制》,商务印书馆 1937 年版,第 13—14 页。

征。该体系依赖全国行政的一致性,承认中央政府利益具有超乎政党、地区、利益集团和地方的优先权。该体系构成自上而下的组织的分等级方式的一部分,由此,政府各部或行政人员产生的政策,在地方上被驻外机构和地方贯彻,由省长——法国中央政府在省内的代表——进行协调。

　　法国的地方行政机构相当复杂,因为法国已经发展成为一个高度中央集权的政府,它日益依赖它的部和部的驻外机构,在继续强加对市镇的控制的同时,实质上把市镇排除在新活动之外。"由于变得过于巨大,政府一定会分裂。"①

　　对地方政府的关注已经促使法国持续努力对地方权力的分配发动变革。二战以来,中央政府曾先后于 1945 年、1953 年、1964 年和 1970 年试图正式确定省长的具体工作和责任,但均没有取得显著成功。戴高乐发展大区政府的努力在全民公投中失败了。1982 年,法国社会党上台执政后进行了法国历史上的第三次重大改革,是 1884 年以来地方政府最为重大的改革。这是一次"为了减轻国家作为中心的影响力而特意制定了一项地方分权的计划。"②社会党人希望此项改革能让地方分担中央的重担,并将控制社会冲突的职能转给市政当局。吸取以前改革失败的教训,蓬皮杜和吉斯卡尔·德斯坦(Giscard d'Estain)社会党政府选择了一个传统渐进的方法,与地方精英和机构合作进行地方分权改革。其基本目标就是要实现地方政府管理的民主化,扭转几个世纪以来法国一直实行的高度中央集权式的地方管理体制。"把可以在下面解决的问题拿到上面来解决,是违背权力自由原则的,有必要来一个强大的非中央集权化运动,把由中央国家所占有的权限转让给地方政府,使地方政府恢复活力并拥有适当的财源。"不要误解非中央集权化运动。这次不是再增加几项技术措施就了事,这类措施在过去曾经搞过。这一次是确实准备要在国家、地方政府和公民的各类关系方面,带来

①　Samuel Humes IV. Local Governance and National Power——A Worldwide Comparison of Tradition and Change in Local Government[M]. Hertfordshire:Harvester Wheatsheaf,1991:29.
②　彼得·霍尔著,刘骥、刘娟凤、叶静译:《驾驭经济——英国与法国国家干预的政治学》,江苏人民出版社 2008 年版,第 260 页。

真正的质的改变。

地方分权和自治已经成为现代国家治理的基本发展趋势。就地方分权的积极意义而言,首先,地方分权使政府治理的决策中心多元化,从而促使政府决策更快、更准确、更具回应性,也可能满足人们的各种不同偏好;其次,分权可以减轻中央政府的超重负担,从而能够集中精力处理具有普遍价值或者关涉国家整体利益的重大内政和外交问题;最后,制度化的法定分权明确界定了地方政府的权限范围,它既满足了地方的自主利益要求,又明确规定了地方政府的权力界限,从而成为抑制地方保护主义的重要手段。[①]

1982 年 3 月,法国国民议会通过了《关于市镇、省和大区的权力和自主权的法令》,并正式予以颁布。该法令的第一条就明确规定,市镇、省和大区由选举产生的议会自行管理。法令将确定市镇、省、大区和国家之间权限的分配,将确定新的地方税务条例规定的公共收入的分配,以及转移给地方行政单位的国家贷款的分配,还将确定市镇、省和大区之间的合作方式,以及进一步推动公民参与地方管理等。密特朗的第一任期期间的地方分权改革赢得了法国选民的支持。改革创建了 22 个选举产生的大区议会,极大地增强了省和较大市议会的决策权,增加了决策者的责任。他们将地方职能扩展到了诸如城市规划、社会事务、经济发展和中学教育等政策领域。三级次国家层级政府的每一级——大区、省和市镇——职责都显现出增强。地方分权以多种途径授权给地方当局。在受到某些法律和行政保护的条件下,在其政策职责范围内,授予地方充分的行政权。通过废除省长的监护以及制定重要的转移支付以使地方完成任务,改革给予议会重大的预算自主权。地方分权也为全体地方行政人员创立了特别法令,允许议会招收更合格的职员。可以说,法国社会党所制定的《权力下放法案》,扩大了地方的自主权,改变了法国持续两个世纪之久的地方行政管理体制。

---

① 杨宏山:《府际关系论》,中国社会科学出版社 2005 年版,第 33 页。

一、1982 年《权力下放法案》的改革内容与新的职责划分

在法国历史上,省级政府一开始是中央政府行政机关的一个单位,由中央直接任命的省长领导。直到 1830 年,省才获得它既为一地方层级政府又为中央行政机关代理机构的双重角色。省议会从 1871 年开始经由选举产生,作为省的执行长官,省长必须为省议会准备议程。未经省长准备的议案不得列入议事日程。就这一方面观察,省长在省政府中的地位,与内阁总理在中央政府的地位相比,有过之而无不及。每年省长将省的收支编成预算草案,须由省议会通过,并得由省议会修改。省财政行政与省金库都由省长监督。支付命令,由省长签发。建筑工事,由省长指挥执行。省官吏,由省长任免。省长代表省法人,订立契约,并可以作为原告或被告。省长列席省议会,有发言权,但无投票权。省长对省议会最重要的职务,是执行省议会的决议。凡关于省的自治事务,省议会的决议,除经中央以其不合法而撤销者外,都应该由省长执行。1982 年以前,省议会选举产生 4—7 人组成省委员会,作为常设机构,省委员会下设国民教育和总务委员会、社会救济和公共卫生委员会、财政委员会、公共工程和运输委员会等机构。在法国,既然共和国是统一而不可分割的,地方政府单位长期被视为中央政府伸向地方的触角。在成为地方选举机构之前,市镇中的 38000 个市镇议会和省里面 96 个省议会都是中央政府的调控工具。96 个省是拿破仑中央集权下的产物。它们大到足以考虑区域行政和中央政府政策的执行,小到不足以对中央的领导产生挑战。①

20 世纪 80 年代的分权改革前,省长既是省自治行政的执行长官,又是中央行政的代理人,而中央行政代理人是省长的主要资格;省长尤以中央行政事务为自己的重要事务。省长需要公布并执行中央法令。省长不仅代表

---

① Alistair Cole,Peter John. Local Governance in England and France[M]. New York:Routledge, 2001:38.

内政部,并代表其他中央各部。省长管理驻在省中的中央机关与人员,是省内中央行政机关的领袖。鉴于省在法国中央集权中的重大作用,20 世纪 80 年代一系列分权改革对省的改革争议尤为激烈。比如,人们主要担心,取消省长作为省议会和行政机关的执行官这一做法,会导致各自为政而引发混乱。不过,也有不少人感到其实省长的权力此前就被削弱了,不仅是被地方权势人物削弱,而且被其他中央各部的官员所削弱。

(一)对省的改革

1982 年改革之前,在省这一层级,"省议会议员(尽管在本省有影响)没有形成一个能够单独制定政策(正式赋予他们的任务)的自治机构。省的立法会议(省议会)并不就制定政策所必要的妥协方案进行磋商:这些妥协方案由省长和省一级的国家行政机构的主要负责人制定。省的自治可能性实际上没有被利用。省议会的会议趋向于仪式化、形式化、简单化"。① 不过,"省长一般不直接插手市镇的具体行政。在某种程度上,省长的作用实际上变得更像是一种协调工作而不是指导和控制"。② 1982 年分权改革后,将法国大区、省和社区的管理权从原来的省长转交给当地选举的委员会和市长。省长被重新命名为"共和国专员",现在的省长只监督地方的行政官员。大区的委员会也是选举产生的。放弃了对地方决策的优先控制权,只保留了对决策合法性的事后审议权。对地方经济发展、城镇计划、职业培训、住房、文化和社会事务的新权力,连同有些详细规定的税收权,被转移给当地政府。同时,整体拨款取代了集中的项目补贴。巴黎、里昂和马赛这些城市也被细分成各个区,各区都有自己的区长。

通过强化省长与省议会主席截然不同的角色,《权力下放法案》规定,中央政府派驻地方的总代表——省长的权力将大大削弱,地方民选议会的权

---

① 伊夫·梅尼、文森特·赖特主编,朱建军等译:《西欧国家中央与地方的关系》,春秋出版社 1989 年版,第 90 页。

② 胡康大:《欧盟主要国家中央与地方的关系》,中国社会科学出版社 2000 年版,第 247 页。

力将得到加强。原来,省内的各项重大事务均由省长决定,改革后,省议会将变成"省政委员会",省议会议长改称为"省政委员会主席",成为省的行政首脑,负责管理省内的各项行政事务。共和国专员只管辖警察和中央各部派驻省里的机构,并负责监督省里的财政和其他行政事务。共和国专员如与省政委员会主席发生冲突,可提交行政法院和地区审计院裁决。在市镇一级,改革前,市议会通过的决议要取得省长的同意后才能实行,改革后,市议会的决议可立即付诸实施。当共和国专员认为某项决定不妥时,他可提交行政法院裁决。①

　　1983 年 3 月 2 日有关权力下放的法令规定:省和大区的议会自由管理本地区的地方事务。议会议长是该地方行政的执行者,负责落实议会的一切决议,并领导行使其职权所必需的地方行政职能机关。这样,地方事务的行政权就真正转移到了民选代表手中。省长和大区长官是"总理及各部部长的直接代表",负责在本地区内监督国家法令的执行,处理有关国家利益的一切事务。他们仍然领导着为行使其职能所必需的一部分行政机关。在一切地方仪式中,"共和国专员"以国家代表的身份出现。但是省长只在省行政部门履行国家行政职能时负领导职责,而在履行地方自治性行政职能时,这些省行政部门则由省议会议长领导。新的立法特别有利于省,在教育、社会事务、公共卫生和环境规划方面,增加了省的权能。为了支持地方政府在这些领域分派活动而提供额外资金的规定已经制定了。②

　　福利服务职能的下放是 1982 年地方分权的重点之一。1983 年,法国开始推行地方分权的改革,在社会福利方面结束了由国家集中管理的做法,在各省设立社会救助机构,将主要的社会福利管理权和责任下放给地方。1983 年后,法国将社会福利的主要权限和责任下放到地方,即省、市两级政府。目前,各省及市镇当局是社会福利的主要资助和管理部门,中央政府主

①　薄贵利:《近现代地方政府比较》,光明日报出版社 1988 年版,第 193—194 页。
②　Samuel Humes IV. Local Governance and National Power—A Worldwide Comparison of Tradition and Change in Local Government[M]. Hertfordshire:Harvester Wheatsheaf,1991:19.

要负责法律保障和监督。此外,一些社会、宗教团体等非政府组织也为社会福利事业做出不少贡献。法国《家庭与社会救助法典》于 1986 年 1 月通过,后经过多次修改和补充。该法典共 256 条,是法国当今社会福利事业的根本法律依据。《家庭与社会救助法典》第 192 条规定:社会福利开支由享受者所在的各省承担。

目前,中央政府与各省在社会福利方面拥有不同职权。中央政府主要负责部分医疗补贴、住宅补贴以及部分残疾和老年人补贴等项目,各省社会福利机构负责承担医疗救助中的治疗费和分摊金,儿童社会补贴,涉及残疾人的家庭、住房补贴及第三者补偿,涉及老年人的家庭补贴、第三者补偿和特殊救助补贴等。法国中央政府负责制定有关社会福利方面的法律、法规,对各社会保障机构实施监督和管理。"就业与社会互助部"是法国社会福利事业的主管机关,该部下设不同的管理部门:"家庭补贴管理处"负责家庭、生育福利补贴和住房补助等;"移民融入基金管理处"负责移民家庭补助等;"残疾人指导与就业技术委员会"负责残疾人福利。

法国政府在地区一级设有"地区保健与社会事务署",省一级设有"保健与社会行动署",市镇一级为"市镇社会行动中心",这些机构负责管理本地区的社会福利事务。"省保健与社会事务署"创建于 1964 年。1983 年以后,作为中央政府的代理,它成为法国社会福利事业的主要管理和决策单位,由省政府具体负责。这一建制一方面表现了地方分权和更加贴近福利受益者的意向;另一方面仍旧带有中央集权的影响,由此形成法国特殊的社会福利体制。各"省保健与社会事务署"既是决策机构,同时又受中央各有关部门和中央政府任命的省长领导。省下面设立"市镇社会行动中心",负责受理福利申请等事宜。各"省保健与社会事务署"负责医疗福利、儿童福利、家庭福利、老年福利和成年残疾人福利的管理和资助。作为国家机构,它有权决定"社会融入最低收入"补贴的发放与终止,协调对经济困难者的各项紧急救助,管理由民间协会开办的福利设施。但它不直接发放福利补贴,而由各专项福利管理部门办理,只有 1998 年设立的"社会紧急基金"补贴由"省保健与社会事务署"直接发放。"市镇社会行动中心"负责管理和发放"社会融入最低收入"补贴、社会救济补贴、儿童入学补贴等。法国目前正计划取消市镇社会行动中心建制。

关于各省社会福利管理机构的建立和组成,《法典》第128—130条规定:各省建立家庭与社会救助委员会,负责社会救助事宜。该委员会设在省会城市,由省级法院院长担任主任,成员还有3名省议员、3名国家公务员。中央政府派驻省代表负责宣布委员会的决定。第245条还规定:各地设立社会福利地方委员会,由初级法院院长任主任,成员有3名省议员、3名国家公务员。代表中央政府的一名专员受委员会主任委托宣布委员会决定,但不参加表决。

在保健与社会福利方面,地方在这方面的服务主要由省承担、市镇经办保健中心并承担省这个领域的代理人的角色。市镇负责食品卫生、母婴福利中心、其他的儿童服务、精神病患者的护理和康复中心、敬老院等。根据它们在社会领域的一般权限,市镇在紧急情况下可以提供社会帮助。特别社会帮助局受由议员和国家代表组成的联合委员会的领导,其作用基本上是对其他社会帮助提供者的补充。有些市镇在包括最低收入保障和使穷人进入就业市场在内的地方政策方面进行了大胆的试验。

省对于社会援助和其他社会服务负有总的职责,但包括家庭、保健、养老、住房和复归社会在内的社会保障支付仍由国家负担。省规划社会援助和保健的提供并管理这方面的具体支付(福利的支付款由议长负责)。这类事务包括医疗保健,给儿童、家庭、老年人和残疾人的津贴或补助。省可以补充国家提供的津贴或补助。省也负责预防性保健(如疫苗)和家庭、儿童和母亲的保健,并提供一系列的社会服务活动。大区也可以协助向老年人提供的服务(如适当的住房和家居方面的帮助),并与国家配合发展大区的医院服务。《家庭与社会救助法典》第136条规定:各市镇的社会行动中心承担社会救助事宜,了解申请人情况,上报有关部门,完成省交付的任务。若干市镇组成市镇间社会救助合作中心,以便协调。上述中心设董事会,由市长或一国营部门负责人担任。其职责是促进社会融入,与社会排斥做斗争。中心向各社会救助机构提供资助,接收社会捐赠。全国建立社会救助中央委员会,领导若干分委员会。中央委员会主任由负责社会救助的部长在行政法院法官中任命。各分委员会成员由行政法院、刑事法院、财政法院的法官,以及专于社会救助问题的公务员和人士组成,任期为 4 年。负责社会救助的部长在上述人士中任命报告人。

法国各级政府承担的职责如下:(1)大区的职责主要集中在土地规划和经济发展;职业培训、高中的设立、维护和管理;铁路和水路交通、支持经济的措施。需要注意的是最后这一项,只有大区可以依据竞争法采取主动行动给工商业提供直接的拨款,而省和市镇则只能提供补充直接拨款。(2)省的职责除了省道路之外,基本上涉及日常管理事务:福利支付、保健支付(母婴保健、预防性公共卫生措施)、对失业者的工作介绍、四年初中的设立和管理、校车及地方交通。(3)市镇负责当地最直接的事务,如市镇规划、基础设施、有补贴的住房、地方公共服务(照明、供水、家庭垃圾处理、公共交通)、医疗和社会服务、小学的建设和维护、文化事务(博物馆、剧院)、公共安全、秩序与卫生、在遵守贸易和产业自由原则及欧盟相关法律的前提下对就业和工商业的帮助(对后者尤其是场地规划等间接帮助)。这些职责中的大多数对中等和大城市而言要比乡镇广泛并重要得多。

只要国家享有总的调控权,地方公共政策的框架便由中央决定,在此框架内地方政府选择的自由依各个领域的不同而不同。因此,次中央层级政府只有非调控权,只能根据立法在具体领域的授权使用资金和行政决定。当市长在市镇中行使调控权的时候,他不是以由市镇议会选出的首席行政官的身份而是以国家在该市镇的代表的身份这样做的。具体的像出生、婚姻和死亡登记及组织选举便属于这种情况。

法国法律认为,社会福利体现了社会团结的伦理和精神,不是纯粹的施舍,而是一种社会权利。因此,福利事业的经费主要由中央和地方政府承担。其对象、标准和运行由国家法规加以确认。近年来,由于经济不景气、人口老龄化和失业严重等原因,法国社会保障制度陷入危机,社会福利制度也面临挑战。因此,法国政府正着手对社会福利制度进行具有"法国特色"

的改革。① 民间团体和非政府组织在法国社会福利事业方面的活动主要受国家有关部门委托承办福利设施。

(二) 创建大区一级政府体制

法国的专家治国论者建立大区的最初设想以实现地方现代化为目标。现行大区思想最早出现于20世纪50年代的国土整治计划。1955年6月30日有关现代化和装备计划实施的法令决定制定区域行动规划。1959年和1960年颁布的法令确定了大区模式(制度),在每一个大区任命省的一个官员作为大区的长官(super-prefect),并要求部相应调节其驻外机构。1959年1月7日的法令决定设立省际磋商会,1960年6月2日的法令决定设立21个地区行动区,并确认在21个地区行动区保持省际磋商会。1963年,一个精英团开始视察大区计划的发展。中央政府在每一个大区创建了一个协调机构(由大区内部的主要官员组成)和一个咨询机构(由地方选举的官员和首相任命的代表经济社会利益的人员组成)。1964年3月14日的法令对地区行动区的组织结构作了改革,明确规定地区行动区的组织机构包括:大区长,地区行政委员会和地区经济发展委员会。1956年首次提出大区层级的中央行动——大区项目——来促进中央计划政策的实施。所以,行政分散化在地方分权改革之前就已经到来了。1964年改革创建了大区长官,其职责是协调省的经济发展和大区的经济规划。对于巴黎的现代化派人物来说,大区领域将提供一个理性的次国家层级结构——由政府严格控制——来促进国家的区域规划。行政大区是有关省和地方的革新者所赞成的。鉴于地方保护主义的阻碍,大区长官将在工业创新和经济协作上充当先锋,结果,大区行政改革的努力很快遭到巴黎和省强大的既得利益的反对。垂直组织的中央各部决心阻止大区长官——总的行政官——发挥太大的影响。大区长官在影响公共投资上的影响非常小;这些继续由中央决定,由中央各部决定。不过,大区设想在20世纪60年代取得了进展,如戴高乐大力在不

---

① 周弘主编:《国外社会福利制度》,社会科学出版社2002年版,第124页。

成功的全民公选中推行直接选举的大区议会。① 1969 年戴高乐总统在经历了五月风暴后,决定进一步完善和巩固第五共和国政体。他主持制定了有关设立大区和改革参议院的法律草案,并于 1969 年 4 月 27 日将该草案付诸全民表决,结果 52% 的投票者表示反对,该法律草案流产。戴高乐将军也因此宣布"停止履行共和国总统的职务"。但是使法国计划和行政协调合理化的努力在继续进行。法国的国家计划过程、预算过程和有限范围的统筹财政补贴,已在逐渐合理化。1970 年大区长官的权力得以明晰和扩大。1972 年法国政府再次推进大区化进程,对大区体制作了重大改革,咨询机构被拼接成一个大区议会(通常主要由议会任命的地方官员组成)和一个经济与社会委员会(由大区内主要的经济与社会组织的代表组成)。1972 年 7 月 5 日法将地区行动区改称为经济发展大区,简称大区,法国本土共分为 22 个大区。法律规定,大区属地方公共机构,享有公共机构法人资格,拥有独立预算权。大区设大区议会、大区经济和社会委员会及大区长。但是,作为公共机构的大区受制于专业化原则,其职权和作用十分有限,主要涉及经济发展方面。为了促进发展和协调部的驻外机构工作,1982 年 3 月 2 日法对大区体制作了根本性的改革,扩大了大区的自治权力。该法改变了大区地方公共机构的性质,确定大区为一级新的地方政府,享有与市镇和省相同的法人地位及其一切权利。确切地说,这一转变直到 1986 年普选产生的大区议会第一次会议的召开才真正实现。②

1982 年法取消了对大区议会的行政监管。此后,大区议会的决议无须得到中央政府的批准,也不能被上级行政机关取消。但如大区想要和邻国的某个大区建立跨境合作则仍须得到中央政府的批准。大区国家代表如认为大区议会作出的决定不合法或有损国家利益,可提请行政法庭裁决。③

1982 年的改革把大区设立为一个代议制的实体,其权力主要是环境和

---

① Alistair Cole, Peter John. Local Governance in England and France [M]. New York: Routledge, 2001:50.

② 潘小娟:《法国行政体制》,中国法制出版社 1997 年版,第 96 页。

③ 潘小娟:《法国行政体制》,中国法制出版社 1997 年版,第 99 页。

文化方面的(包括教育)事情,主要是行政规划和协调机构。法律规定设置一个直接选举的大区议会和由议会选举出来的主席,主席是大区的代表。经济与社会委员会仍然是咨询机构,尤其是"大区内国家发展计划的准备与执行"的顾问。作为"大区内国家政府的代表",大区长官的权力得到肯定:他代表每一个部和中央政府在大区的服务,并且视察大区内中央政府的活动。和从前一样,大区的全体职员都是设置在大区的国家公务员。这些变化与对省的改革联合起来,意味深长地增加了大区的职权。

大区驻外机构包括大区长及其附属机构和国家在大区设置的若干个与不同的中央行政部门对口的机构。这些专门权限驻外机构在大区长的统一领导下开展工作。

必须指出的是,大区长不是省长的上级行政领导,他虽然负责协调辖区内省长的活动,作出某些与省有关的决定,但他不能向省长发布指示。前已述及,法律确立的原则是:各次中央层级政府之间是平等的,这意味着市镇、省和大区之间没有科层等级关系。因此,与国家不同,大区不能强迫区划内的省或市镇如何选择或进行合作;省对市镇也一样。但这个原则在有关对工商业提供直接帮助的制度上有所放宽:市镇和省只能提供拨款补充大区的援助,而大区可以对市镇和省规定某些选择,将某些公司或领域排除在它们直接提供援助的范围之外。

1982年5月10日法令对大区长的职权作了明确规定,他是国家和政府在大区的代表,负责在大区内监督国家法律法规的执行,维护国家利益,领导本地区的国家行政管理工作,处理本区域内一切涉及国家利益的事务,管辖中央各部派驻在本地区的机构,监督本区域内的行政和财务管理,促进和协调大区内其他省长的行动。大区长的权力主要涉及以下几个方面。大区的议决机关是大区议会,它有权决定本地区经济发展规划,监督行政和财政管理情况,维护本地区利益和通过预算等。大区议会包括两个机构:(1)大区会议,其中一半成员是从本大区选举产生的国民议会议员和参议院议员,另一半议席按各省人口比例进行分配,议员从省议会、市镇议会和市镇长中选出。(2)社会经济委员会,系咨询机构,由大区内的社会、经济、文化、卫生、教育、体育、科技等各界人士推举的代表组成,其成员在 40—110 名之间,任期五年。两机构内部均设有若干委员会分管具体工作。大区议会的决议由大区议会主席负责执行。大区主席同时是大区行政首长,领导大区各行政部门。另外,中央政府在大区设有共和国专员作为国家代表。他保证法律的实施及监督行政工作,负责听取并向法国总理转达大区社会及其主席的意见,统一领导中央驻本大区的机构。

法国的大都会大区在 1972 年初创时由推选产生,1986 年已经成为直接选举产生的、羽翼丰满的次国家层级政府。大区也可以声称是地方分权改革过程的胜利者,它们间接从废除省长中获益,也从有执行权的选举产生的议会创立中受益。它们首次成为合法构成的地方当局,在诸如交通、教育和经济发展中行使法定职责。不过,尽管拥有这些权力,法国大区仍然是软弱的机构。22 个大区是与地域没有强大联系的当局。在许多情形下,大区边界是人为划定的,不是根据前已存在的区域认同。进一步讲,直到和包括 1998 年,大区议会选举是根据省为基础的比例代表体系。这有两个后果,自从 1986 年第一次直接选举以来,许多大区被剥夺了有效多数。1986 年的大区选举证明在这一方面是毁灭性,极右派国民阵线在许多大区把持平衡权。进一步说,大区议员是根据省名单选举的;它们首要代表省而不是大区。大区既没有组织传统,也没有省议会拥有的可资利用的官僚政治资源。尽管很多国家公务员选择为新大区服务。与省市相当大的官僚机构对比起来,多数大区只有不超过 100 个有薪水的职员。既然大区已经确立,大区议会已增加了新的职责,其中比较显著的是成人教育政策,大区胜于一个主要的服务提供机构。大区的职责是咨询、协调和计划;在大多数方面,大区议会逗留在法国地方治理体系之外。所以,部分是因为机能软弱,它们寻求与其他地方和大区行动者的联合。①

---

① Alistair Cole, Peter John. Local Governance in England and France[M]. New York: Routledge, 2001:50.

（三）对市镇的改革

虽然改革经常被称赞为迈向分权的重大步骤,但是它对市镇的影响可能最小。省长或总督对地方政府决定的直接参与(主要表现在省长对预算和决定的合法性表示意见),已被大区所取代。具体地,在意大利是通过大区监督委员会;在法国是通过大区法院,首先是大区审计院来实行。不仅如此,在意大利和法国,省长作为市镇和大区监督机构的中间层仍然起着重要的作用,省长影响地方决定的手段是,它可将地方决定提交大区机构授权。在法国、意大利和西班牙,中央官员(无论是省长、还是各部地方分支机构的官员)参与地方决策细节的能力仍然得以保留。

在改革前,"在市镇一级,市议会通过的决议要取得省长的同意后才能实行,改革后,市议会的决议可立即付诸实施。当共和国专员认为某项决定不妥时,他可提交行政法院裁决"。[1] 而且改革之前,法国各市要受省长随时监督。市政府的预算,须由省长核准,一切特别税收,一切多于一定数额的市公债,也必须由省长承认或默认才能有效。市议会旷席三次者,由省长除名。市议会的开会日期,由省长指定。省长得令市议会停会;停会以一月为限,几种市之官吏,如小市的财政官、市警察官、市公署秘书等,或由省长任命,或必须在省长同意后任命。市长疏于履行职务的,省长可以令其停职一月之久。关于市警察行政事务,省长可以指挥市长尊其意旨办理。省长也可以撤销市长发布的市令。市长在执行中央行政事务时,由省长监督指挥,并对省长负责。

市长由市镇议会议员选举产生,任期 6 年。市长具有双重身份,既是市镇的首席行政官,又是中央政府的代表。作为市镇的领导,他把市镇的政治活动和行政管理活动结合在一起。作为中央政府的代表,他把中央的政策、法令与地方的活动结合在一起。这样一来,市长反倒变得对其所在的市镇议会没有说明义务,而且不能被市镇议会解职。这种情况在英国的地方议

---

[1]　薄贵利:《近现代地方政府比较》,光明日报出版社 1988 年版,第 193—194 页。

会中无论如何也不存在,也决不允许存在。因此,市长的权力很大,凡是全国性政治集团在地方政治生活中发挥重要作用的地方,市长就是市镇的主要政治领袖;市长是市镇议会决策的最高行政官员。自 1982 年改革以来,市镇议会的行政权力得以扩大之后,市长的这一作用和地位进一步得到加强,市长还行使国家的某些特殊权力,如在涉及地方社会治安和防止公害方面的法律细则,就可以根据市长的政令制定。此外,他还可以代表中央,在人民的生死、婚姻登记等问题上采取适当行动。① 当然,作为一名国家官员,市长毕竟还要接受省长的监督,最终还要接受内政大臣的监督。

　　权力下放是为削弱中央集权而采取的措施和手段。实施的目的在于减少中央集权带来的弊病,使中央权力的行使更加灵活,提高行政效率。为了真正实现这一目标,法国学者认为,权力下放必须具备三个明显的特征:一是必须将涉及重要事务方面的决策权下放;二是权力的转移必须伴随相应的物质手段(人、财、物)的转移;三是决策制定和监督权的下放必须避免档案材料的增多。② 密特朗上台后采取一个大胆的方法,加强了大区政府,改组了省政府。但是改革并没有对财政、人事和政府部门产生显著影响,这样尽管采取了“伟大的改革”,还是与原来体制保持了连续性。至少有两个强大的、普遍的势力约束了法国中央政府对地方政府统治方式的改革。“首先,现行行政系统相对来说是强大的、有效率的。该系统中的关键位置由国家公务员和地方精英垄断。这样的话,与政府打交道,他们是不可缺少的中介。因此逃避改革将赋予他们强大的利益;他们至多会接受他们能够控制的改革。其次,现存的法国地方政府结构,在大众和精英之中有着相当的合法性。”③自 18 世纪末以来,省这一级一直是重要的地方权力中心。尽管来自其他中央部的官员也有权,但这个权力的主要象征是省长。省级民主的

---

①　胡康大:《欧盟主要国家中央与地方的关系》,中国社会科学出版社 2000 年版,第 248 页。

②　潘小娟:《法国行政体制》,中国法制出版社 1997 年版,第 59—60 页。

③　Samuel Humes IV. Local Governance and National Power —A Worldwide Comparison of Tradition and Change in Local Government[M]. Harvester Wheatsheaf,1991;30.

发展也在整个国家的民主发展中起了至关重要的作用。省议会已经成为一个中心,所有涉及地方和大区的机关,从中央各部和署局到市镇,都感到省议会与其利益相关。这是由于它们有了自己的作为首席行政官的议长;这些议长往往不仅是本省的、而且是全国的重要政治人物;它们被转交了大量的职能,连同相应的工作人员,从而具有总的权限;以共和派为代表的某些人对于国家的统一受到威胁的担心来自省这一级形成的状况,同对大区出现的情况表示担心。①

广泛分配职权使得中央政府机构由于地方职责的重要而对地方政府更感兴趣。这一因素表明"接近"中央在地方政府控制大量公共服务的体系中更为重要,因为地方行动者利用他们与中央的联系来摆脱中央政府的控制。

二、后福利国家背景下法国地方治理主体的多元化

作为一个传统的中央集权国家,法国的集权观念根深蒂固。大革命以来,行政高度集中的法国一直在通过建立具有很大地方活动权力、本身拥有选择官员权力的地方自治机关,来分散其行政体制,保证地方政治共同体对地方意志的表达和执行。只是到了20世纪30年代,城市管理中才出现了参与者的多元化。"在20世纪初期,法国出现了通过一些不同形式的公共行动——诸如城市规划方案——来实施计划管理的政策。这种形式更接近于当代的治理而不同于原来那些一概由上司发号施令进行控制的传统。无论是制定普遍性的规则或在地方上的具体实施,经过谈判再采取行动的做法事实上已经明显占了上风。立法的准备工作虽然是在以议会为核心的形式主义的体制边沿进行,立法的实际精神却是要引入事先已在非集权化谈判领域经过讨论的规范,而且以高度地方化方式实施。"②

---

① 董礼胜:《欧盟成员国中央与地方关系比较研究》,中国政法大学出版社2000年版,第90页。

② 俞可平主编:《治理与善治》,社会科学文献出版社2000年版,第283—284页。

分权有两种类型,一种是从中央政府向地方政府分权;另一种是从政府向市场分权。以权力分散和权力下放为基本形式的行政性分权化改革,正在不断地保证地方政府拥有真正的权力,自主地决定地方公共事务管理目标,有效地行使地方管理和公共服务的职能。这一权力分配的过程为地方治理奠定了基本的制度基础。① 法国1982年的地方分权仍然主要是第一种形式,这与英国形成了鲜明的对照。英国撒切尔政府20世纪80年代对地方政府职能的改革,是在中央的强制驱使下,把地方政府的一些职能转向市场、私营机构或者职业团体等多元服务供给机构。

传统地方政府的统治在一套明确的地方政治和行政制度之下运行,地方治理下组织环境则更为分裂的。与过去相比,地方治理包括更广泛的决策者、更广泛的政策网络、强大的公私合作以及更复杂的政策问题。新治理的特征在于告别公共部门组织的等级体制模式和欧洲化的公共决策。“这样的模式现在描述了本书研究的英法两国中的地方政治和决策。这两个体系下的地方政府失去了一些等级制、封闭化的特征,转向一个更为灵活和网络化的政治模式。”②在当代法国,尊重地方自治权力的政策正在复兴这种精神,而且较之往昔尤为彻底和系统。如果说这种情况导致了公私部门的互动以及不同形式的直接谈判,这是因为在近期,权力通过承包合同而被分散,也是因为各领域的部门行为(城区规划、经济活动、社会干预)被迫互相接触,而国家的政策也因此和地方主动的新能力直接碰触。“地方社会发展合同”这个框架原本出自中央政府的建议,市长们却一手把它们接了过来,凭借当地的主动精神付诸实施;在权力分散的头一个阶段,是市长们提供了政治上的支持。新近一段时期,地方权力对这些安排取而代之并致力于把各种活动之间的谈判加以延伸,以求把志愿福利组织以及经济界人士(专业组织或企业的直接负责人)一概纳入。但是,现在的情况是,在上述新领域

---

① 孙柏瑛:《当代地方治理——面向21世纪的挑战》,中国人民大学出版社2004年版,第151页。
② Alistair Cole, Peter John. Local Governance in England and France[M]. New York: Routledge, 2001:1.

中，"'政府少市镇多'。这种现象指的是地方上的主动性更多，权力分散，基层富于社会活力"。单是这样的假设并不足以说明治理的兴起，恰如它同样无法解释既被视为行为者又被视为行为模型的经济全球化和市场的胜利。①

类似（但是不同）的治理趋势已经重构了每个国家中不同的地方政府体系。旧的决策体系已经变化了。在法国，新的行动者参与地方的决策，熟知的决策者角色已经转变。既定的决策惯例已经被瓦解。"治理"概念有模糊之处——当把它运用于法国事例中尤其如此——但是，作为一个描述正在进行的包含了内外压力的政策变化来说，它具有有益的启发价值。地方政治的制度化形式已经让位给更为灵活和网络化的公共决策模式。对于法国型的地方治理，主要的原因在于：（1）中央政府作为一个政策参与者能力的削弱，这导致20世纪80年代广泛的地方分权改革；（2）在公共政策领域，地方参与和地方创新正在改变。

在英国，公共和私人部门的混合被中央政府政策所驱动，如立法要求地方当局将服务外包。法国的情形则是，地方财政压力迫使市镇依赖私营部门来提供服务。在这两个国家中，地方治理的一个重要方面是私营或志愿部门的参与者卷入地方服务提供的方式。尤其是在英国的环境中，对市场的信仰已经影响了地方政府，如缩小国家对经济干预的范围所证明的，立约承包、公私合作、创建新机构、强调个人是服务的消费者。在法国，这种思想的流传就不是那么畅通无阻了。法国的公共服务体制授予其公共部门的合法性比英国大得多。即使如此，从20世纪80年代早期开始，在法国已经有了重要的组织化改革，包括公共部门组织之间新的合约化关系，行政权的下放，预算自主性的加强和效能指标利用的增加，这在某些方面可以被视为与英国所采取的措施在功能意义上相同。在公共服务领域，英法两国都出现了一大群截然不同的组织，新形式的公私合作日益增加，它们之间职责重叠。治理意味着一致性已经被变化替代。在法国，地方治理中的责任机制也已经受到质疑，挑战已经出现了。90年代的法国地方政府经历了商业与

① 俞可平主编：《治理与善治》，社会科学文献出版社2000年版，第287—288页。

地方政治领导的冲突,这导致对地方公私合作联盟力量的怀疑。制度变化更改了地方决策的一体化模式。这在英国和法国表现出了不同的形式:在英国,制度的分裂主要是指履行特定政策职能的非选举机构的成长,它们常常与选举产生的地方当局进行竞争;在法国,分裂主要指(不单单指)创建次国家层级政府的新层级。在福利国家改革中,法国实际上是唯一一个证明增加了地方政府在国民生产总值中份额和福利支出的国家。但是法国起点低的事实,可能导致它与英国一样集中。①

在法国,"行政管理的区域模式"结束,直接地产生了真正的法国地方政府。多数专家认为法国公共行政管理的传统"共和"模式已经被政策过程的日益复杂和多中心所削弱。因此,需要强调新的制度化协商形式、合约和政策学习。另外,关于哪一个视角最能理解法国新次国家层级政府又存在分歧。直觉上,引进与法国背景不相关的盎格鲁—萨克逊概念令人担心。一位传统政治科学家对于引进时髦的"治理"范式非常怀疑,认为这一概念掩盖了法国政治传统的特异性,这个模式与法国环境不相关。支持治理范式的学者治理认为它对于描述法国地方正在发生的变化是一个有用的符号,但决不是地方权力的唯一模式。这些学者对非正式过程、新参与者和水平网络更为重视,同时也强调法国政府传统和体制结构。新型治理在城市表现的更为强大。公共政策的决策与实施涉及两个或两个以上的参与者,它们之间的关系是协商性的、水平的而不是等级式的。在法国这个盛行自上而下的政策风格和强大的行政法传统的国家,上述现象是一个相当重要的变化。国家是地方分权的,中央政府不再垄断决策,地方参与者积极加快了中央决策的议程。

在法国传统上,部在地方治理中居于支配地位。它们制定政策,强制标准,通过驻外机构实际上提供许多地方服务。这些驻外机构坐落于地方首长所在的城市里,由部的官员任职员,并由部的高级公务员主管,实际上积

---

① 　Chris Pickvance,Edmond Preteceille. State Restructuring and Local Power:A Comparative Perspective[M]. London:Pinter Publishers Limited,1991:216.

极涉入几乎地方行政管理的所有方面。一些部,就像国防部和司法部(还有与财政部和教育部有关的某些活动)在地方上的活动只受到地方首长有名无实的监督。其他如矿产部有时会由地方首长协调。大部分部的驻外机构与省长、省政府和市镇政府合作决定计划,监督计划实施并努力贯彻计划。[①]法国1982年颁布的《权力下放法案》和《对地方团体行为监督法》,虽然扩大了地方政府的权限,但并未改变原有的以行政控制为主导方式的做法。改变的主要是行政控制的内容、重点与方式,明确列举了行政监督的范围,并规定以行政法院作为监督主体,由国家代表按法定程序提出起诉。[②] 就如最近改革努力中所值得注目的,现有力量将会继续"部统治"模式。大区的发展,省的重组,省长职责的更改,还有对市镇的宽厚忽略似乎助长了在实践中把重点从市镇转向省和大区。市镇可能继续扮演重要的政治角色;但是省和大区——作为一个代表性的促进因素、地方利益的经纪人和地方创制的动员者——可能发挥更为重要的作用。虽然进行了诸多改革,似乎资金导向的职能等级体系将会继续支配地方服务。

　　没有一个国家能够逃避地方治理变化带来的改革压力。尽管治理潮流涌向全世界,但这一趋势在很大程度上依赖于它们所发生的背景。改革强度随着地点和环境的不同而不同。比如,私营部门可能在较大或较小的程度上参与公共决策,这要由地方的经济实力、地方商业组织的政治色彩和中央与地方政府建立公共与私营机构合作的意愿来决定。[③] 治理意味着在地方发展不同的关系和活动,其中传统制度试着妥协。传统地方活动仍处于适当位置,表明西欧的每一个地方治理体系将会以不同或者相似的方式来发展。虽然我们观察到英国和法国有很多相似之处,但是,这两个国家的起点相差很大——这影响我们在民主实践中政策网络如何形成和含义如何的推断。进一步来说,根据即将到来的任务来说,决策实践是不同的……多数

---

① Samuel Humes IV. Local Governance and National Power—A Worldwide Comparison of Tradition and Change in Local Government[M]. Hertfordshire:Harvester Wheatsheaf,1991:20.

② 陈嘉陵主编:《各国地方政府比较研究》,武汉出版社1991年版,第125页。

③ Peter John. Local Governance in Western Europe[M]. London:Sage,2001:14.

情况下,每个地方都有自己的政治文化和传统,这影响了政治实践。尽管城市和地方正在变化,但是它们采取与自身政治传统一致的方式走进新政治。①

以下三个内部原因影响了法国风格的地方治理:作为政策参与者的中央政府能力的下降;20 世纪 80 年代广泛的制度改革;地方政治参与和公共政策中地方创新的正在变化的模式。法国地方治理的主要特征是较大的制度分裂。② 虽然在很多国家确确实实在打破公私部门之间的界限,但公共政策在当代法国的贯彻方式所体现出来的趋势,更多地是量上的变化,而不是类型的变化。在法国,直到 20 世纪 70 年代为止,政党间关于国家干预主义的认同比较一致,比英国要大。现在这种一致性已经弱得多了,但是看起来新自由主义思想在法国的影响比在其他任何国家都要小,并且不同政党之间的差异不太鲜明。在法国影响较小的原因可能是因为,根据职能和支出来说,地方政府比较不发达。从英国兴起的地方治理在法国的影响前景需要探讨。在法国,政府在地方治理中仍然处于中心地位,治理的适应前景如何呢?

第三节　后福利国家背景下法国的中央与地方关系

在中央政府对地方政府制度的影响上,没有比法国中央政府影响更大的国家了。这一体系的很多要素已被整个欧洲采用,如一致的权限模式、地区政府的协调角色等。法国中央与地方政府体制在南欧的影响尤其深入,比如意大利、西班牙等国家。法国福利国家模式仍然以高度集权为特征,这也使得法国福利国家在 20 世纪 70 年代同样陷入危机,虽然市镇深植于法国传统,但它在服务提供上是低效的。法国在 20 世纪 80 年代告别传统,实行

---

① Alistair Cole, Peter John. Local Governance in England and France[M]. New York: Routledge, 2001: 1 - 2.

② Alistair Cole, Peter John. Local Governance in England and France[M]. New York: Routledge, 2001: 37.

了剧烈的地方分权改革。改革使得法国朝向地方自治迈进一大步。法国的地方治理也呈现了"多中心"走向,但是尚未形成真正的多中心,再加上法国"兼职"制度的作用,也降低了人们对法国真正实现地方自治的期望。法国的政治文化赋予国家监护者角色,这意味着促进经济社会发展属于法国统治者的使命,国家干预经济社会的发展众所期望,也是其合法性的重要来源。这意味着,在法国,很难实行"小政府、大社会"的治理模式,尽管法国统治者也感到这一使命的沉重难担而逐渐调适和转移,这正是地方分权改革的重要动机之一。

一、福利国家形成之前法国中央与地方的关系

由于多个世纪以来的传统,中央集权在法国深入人心,根深蒂固。法国总是离不开中央集权,国家的权威相当之大而且备受尊重。必须承认,法国的国家形象确实是监护人和统治者,但同时也是超越了所有的个人利益之总和的集体利益的保障者。而这种身份之来,殆非一日之工。但是,国家集权和普适而非个人统治的实施过程,在法国本身实际上一直多有出入之处。① 在法国,中央政府对地方政府实行双重监督模式,即监督来自内政部,也来自省。法国高度集权的表象背后,是中央与地方的混合,并且混合已经高度制度化了。法国中央与地方的混合主要由"兼职制度"来实现,同时,"中间人"也调和了法国中央对地方的高度集权。

(一)中央政府对地方政府的双重监督

从法国地方政府的历史变迁中可知,法国的地方政府体系发展于大革命前,在大革命期间得到改革,到拿破仑统治时得以系统化,并通过一系列的变迁得以修改。"这一演变产生了一个结合了强大的中央指导和地方代议制行政机构的体系……这一体系提供了从中央政府和内政部通过地区和

---

① 俞可平主编:《治理与善治》,社会科学文献出版社 2000 年版,第 283 页。

地区长官以及省和省长直到市镇和市长的一个完整的控制链条。专门的部和其驻外政府机构直接与地方服务的提供有关。地方选举的议会和市长（包括中央代理机构的职责）具有潜在的政治性，但是在技术上几乎没有自由裁量权。"①法国的地方治理拥有几个显著的特征，包括中央各部弥漫性的职责，省长的行政特权，市长的政治重要性。夏普对拿破仑制度的特点如此界定："将国家划分为相当一致的大于基本政府单位的管辖范围，一般由任命的文官（省长—总督）统辖，他在选举产生的地方政府和一系列派驻地方以提供各种服务的中央技术人员的关系方面是首要人物。"②法国地方政府体系是一种双重监督模式。"法国的所谓地方自治实际上是在中央的严格监督下，通过双重的行政系统进行地方事务管理。而中央各部派出人员的工作又统一在省长的协调之下。"③

为控制地方政府的活动，法国内阁设有内政与权力下放部，专门处理地方政府事务。法国行政控制的形式，主要有两种：一是向地方派国家代表，大区和省称为共和国专员（1982年以前大区和省的共和国专员则分称区长、省长）。市镇则以市长为国家代表，负责监督地方的自治活动；二是由中央各部门分别派出本部驻地方的代表，就本部门有关事务进行监督和控制。由是观之，法国之宪法与中央政府，虽富民治色彩；而其地方行政之集权于中央性，则远处于英美之上。更有进者，今如以英法相比照，则不仅法国中央政府控制地方远于英国，且其控制权力，系大体集中于巴黎之内政部。次则以一部而指挥监督全国之地方政府；其与英国之将此控制权力分授诸于五六部者，大有区别存焉。④

内政部负责对安全和地方事务的总监督。通过省长，它指挥公安部门，

① Samuel Humes IV. Local Governance and National Power—A Worldwide Comparison of Tradition and Change in Local Government[M]. Hertfordshire：Harvester Wheatsheaf，1991：8.

② L. J. Sharpe. Local Government Reorganization：General Theory in United Kingdom Practice[A]，In B. Dente and F. Kjellberg (ed). The Dynamics of Institutional Change[C]. London：Sage，1988：95 – 96.

③ 曹沛霖：《制度纵横谈》，人民出版社2005年版，第150页。

④ 沈乃正：《法国地方政制》，商务印书馆1937年版，第14页。

监督地方政府系统,协调各部驻外机构。事实上,省长和内政部驻外职能机构官员之间的权力斗争不断。"双重监督"表达了省长总的行政监督和中央部提供的对地方当局技术监督的观念,两者产生摩擦是必然的。法国部的几个特征有利于它们对地方政府的支配。第一个因素是国家行政事务的超大规模。它比英国大得多,更是德国的数倍。法国公务员占据的许多位置,在英国由地方政府公务员充任。法国国家公务员分散于整个国家,与国家的行政事务相比,地方事务显得"缺乏吸引力并且范围狭小"。第二个因素是法国行政事务高级团体的声望和权威。第三个因素是多数高级团体只与政府某一特定职能有关系,这一事实分裂了地方治理。第四个因素是各部直接介入地方的活动。

在省级水平上,部的官员履行三项服务:作为部的官员他们维护国家道路;作为省的官员他们维护省的道路;作为附属于省的他们监督市镇活动。他们的努力通常涉及到提高项目、确保资金、实际组织建筑和维护地方道路的工作。只有人口更多的市镇拥有少数他们自己的专业人员,部管理大多数地方服务。即使是在大的市镇,驻外机关的官员在地区的诸如计划方面也发挥着积极的作用,在计划方面,市镇被认为没有充足的专家和兴趣。后一现象,正如被预料的那样,是中央与地方关系紧张的主要来源。部和驻外机构的弥漫性的活动损耗了从市镇到省的权力,并且降低了省的协调角色。① 部的驻外机构及它们的精英团体已经建立了垂直、专业化的等级体系,这一等级体系造成省长和市长都不能阻碍或抵制该等级体系在职能上存在的离心倾向。

作为公共行政中央集权模式的象征人物,省长是法国中央政府在地方的政治代理人,各部驻外机构的主管,省议会的执行长官,承担控制地方市镇的责任,执行中央政府政策并维持公共秩序。在省长之下,副省长对地方

---

① Samuel Humes IV. Local Governance and National Power—A Worldwide Comparison of Tradition and Change in Local Government[M]. Hertfordshire: Harvester Wheatsheaf, 1991: 21 – 22.

政府行使的控制甚至更严格。政府各部以一种相似的方式组织,分权单位常常存在于部和次部级层次上。例如,税收办公室围绕部的分支来安排,其分支在区一级政府(选举区)和市镇一级政府。这个触手状的组织被喻为"蜂窝状政府"。在英国没有和省长对等的机构。

1982 年前,省长能够对地方当局行使相当程度的监护。作为中央政府的代表,省长对地方当局的预算保留了正式的等级控制,同时也作为一个鼓励和援助地方执行公共政策的重要来源。省长也正式对中央部的驻外机构负责,这些驻外机构在区域层次上执行中央的多数政策。作为省议会的执行长官,省长提出预算,并且准备、批准和执行省议会的决策。作为主要的次国家层级而受到中央支持的省议会,很早就被授予重要的职责。从 1852 年以来,它们就有权力提出自己的预算;在 1871 年的省政府法中,承认省议会对"省内一切利益相关之事"具有完全权威。"因为省长是省议会的行政长官,他们一般都愿意扩张省议会的权力。"①

1884 年的市镇政府法承认市镇政府对"市镇事务"的职责。该法认可市镇政府有自己的立法特性和提出预算的权力。与对省议会的控制相比,省长不太直接卷入市镇管理。省长与小市镇市长的日常关系常常由副省长执行,副省长人数根据省规模的不同而不同。省长将他们的关系限制在与真正的贵族之间的关系上,这些人或者是重要市之市长、代表区(省的行政分支)的省议会议员、国民议会(参议员和国民议员)的地方代表;或者更为经常的是与结合了这些职位的个别人员打交道。"省长还有一项首要义务,即在冲突的地方利益之间、尤其是相互竞争的地方利益中担任仲裁者。与这些地方上的最显赫者保持好的关系是省长影响力的重要资源。"②

正如查普曼所指出的:为省长—总督制度辩护的一个理由是,由此地方政府的决定和活动能够在当地得到控制,而不是由不了解地方的情况及情

---

① Alistair Cole,Peter John. Local Governance in England and France[M]. New York:Routledge, 2001:38 – 39.

② Alistair Cole,Peter John. Local Governance in England and France[M]. New York:Routledge, 2001:39.

绪的中央官员进行远距离的控制。英国有可能正是由于没有这种制度而发展成为高度中央集权的国家。在没有中央政府可以充分信赖的、能力经受过考验的地方机关的情况下,控制权不可避免地集中在各部……没有办法来衡量民主和自治的补偿性因素……不仅如此,有些学者已经注意到了如下这种情况:即使省长或总督制度已被撤销或做了重大的改变,限制地方自由裁量的旧模式仍然很少得到改变而继续存在。因此,追求保持中央派驻地方官员的制度用以作为区别地方政府自由裁量的不同形式其实是没有实际意义的。① "因为没有理由认为省长或总督所做的,来自中央部门的官员便一定做不到,甚至就一定不能做得更好。"②

(二)行政控制的特点

中央政府对地方政府的控制,可以分为两种制度。一是立法控制。在这种制度下,由国家立法机关决定地方政府权力的去留。通过法律详细列举授予地方政府的权力,地方政府可以自由行使这部分权力,中央政府不得干涉。至于未经法律列举授予的权力,地方政府不得行使,但地方政府可以请求议会通过特别法授予某项权力。由法院防止并解决地方政府的违法与越权行为。二是行政控制。在这种制度下,地方政府的权力未经法律明白详细列举,仅有笼统或者原则性的规定。即使这类权力在法律上范围较广,但因无处避免中央政府的干涉,地方政府并不能自由行使。而当地方政府行使权力时,甚至某些纯属地方性质的事务也要到中央行政部门的严格、随时的监督,某些具体措施可能要秉承中央政府的授意才能决定。在行政控制制度下,地方政府的权力实际上往往很狭隘。在地方自治政府的体制下,由立法机构执行中央对地方政治共同体的控制,常常用根本不给地方任何表达地方意志的权力办法来限定其权限。而在行政集权的体制下,不是由

---

① 董礼胜:《欧盟成员国中央与地方关系比较研究》,中国政法大学出版社 2000 年版,第 45 页。
② 董礼胜:《欧盟成员国中央与地方关系比较研究》,中国政法大学出版社 2000 年版,第 46 页。

立法机构,而是由被委以最重要行政功能的机关,即主要执行机构来行使中央对地方政治共同体的控制。

中央对地方通过立法控制的典型国家是美国,行政控制的典型是法国。古德诺认为,在欧洲大陆上,不是没有立法机构对地方政府的影响,而是立法机构不如美国重要,而行政当局却比美国重要。"欧洲大陆的立法机构,与其说是一个提出构成法律的议案的机关,倒不如说是一个否决、修正或批准由执行机关提交的议案的机关。进一步说,它所通过的法律跟美国的立法机构通过的法律相比,更不具体,更像是一种大政方针。所以,为地方政治共同体制定的法律自然不会去列举地方的权力,而是在授予一般性权力后,允许每个地方组织根据其地方情况来具体运用。这种法律的一般性,不仅在于它们适用于同一类别的所有地区,即通用于类似于我们的县和城镇的所有城市和区,而且还在于它们给予这些地区以地方政府的一般性的,而非具体的权力。"①"欧洲大陆一些国家,在表达地方意志的活动方面,给了地方政治共同体更大的权力,而在执行国家意志方面,使国家保留了更大的权力。在一个行政集权的体制下,地方政治共同体可能存在,但却很少承担执行国家法律的任务。地方政治共同体有它自己的活动范围和它表达自己意志的机关。国家有自己集中任命和集中控制的行政体制。"②法国行政控制呈现出来的倾向是:"在接受委托完成的国家事务上,地方政府所受控制较多为行政控制,而在其固有事务上,则较多是受立法控制。"③在实践中,行政控制"这种决定地方权限的方法本身导致地方政治共同体拥有广泛的地方权力。这些政治共同体没有必要不断地向立法机关要求新的权力,因而不会出现地方意志的表达受制于表达整个国家的意志的机关的控制的局面。这种由地方拥有广泛的地方权力的情况也不会造成牺牲整个国家的利益,这一点由国家的行政机构根据行政集权的原则对地方政治共同体的行

---

① 古德诺著、王元译:《政治与行政》,华夏出版社 1987 年版,第 37 页。
② 古德诺著、王元译:《政治与行政》,华夏出版社 1987 年版,第 30 页。
③ 陈嘉陵主编:《各国地方政府比较研究》,武汉出版社 1991 年版,第 124 页。

动加以控制来保障"。①

在实行地方自治的单一制国家中,法国的中央集权传统使得中央政府对地方政府的控制,更多地偏重于行政手段,行政控制在中央控制中一直居于主导地位,这一点比其他国家更为突出,有相当的代表性。法国有"行政监护"(Tutelle administrative)一语;其意若曰:法国之地方政府,犹如未成年人之须由年长者中央政府监护之。② 历史上,法国省参议会在法律上权力范围虽广大,而实际上不能自由运用此范围内的权力,行政控制是其主因,而保护国家的整体利益是实行行政监护的主要动机之一。

从中央的角度看,法规调控可以被称为"远距离控制"的方法。一旦法律通过之后,只要在法律允许的限度内,地方政府便可任意行事。中央控制的唯一的现实形式是对合法性的准司法解释,首先依赖法院和审计员进行。这与行政调控不同,在行政调控下,地方政府行为的合法性是通过政府官员的具体决定来判断的,除了法规调控要求的事后证实合法性之外,地方政府的行为需要事先获得同意。行政调控与远距离控制相差很大,因为它要求地方行为必须获得中央的同意,使得中央政府能参与地方政府决定的细节。行政监督与中央派驻地方官员制度的关联之处在于,传统上,省长或总督在法国和意大利这类国家中处于中央影响的中心地位。但是,将这种监督形式简单地同省长制、甚至即使是强省长制相联系也是误导人的,因为其他各部、首先是财政部也越来越多地行使监督职责。在评价法国的分权措施时,著名的学者莫尼指出,"在抑制初步监督方面,德博雷法完成了从1959年开始并持续到70年代的发展过程。换言之,改革使得毫无意义的、过时的监督制度销声匿迹。众所周知,大多数市镇的财政措施是由中央政府的地方分支机构制定的,在这种情况下审查行政的财政措施的合法性是毫无用处的。近年的关键问题已不再是省长的监督,而是公共工程部或财政部的监

① 古德诺著、王元译:《政治与行政》,华夏出版社1987年版,第38页。
② 沈乃正:《法国地方政制》,商务印书馆1937年版,第45页。

督”。①

"在大多数情况下,行政集权都具有这样一个特征,即中央任命的官员具有执行政策的权力,而很多政策在法律上被认为显然是地方性的。因此,在行政集权之乡的法国,最高行政首长任命的省长和在省长控制之下工作的市长,分别是最重要的地方政治共同体和中小行政区的首席行政官员,即都是执行地方意志的官员。在地方自治政府体制下,由地方选举和受地方控制的官员执行国家法律。在行政集权体制下,由中央选举或受中央控制的官员经常执行地方的政策。"②欧洲的立法机构控制着执行机构,而执行机关按照普通法律的规定又控制着地方政治共同体。因此,政党就不像在这里一样禁不住要利用立法机构对地方组织的权力来谋取它们自己的利益;地方行政官员的政治观点也不像这里那样有着同样的重要意义。因此,地方政治共同体的利益也不像在美国那样容易被接整个州的利益所牺牲。③

中央行政监督分为对地方机构的监督和对地方机构行为的监督两个方面。对地方机构的监督包括:解散地方议会、停止其活动,撤销其行政机关等。如法国内阁可以因地方议会内部政治情势或其他原因不能行使职权时,命令其解散,重新进行选举;内阁部长或省长有权对市镇议会给予停止举行议会一至三个月的处分等。但这类情况远不如对其行为的监督来得多。对地方政府行为的监督,主要是地方政府(自治机关)通过的许多决议、决定,需经省长或中央政府批准才能生效。审查内容包括这些决议、决定是否与国家有关法律相抵触,或是否不适当。如被认为不当,则被退回要求予以修改;如在规定时间未被退回,也未被否决,则被认为已获批准,可以执行。有些决议,如与财政预算、财产契约等有关的事项,则必需经过批准始能生效。1982 年实行权力下放后,行政控制偏重于行为控制,以事后审查其合法性为主要内容,不包括对行为是否是适当的监督。但自 1982 年实行权

---

① 董礼胜:《欧盟成员国中央与地方关系比较研究》,中国政法大学出版社 2000 年版,第 48 页。

② 古德诺著、王元译:《政治与行政》,华夏出版社 1987 年版,第 31 页。

③ 古德诺著、王元译:《政治与行政》,华夏出版社 1987 年版,第 38 页。

力下放以来,渐趋重视立法控制。地方政府议会通过的决议要接受国家的
立法审查,国家代表在规定期限内对其合法性不表示异议,决议才能实施。
地方分权法"取消中央及其在地方的代表对地方议会决议的'行政监督权'
而代之以'行政监督'"。这是两个不同的概念。行政监督只能监督地方决
议是否与国家法律相抵触,而不能像改革前的行政监督权那样去追究这些
决议是否"适当"。中央及其在地方的代表在行政监督制下,往往可以以"不
当"为借口,任意否决地方的一些决议,尽管后者并不违反国家法律。另外,
行政监督只能在地方决议生效后进行,而不能像行政监督权那样,在这些决
议生效前进行。但是,实际上,合法与适当的区别是很难断定的。

中央派驻地方的省级官员制度往往被认为是法国和意大利等国家实行
中央集权的基础。这一制度可能导致更大程度的中央控制,从而降低地方
的自由裁量幅度。在其限制了地方影响的机会这个意义上,它可以作为法
律中央集权的一个标志……不过对它也可以附加几点保留,如省长也可能
在一定程度上在中央代表地方。[①] 对法国和意大利省长—总督制度的经典
研究显示了省长通过推进地方利益而谋求自己的全国职业前途的重要性。
如果依据省长或总督的权力来区分自由裁量的程度,或者地方对于执行政
策的影响,这实际上使讨论的问题从省长的职位限定了地方政府的自由裁
量幅度转向了中央政府及其官员的权力这一更为广泛的问题。[②]

法国省长或者中央政府成员,如参议员、中央部长,庇护地方利益是因
为他们兼任地方议会议员或者行政长官,这不是一种荣誉,而是一种实职,
中央政府成员的确为地方谋利益并因此而赢得权威和声誉。这是法国中央
与地方关系的一个关键特征,是法国形成混合模式的中央与地方关系的一
个重要因素。中央在地方上兼职,使得法国高度中央集权的体系并不是那
么刚性。在许多国家,中央政府官员兼任地方市长或者省议会议员等职务,

---

① 董礼胜:《欧盟成员国中央与地方关系比较研究》,中国政法大学出版社 2000 年版,第 44
页。
② 董礼胜:《欧盟成员国中央与地方关系比较研究》,中国政法大学出版社 2000 年版,第 45
页。

这一事实使得地方虽然职能上较为软弱,却在国家的政治生活中占据重要地位。尽管兼职呈现出人格化的特征,不过在法国也已经制度化了,不过仍然存在固有的缺陷。我们看到 1982 年的地方分权法并没有废除政府官员在地方兼职,这对于保持原有的中央与地方关系模式发挥着重大的作用。而这一途径是否能够保证地方利益的表达和中央与地方的合作,完全是一个有待探讨的问题。

(三)法国中央与地方的利益平衡机制——兼职制度

中央集权并不意味着地方政府不重要。对英国和法国的比较中,一个有趣的矛盾时,尽管英国地方政府无疑比法国的自治市镇拥有更多职能、资源、自治权力,但是它的政治重要性却小于法国的地方政府。[①] 法国地方政府职能软弱,但是政治重要性却很强。关键因素在于"兼职",即政务官可兼任事务官的制度。在次国家级政府的政治行政领域,法国和英国政府传统给予不同层级政府的自由裁量权明显不同。在英国的情形下,地方政府职能比拿破仑式的法国模式下的地方政府更为强大,它不太与中央政府的网络相联系,地方自治的必然结果是地方和中央行政范围的分离。这一点在鲍比特比喻的"双重政体"中受到充分关注。在"双重政体"下,联合王国中央和地域上的政治家在两个分离的政策领域共存,至少到 20 世纪 60 年代为止都是这种情况。在法国的情形中,与软弱而且被分割的地方政府相对应的是地方政府与中央政府强大的地域联系模式。多重兼职惯例是该体系的核心。为了在事关资源分配的中央决策中保护地方利益,雄心勃勃的政治家(常常是那些国会议员或者参议员),经由选举或委任,积聚了几个地方职位(诸如市长或者省议会主席)。这种互相连络可以解释一种适应性的、妥协化的体系。因为中央和地方政府之间的强大联系,其中政策的执行是灵

---

① Chris Pickvance and Edmond Preteceille. State Restructuring and Local Power: A Comparative Perspective[M]. London: Pinter Publishers Limited, 1991: 123.

活的。① 如果比较全面地观察法国的行政体制而不是只在市镇一级观察各类政治关系的话,就会看到一个经由"兼职"制度而织成的复杂社会关系网在运转着这个体制。在第三共和国(1870—1940)期间,显要人物占有多个职位特别重要,那给了巴黎的国会议员获得好处和资源的机会。他们常常将一个国会中的职位(国民议员或参议员)与一个重要的、经由地方选举产生的职位——省议员或者重要市之市长——合而为一。

根据法国宪法(第五共和国)第二十三条,"政府成员的职责是同担任任何议会的职责、任何全国性职业代表的职务及任何公职,或参加任何职业性活动不相容的"。但是,法国传统上却没有限制中央政府成员同时具有地方人民代表身份,换句话说,法国地方民意代表可以同时是中央政府成员。在中央政府驱动下的中央—地方秩序中,兼职确实提供了发挥地方影响的安全阀。评价政治家要根据他在国家导向的体系中对地方利益的保卫情况。法国认为无论是中央民意代表或者中央部会成员的政治人物,只有具有地方政治领袖的身份,才能在制定国家政策之际兼顾地方的利益,关心地方人民的想法。所以,对于一个想在国家政治生涯获得成功的人来说,拥有地方选举职位是重要的。虽然一个政治人物不能同时兼任部长与国会议员两种身份,但是中央政府部长可以兼任地方市长,或者兼任县议会议长。在法国,凡担任全国性的、经选举产生的职位者,几乎全部都担任过经地方选举而产生的职位。由此,部长们跟地方有着很强的政治联系。法国包括总理在内的重要部长大都兼任重要市镇的市长,如希拉克在巴黎、德洛尔在马赛、沙邦-戴尔马在波尔多等就是典型的例子。在1995年夏季的市镇选举之后,至少有22名部长兼任市长、3名部长兼任大区议会主席。通过显要人物,"地方"被并入国家的决策中。兼职看似是非常人格化,其实在法国的制度背景下已经制度化了,尽管其个人化色彩仍非常浓厚。兼职使得中央与地方联系的人格化机制强而有力,这是法国政治传统的关键特征。"兼职"

---

① Chris Pickvance and Edmond Preteceille. State Restructuring and Local Power:A Comparative Perspective[M]. London:Pinter Publishers Limited,1991:3.

情形在英国是不存在的。法国中央与地方政府在权力上的重叠较之英国行政与立法权力的重叠是两种完全不同的概念。不过,在英国,确有个别议员乃至一些重要的议员、大臣被社会中某压力集团聘请为主席、副主席或顾问,目的也只是在于提高其知名度并导致在某些问题上便于向中央施加影响,但是,政府权力并未重叠。在兼职制度下,法国的官员们以当选议员的方法行动和思考,同样也考虑选举事务,而当选议员则以行政事务专家的面目出现。议员和官员之间出现了一种复杂情况,这种复杂情况是由他们相似的优先权和他们的互相补充战略培育出来的。比较而言,法国的做法有着更大的作用和影响:(1)使中央与地方政府的关系更密切。这种"垂直式"的管理使中央可以直接了解、掌握乃至控制下面的情况,省去了中间环节所造成的种种麻烦,同时也非常有利于地方对中央政策的贯彻执行,容易收到中央所期望的效果,尤其是全国性效果。而不至使政策在执行过程中走样,避免英国由于一部分地方政府不掌握在中央政府手中而造成地方执行中央政策方面的种种差异乃至矛盾。(2)在中央与地方政府之间出现矛盾或分歧,或地方有某种特殊需要时,由于市长和中央派驻地方代表的重要地位,往往可以使问题直接、快速地反映到中央,可使问题得到及时、有效地解决。①

佩奇和戈登史密斯按照地方政府的职责、地方政府的自由裁量权和地方接近中央的程度与途径对西欧国家的地方政府进行分类。他们认为"接近是指中央与地方参与者之间联系的程度。当地方决策者的自由裁量权水平很低时,他们与中央各部和中央政府的政治家保持很好的联系,以获取中央的资源和有利政策。按照结果来说,向中央陈情或者地方决策可能实际上是同一事情,例如铺路,但是过程和政治形式是不同的"。② 在法国的行政体制里,接近的问题是个关键的问题。接近之所以关键,因为法国行政体制

---

① 胡康大:《欧盟主要国家中央与地方的关系》,中国社会科学出版社 2000 年版,第 241—142 页。

② Peter John. Local Governance in Western Europe[M]. London:Sage Publications Ltd,2001: 27.

建立在限制接近和排斥的基础上,直接接近上层人物的路途障碍重重,甚至难以克服。而法国地方政要与中央有关系的政治声望有助于使之接近其他决策者:省长、各部驻外机构、省和大区长以及地方与国家公务员。兼职制度将刺激雄心勃勃的法国政治家去积攒选举产生之职位,这种职位给予接近高层级当局的机会,并能够巩固其在地方的权力基础。

在20世纪60年代和70年代,地方民主对中央的依赖吸引了学者的关注。克罗齐(Crozier)发展了交叉调控的概念,来描述以中央为中心的官僚政治体系中地方政治和行政参与者的关系。三个方面支撑了这个体系。第一,支配中央—地方关系的规则是由中央政治家和官员来规定的;中央中心观认为,对社会的控制需要一致的行政规则,运用等级式手段制定和执行公共政策。尽管地方政治家和官员可以与中央磋商,使中央让步和允许例外,但是这个规则不能改变。第二,中央官员(尤其是省长)和几个显要人物之间有一个长期对话,以调整中央确定的规则,使之适应地方情况。第三,地方关系被限制在一个政治与行政参与者的"双重精英"上;没有空间留给"第三党,不管它们是经济利益还是志愿协会"。因而,法国"主要的地方关系是在政治显要人物(国会议员、市长、省议员)和中央政府官员(省长或者来自中央驻外机构的官员)之间"。① 在描绘交叉规则的图解里,省议会议长和市长的作用因他们的互相依存而联系在一起。占据了两个职位的人更有利可图,他可以同时玩几个不同的游戏。他在一个职位内所收集的信息对于他在另外一个职位上的成功极其重要。如果他也是众议员或参议员,处境甚至更加有利,因为他可以同时在几个级别上进行谈判——在巴黎与省长谈判,而且还可以与区长谈判。②

对于地方官员来说,与中央政府官员之间的交际网是他获得成功的一个尺度;对于中央政府官员来说,介入地方政治是完成国家计划的一个十分

① Alistair Cole, Peter John. Local Governance in England and France[M]. New York: Routledge, 2001:41.

② 伊夫·梅尼、文森特·赖特主编,朱建军等译:《西欧国家中央与地方的关系》,春秋出版社1988年版,第96页。

有利的条件。所以,在法国,虽然地方政府的行政部门受到中央的控制,但这种控制的实施考虑到了地方利益的敏感性。通过得到充分利用的由市镇、省和大区往上和中央政府往下的渠道,地方的政治利益通常得以表达。大城市的市长和省议会议长作为参议员、国民议会议员或中央政府成员在中央层面行使他们的权力。① 在法国省级政治行政体制中,来自各级政府的行动者相互依赖,没有谁可以凭单打独斗取胜。如果选择不同的游戏规则,将面临遭该体制拒绝而失败的危险。

在涉及中央的政治方面,市长的地位和作用更加耐人寻味。作为一个市镇的市长,他却能在中央的管理或全国的政治生活中拥有一席之地,而一个懂得全国权力机器运作的市长,在促进市镇地方利益方面,就能处于一个有利地位。对一个重要市镇的市长来说,这种地位更可以构成一种权力基础,成为向总统权力进行挑战的有力筹码。最为突出的例子就是在1990年,希拉克的领导曾受到一批戴高乐派市长们的未遂挑战。法国的市长们何以有这么大的能量? 一个原因是,市长常常由全国性的政治人物担任,他们不仅有着一定的影响或政治上的号召力,而且熟悉上层权力机构的运作。还有一个不可忽视的原因是,一般来讲,市长们的任职时间都很长,有从1945年任职到1995年,也有从1953年到1986年,更有一直任职到死。如此漫长的政治生涯足以使他们积聚起充分的政治能量。② 所以,在法国,即使"地方市镇仍然很小,没有中央政府那样多的职能,但是,他们的领导人在政治上很强大,常常在中央政府层级占有正式职位,不管是在政党、国家立法机构和(或者)中央政府之内。当中央的正式影响很强大的时候,地方利益调停了它在实践中的运作方式,因为市长利用他们与中央官僚的关系来

---

① 董礼胜:《欧盟成员国中央与地方关系比较研究》,中国政法大学出版社2000年版,第152页。

② 胡康大:《欧盟主要国家中央与地方的关系》,中国社会科学出版社2000年版,第239页。

做事情和获得资源"。①

　　在实践中,"兼职"制度的运转的后果难以预料。国家驻省机构的官员们,原本可以在相当大的程度上限制市长的活动,但"兼职"制度使得他们成了"局外人",难以左右市长。因为,作为省议会议长的市长可以把他的决定强加给他们。在市长作为省议会议长发挥作用时,省长也难以控制他。因为作为众议员,反过来他可以对省长施加决定性的影响。如果游戏改变了,那是因为掌管多种机构者的权力比归属于他的每一个机构的权力总和还要大。掌管几个机构这一事实本身增强了掌管多种机构者在他所在地区所有官员之间充当直接调停人的地位。他可以在事实上没有对立面的情况下把他的观点强加于人;他可以在没有要求的情况下得到他实际上所要得到的东西;他可以成为这种等级制的上层和基层之间的一个十分有效的调停人。他可以和来自其他行政部门的官员们一起,在没有非常严厉地惩罚敌手的情况下,奖赏他的朋友们。因此,他充分利用了他的巨大影响。同掌管单一机构者比起来,他以一个更容易为人接受的办法发挥了作为一个政治领导人的作用。由于他的干预,没有必要服从交叉规则(并在这一规则中起作用):通过要求他的帮助,可以回避许多来自其他方面的干预。他可以接近那些中央决策者,这些人通常是不容易甚至不能接近的。他的存在对地方上的团体有一定的好处,他为回避那种笨拙的、缓慢的、复杂的普通游戏提供了一种方法。在业余时间,他可以(利用比一般模式的权力更大的权力)强制推行他自己的决议,并做出他所在地区所需要的妥协。由于参与公共事务管理的其他各方都处于一种孤立而又有支配权的境地,因此,他的存在是需要的。他得到的好处(影响和威望)是他为集体服务所得到的另一种报酬。他的非凡影响并不是从内部反对这种交叉规则体制。他不是中央或者地方行政官员无情的敌人;实际上,恰恰相反,他本人的成功建立在他与中

---

① Peter John. Local Governance in Western Europe[M]. London: Sage Publications Ltd, 2001: 27.

央政府或行政机关内部的个人交往之上。①

中央集权要在根本上抵消强大的自治权，但中央集权并不意味着中央对地方单方面的专横统治。对法国行政结构的分析证明，中央集权的现象非常复杂。中央集权制是一个复杂整体的一部分，这个复杂的整体构成了一个中央政府与地方政府之间平衡的法国模式。在程序上的固定不变和直接控制的外表背后，法国不同的行政部门之间存在着更加难以捉摸的权力交替，通过这种交替，地方机构能够回避来自中央的控制，最终中央与地方远未一体化，甚至导致了公共行政机构的分裂。麦肯西认为，在法国，全国政治与地方政治直接联系的紧密性可能导致全国政治对地方政治家的更大影响，而不是地方在中央层面的更大影响。这种联系可能使得全国政党领导人垄断对地方职位的任命，压制地方的不同意见。而凯塞尔对法国的研究提醒我们，地方与全国政治的联系可能会促使地方政治家掩盖本社区的政治争论。"人们也许不知道，在过去几年里，在中央政府赞同地方和地区改革设想的背后，给予市镇和省一些权力（但不是太多）不是更深一层的动机，更深一层的动机是希望通过一种关系加强中央政府对地方社会的控制。在这种关系中，国家通过控制比较强大比较活跃的地方机构，可以不断加强对社会的控制和自身的发展。"②计划的实地监督人让·皮埃尔·沃姆斯向国民议会报告："危机情况下会有这样的危险，即各个组织的大量要求都指向中央……对中央来说，在危机中找到同盟尤为重要；这就是分权的目的。"

阿什福德（Ashford）进一步深化了对英国和法国地方多样性的比较。他比较了英国集权主义和不灵活的决策传统（教条主义），而法国是一种灵活但妥协化的风格（实用主义）。阿什福德的研究主题是，尽管所有的权威都委托给次国家层级政府当局，但是，英国政府还是被锁定在一个中央控制的刚性体系中：它通过教条主义的方法向前推进，因为它与地方政府没有太多

① 伊夫·梅尼、文森特·赖特主编，朱建军等译：《西欧国家中央与地方的关系》，春秋出版社 1989 年版，第 96—97 页。
② 伊夫·梅尼、文森特·赖特主编，朱建军等译：《西欧国家中央与地方的关系》，春秋出版社 1989 年版，第 107—108 页。

联系,并且不信任地方政府;对比起来,法国中央—地方关系的惯例是,围绕兼职旋转,以在中央政府代表地方的利益为基础,结果法国中央与地方关系更为实用主义。在法国,兼职制度使得中央与地方两类公共机构之间的关系呈现出通过一种独特但非正式的运转方式。在这一特殊的环境中,参与者的行动和态度不必要与他们所属的制度相一致。整个法国体制的运作既是被动的,没有一个人能真正采取主动行动,甚至在他们自己的事务有关的方面。所以,"兼职"制度影响了法国行政体制的动力。

兼职在发挥使地方利益上达中央的作用时,也给法国政治带来了消极后果。法国中央与地方公共机构间的体制,实际上掌握了对公共事务的垄断权。这个体制(不是政党)提供了这样一个部门:权力、资源和报酬以及诸多有利条件通过这个部门分配,裁决和平息冲突在这个部门内做出。这个体制还确认了价值和公共机构的合法性。尽管法律规定限制政治人物两个选举公职身份,这个限制并不及于中央政府成员,也就是说,法国的政治人物,同时可以担任中央与地方的民意代表,而并非只能是一个地方的民意代表。但是,1985 年 12 月 30 日通过的法律与组织法,限制法国政治人物不得任职超过两项以上通过直接选举而获得的公职身份。这些公职身份列举如下:欧洲议员、国会议员、参议员、县议员、行政区议员、巴黎市议员、人口在20000 人以上的市之市长、人口在 100000 人以上市之副市长。因此,任何人在选举结果公布之后的 15 天之内必须做出选择究竟接受何职。因此,一个政治人物不能同时是市长、县议员及国会议员(因为三个职位皆是通过直接选举而来),但是却可以是市长、县议员及部长,因为部长职位是总统任命的,并非是因为选举而获得的。这是法国传统上基于利益冲突回避与中央与地方权力制衡的原理所衍生的特殊制度。1997 年法国新总理若斯潘确认,兼职这一项法国的特殊政治传统并不符合法国国家现代化的精神,因为随着国家概念的演变及进步,国家事务与地方事务也日益繁杂与专业化,一个阁员兼任数职的情形有必要做通盘的检讨。计划立法修改的内容为:国会议员不得兼任欧洲议员。政府阁员不得兼任地方行政首长。国会议员不得兼任地方行政首长。如此的政治人物分工政策,将可以使分权政策更加落实化。因为身兼地方与中央的公务职位虽然可以使中央的政府官员不忘民情,但这导致少数政治人物垄断政治资源。同时,中央与地方的利益冲突颇为频繁,兼职也会使得冲突取舍成为分权政策的一大障碍。因此,若斯潘的这项改革,进一步限制法国政治人物的兼职,让政治人物能够明确角色,各司其职,利于地方利益的表达以及中央决策。

除了"兼职"制度以外,法国行政结构还有一个重要特征,那就是,通过中间人来行动。中间人来自另一个行政部门和那些不同背景的政治势力。信息由中间人透漏或控制,这些中间人起着综合者的作用。中间人也通过这一渠道谋取自身利益。对法国高度集权机制的研究表明,法国中央与地方两部分并不是以完全否定的眼光观察对方。可以说,中央与地方政府两类体制在理性上并不对立,两者之间的交流通常通过一个中间人来进行,由此带来的个人之间的亲密关系缓和了两部分官员及其他人的对立观点之间的公开敌视。在省一级权力金字塔中,从上到下都存在着这种体制。中间人这一非正式的制度构成了法国社会的政治和社会发展的现实。

二、集权性的福利国家体制与法国高度集权体制的危机

与英国一样,法国社会福利的渊源也可以追溯到历史上的慈善和救济事业。当时,这些活动主要由个人、社团、行会和宗教团体承担。到了中世纪末期,法国的福利模式仍然支离破碎,它以教区领主或地主对佃农的人身束缚为前提,实施范围极其狭小,主观随意性很大。15、16 世纪之交,贫困化在法国酿成了非常严重的社会问题。由于农业歉收,许多农民拒绝缴纳什一税,有些人在农村无法生存,便背井离乡、流入新兴的城镇,另谋生路。当时的法国城镇尚未完成工业革命,无法容纳大量流入的贫苦农民。于是,许多贫民流落街头,变成职业乞丐,有组织的抢劫事件时有发生。在这种情况下,法国的福利制度开始了从分散向集中、由乡村向城镇的发展过程。在这一过程中,宗教团体掌握的福利设施逐步被世俗政权所接管,由非神职人员组成的行政机构在城镇中应运而生。这些福利行政机构杜绝了重复发放赈

济物资的管理混乱现象。实行了劳动培训、儿童教育、集中财源、统一管理等一系列福利改革措施。法国政府较大规模干预福利事业的现象在工业化、城市化和民族国家形成的时期才出现。法国在 16 世纪 30 年代实行的福利改革便是一例。后来,出于战争、贸易和宗教的需要,法国王权开始实行补偿残废军人、海员的做法。法王圣路易建立了盲人院;亨利四世在 1604 年颁布敕令,规定采矿业建立伤残基金;路易十四于 1670 年建立了残废军人院。法国福利改革以后,世俗政府控制了公共福利设施和资金募集渠道,接着下令严禁乞讨,同时负责确定面包的重量和价格,派官员进行家访,调查社会对于福利金和福利物资的需求量,然后根据实际需要发放救济物资。市政当局还组织对儿童的教育,负责病弱者的康复,安排犯人的改造与劳动就业,发展和生产相关的社会服务。

1945 年 10 月 4 日,法国颁布了《社会安全法》,为每个法国公民提供社会保障提供了坚实的法律依据。这一天,被视为法国现行的社会保障制度的诞生日。从这一天起,利用社会保障组织,国家开始作为"保护人"对法国公民承担各种社会保险。此后,社会保险的范围逐步扩大。法国的福利在欧洲属于中等发达程度,到 20 世纪 70 年代后,手工业者和自由职业者才被陆续纳入政府的社会保障计划,社会保障制度至此才在法国渐趋完善起来。

法国的法律认为,社会福利体现了社会团结的伦理和精神,不是纯粹的施舍,而是一种社会权利。因此,福利事业的经费主要由中央和地方政府支出。其对象、标准和运行由国家法规加以确认。体制繁杂和国家介入是法国社会保障制度的重要特点。法国的社会保险制度由"总制度"和各种行业保险制度共同组成,社会保险和社会福利两项事业也不是截然分开的。例如,各种社会保险机构都有各自的"社会救助行动"项目。社会保险投保人扶养的家属大都可享受基本保险,成为投保人的"权利分享者"。国家和政府不仅负担社会福利开支,还要对其他社会保险制度给予财政保障。因此,社会保险制度出现的问题也会影响到福利制度。福利国家的危机必然涉及整个社会保障制度。

在法国,传统上,国家的合法性附来自于强大的政府干预。不过,法国的经济计划是为了促进市场的运作而不是取代它。对照起来,中央集权的法国政治体系建立在普遍的原则上,这一原则在福利国家形成之前就已经形成了……当福利国家在 20 世纪发展起来时,这些职能落到中央政府的头上,中央政府将触角通过去中央化的功能延伸到中央政府的地域组织内。在英国,在保持有限政府的意识形态中,中央机构保持在很小的规模上,把服务提供职能卸给了地方政府或者其他公共机构。地方当局管理着战后福利国家的大量和广阔领域的服务。地方政府主要关注服务,提供部分答案解释英国地方当局职能上的专业化和专家在其政策共同体中的高度自主权。在法国,政府呈现出更为直接和指导性的角色;与英国不同,法国福利国家直接由政府各部管理(例如,教育或者社会福利)或者是由国家组织的合作机构(例如,在社会保障和住宅方面)。每一个体系都有其成本和收益。英国体系以服务的高效、专业和职责分明为傲。但是在方法上,它有些僵硬,并且对中央与地域间政治不够敏感。对照起来,法国体系更为灵活地代表了地方利益。①

北欧地方政府体系表现了一种趋于治理的倾向,因为地方选举当局管理福利国家的大部分。福利政策和体制的改革引起了地方政府的巨大变化。新的议程与政策挑战着地方专业人员和官僚政治的垄断地位。西欧国家的地方政府模式不同,在那些比较集权的传统民族国家,这一观点似乎不是太适用。北欧国家的地方政府倾向于制度化,因为它们交付福利国家的服务;在其他西欧国家,像法国和意大利,中央政府的驻外机构承担了这一职责,尽管地方政府寻求垄断政治代表和有权使用公共资源。

佩奇(Page)和戈登史密斯(Goldsmith)的研究抓住了欧洲地方政府体系性质的许多变量。他们发现一些国家的地方政府拥有很高程度的自由裁量权和广泛的职能,而其他国家则相反。前一类型主要是福利国家政府。这些国家在二战后扩张,那里的地方政府被给予管理福利服务的职责,拥有财

---

① Alistair Cole, Peter John. Local Governance in England and France[M]. New York: Routledge, 2001: 3 - 4.

政和立法的自由裁量权以有效完成这一工作。这些国家包括北欧部分的国家——英国、丹麦、瑞典和挪威,这些国家是佩奇和戈登史密斯选择的例子。在南欧国家则相反:在中央政府一级,地方政治家很强大,但是他们代表的是拥有很小自由裁量权很少职责的市镇。佩奇和戈登史密斯很好地论证了这一事实,他们选择的例子是法国、意大利,部分包括西班牙。

西欧只有几个国家例外,那里的地方政府不提供很多服务。地方政府倾向于提供公共物品,诸如公园,但是在提供私营物品或者福利服务上范围不同。一般来说,如同在关于地方政治的比较文献所预言的那样,北欧的地方政府倾向于提供福利服务,而南欧国家却由地区或者中央政府来提供。不过,尽管这一区别在 20 年前非常明显,向次国家层级政府的职能下放减少了差异。

法国、意大利和西班牙等南欧国家的地方政府比北欧和英国的地方政府承担的职能少。但具体的职能分配差别很大。法国和意大利的地方政府对大多数政府活动的主要领域承担一定的职责。但它们不需要其他公共机关的合作便能提供服务的领域很少;它们参与提供教育、复兴经济甚至管理公共医院。但参与并不等于实际管理这些服务。如意大利和法国地方政府对保健的参与是通过作为公共医院管理委员会的成员实现的。总之,这两个国家的地方政府参与许多服务的提供,但是直接负责提供的少。①

因此,在职能的分配方面,并不令人感到奇怪的是,北欧国家与南欧国家之间有比较明显的差别,除了住房之外,北欧国家的地方政府参与许多从支出费用来衡量重要的公共服务的提供。而在法国和西班牙这些服务则主要由全国性或地区性的组织负责,这些组织虽然同地方政府有某种联系,如法国的市长是地方住房组织和医院的公共管理组织的成员。但地方政府与这些组织是具有明显区别的两种组织。英国地方政府对公共服务提供的贡献比北欧国家小,因为在第二次世界大战之后设立的全国医疗保健机构使

① 董礼胜:《欧盟成员国中央与地方关系比较研究》,中国政法大学出版社 2000 年版,第 39
页。

地方政府失去了对保健的控制。尽管如此,鉴于地方政府具有的职能的范围,英国仍然属于地方政府法律影响比较强的国家之列。① 其实,正如下面将提及的那样,所有的地方政府都根据法律的要求提供某些服务,但是,只有以英国为代表的少数国家贯彻不越权的原则。

最显著的差别是在中间层级,县或省往往负责大规模的现代社会服务,尤其是社会保障和中等教育。这些一般是市镇的资源和能力所难以承担的,如果不是由中间层级来承担,则需要由中央政府直接负责。②

欧洲南部国家的中央与地方关系有助于使中央对地方政府决策细节的干预制度化。这种关系具有两个主要的特点:在详细的干预是建立在地方政府框架内的这类国家之间,区别它们的中央与地方关系的第一个特点与职能分配有关。在欧洲南部,地方政府并不享有提供许多服务的唯一权限。教育是一个有助于说明问题的例子。在斯堪的纳维亚国家和英国,对学校具体管理的许多方面是地方政府的正式职责。而在欧洲南部国家,中央与地方政府对学校的日常管理都起重要的作用。虽然地方在这方面所起作用是次要的,但它对地方政府的财政具有很大的重要性。中央政府负责学校的规划、课程设置、培训教师和支付教师的工资。这给予中央指导学校基建项目种类方面的能力,至少是主导发言权。中央政府的这类指导能力关系到地方政府必须承担的大多数职能。

不仅如此,南部国家中央政府对必须履行的服务的指导能力还使得必须提供的服务和可自行决定的服务的概念在北部和南部国家之间的区别更为显著。在英国和斯堪的纳维亚国家,一向必须提供的服务指全国法律要求地方政府提供的服务。在南部国家地方政府必须履行的职能中,地方可以承担中央政府机构代理人的角色;在法国必须提供的服务也被认为是必须的支出,中央对这类支出的参与程度相当高。虽然这类服务在某些转移

---

① 董礼胜:《欧盟成员国中央与地方关系比较研究》,中国政法大学出版社 2000 年版,第 40 页。

② 董礼胜:《欧盟成员国中央与地方关系比较研究》,中国政法大学出版社 2000 年版,第 38—39 页。

支付方面在英国和斯堪的纳维亚国家也存在(如在英国必须向学生提供的拨款和斯堪的那维亚国家的收入维持政策),但是除了丹麦的社会保障支付之外,这些北欧国家中的大部分主要服务并没有像南部国家的必须提供的服务那样受到中央政府的日常指导和参与。

法国的社会保障制度以机制和管理复杂著称,包括社会福利事业在内的各种制度自成体系,它们之间既有互补,也有重叠。各体制实行独立结算,但出现亏损时则由中央政府补贴。这导致各社会保障制度自行其是,将包袱扔给国家。国家只能通过增加税收或举债补贴社会保障赤字和实现财政平衡。承担社会福利支出的主要还是国家和各级政府部门。

福利国家的形成与危机重塑中央与地方关系。现在,地方政府的决策环境已经急剧改变,如大量移民、环境恶化和人口老龄化,这些直接影响到作为管理者与福利服务提供者的地方公共机构。没有一个国家能够逃脱这些变化带来的压力。不过,压力的强度由于地点和环境的不同而不同。假设治理指的是变化代替了一致性,如果在实践中总是由相同的一套过程驱动,那将令人迷惑。私营部门可能在较大或较小的程度上参与公共决策,这要依地方经济的实力,地方商业组织的政治色彩和中央与地方政府建立公共——私营合作的意愿来决定。

在福利体制改革方面,法国仍面临两难境地。法国的社会保障制度从行业保险发展起来,并有国家干预的传统,因此很难像英美那样对社会服务项目实行私营化和大量削减。按照一些专家的看法:法国应简化和统一社会保障制度,以减少开支,增加效率;取消行业特权,实现社会公正和平等;更新确定国家的职能,减少政府对社会保障的控制和补贴;积极引入市场和竞争机制,加强社会保障收益者的责任心和公民意识。但是,法国也有不少专家强调在社会保障制度改革中保持"法国特色",认为法国社会保障的宗旨是社会团结。

对法国当代地方治理的倡导者和支持者们来说,他们最不能容忍的就是传统公共行政理论内含的政府单中心论,他们极力反对将代表国家权力的政府组织描绘成一个无所不知、无所不能,且充满着父爱主义情结的统治主体。他们认为,凯恩斯主义、国家计划与福利国家政策的实施,把集权的官僚制政府组织推到一个全知全能、控制一切的国家权威上,将它变成社会统治的唯一中心。而这一切带来的不仅是社会、政治、经济危机,而且也使得自由民主的精神、公民社会的发展遭受到前所未有的侵蚀与遏制。

在法国,为改革福利国家而实行经济紧缩政策转变为一个严重的霸权危机。在中央和主要的政治社会势力身上集中了所有的消极影响,由此可以看到他们总体上组织社会发展的能力和至少部分满足社会的需要和解决社会问题的能力如何。危机将破坏他们赢得被统治者积极赞誉的能力。国家统制的政治支配和相对微弱的公民社会自治结构相结合,无力减缓不同层级政府的经济紧缩带来的冲力,无力动员地方精英网络在意识形态和时间上扩散管理,左翼政党与联盟围绕相对激进选项强化动员,导致原有体制乱找替代中央集权之路。

三、后福利国家背景下的法国中央—地方关系——从统治到协调

法国分权政策以国家权力的集中为中心,即,围绕如何将中央政府的权力下放给地方政府来进行。"分工政策的事实,就如同斧头在锤击时一样,我们可以说是一直使用相同的斧头,但是我们缩短了使力的斧柄。"这是所有法国了解分权政策与分工政策耳熟能详的名言。其中的意涵在于,斧头的敲击力量等同于国家管理的效率,而斧柄的长度用来暗示中央政府与地方政府距离上的远近。使力之时,若握在比较远的地方,代表国家将权力下放到地方政府。外观简单的链式等级控制孕育于大革命时期,由拿破仑颁布批准,链条从政府首脑和内政部长伸展到省长和市长,它掩饰了日益复杂的模糊而紧迫的关系网络。但是,法国中央与地方之间"模糊而紧迫的关系"由"双重监督"这一概念合理化了。虽然法国的传统培养了省长权力,但是中央部这一基础结构侵蚀了这一角色。最近的改革加强了省和大区政府的代表选举机构的作用,但是法国中央政府仍然维持了对地方服务的直接指导权威。

中央一直不断地受到压力,要求它转变对地方和大区的政策偏向。正如一位法国学者所概括的:"没有任何其他西方民主国家、将中央权力与地方机关联结在一起的中央与外围的关系在调控政治制度上(能像法国这样)直接而有效。"法国中央权力成功地包容了地方权力。其运作的方式由法律来规范并受到很大程度的调控,如合同制度。① 但如前所述大区基本上是计划和协助机关,具体的执行是在市镇和省,中央政府和地方政府所代表的政治利益主要在省这一级交汇。省的权力的行使既往上、又朝下,不仅通过上述的渠道,而且通过 22 名大区议长所参与的负责全国机关计划的委员会,以及通过与国家就合同进行的谈判。全国计划在很大程度上是通过这些合同来执行的。

从以上法国中央与地方关系改革的内容上看,主要是集中在行政方面。值得注意的是,在"放权"的同时,仍不放弃中央政府对地方政府的监督和控制。

驻外机构按其性质可分为一般权限驻外机构和专门权限驻外机构。一般权限驻外机构是最重要的地方国家行政机关。它们在一定区域内代表国家和包括总理及其他部长在内的中央政府,管理综合性和全面性的国家在地方的事务。一般权限驻外机关主要是指大区长及其附属机构、省长、副省长、市镇长(作为国家公职人员)等。② 驻外机构的作用在很大程度上是为中央的决策做准备,并负责执行。但随着权力下放政策的实施,驻外机构的决策权有所增强。权力下放即指中央机关将某些决策权授予在特定区域内行使这些职能的,并仍在中央主管机关的等级领导下的机构,亦即中央主管机关把某些权力下放给它的驻外机构,使它们有权就地处理某些事务,实地解决某些问题,中央机关只在特殊的情况下才予以干预。1992 年 2 月 6 日法令对权力下放的基本原则,即中央国家行政机关与其驻外机构之间的职

---

① 董礼胜:《欧盟成员国中央与地方关系比较研究》,中国政法大学出版社 2000 年版,第152 页。

② 潘小娟:《法国行政体制》,中国法制出版社 1997 年版,第 58 页。

权划分的基本原则,作了明确规定:"唯有具备全国性或法律规定不能放到地方一级执行的任务,才可由中央机关执行",其他事务均由国家驻外机构负责。1992年7月1日法令对此作了补充。该法令规定,今后中央国家行政机关只在全国起设计、促进、指导和监督作用,国家政策的实施由大区和省在各自辖区范围内负责。除了一般权限的驻外机构外,还有专门权限驻外机构。专门权限驻外机构是中央各部设在地方的分支机构,执行中央各部在地方的公务。它们隶属于不同的部,但接受双重领导:一方面,它们接受所属部的领导和指挥;另一方面,它们接受所在地区的大区长或省长的领导,协助他们工作,在其统一领导下,专司各自业务范围内的职权。

权力下放与地方分权虽然都是以中央国家行政机关的权力转移为主要特征,但两者有着本质的不同。区别主要表现在两个方面:第一,表现在权力的授予机关和被授予机关是否属于同一法人。在权力下放情况下,授权机关与被授权机关隶属于同一法人(国家),而在地方分权情况下,两者分别属于不同的法人。第二,也是最主要的,表现在中央机关与外埠机关之间是否存在着行政等级关系。在权力下放情况下,两者之间存在着直接的行政等级领导关系。这种行政等级领导关系主要表现在上级领导机关可对被领导机关采取三个方面的措施:发布指示,取消决定,以合法性或适当性为由修改已作出的决定。在地方分权情况下,两者之间的关系不是行政等级关系,而是行政监督关系。①

法国的权力下放走过了一条漫长而艰难的道路。法国是一个传统的中央集权制国家,权力过多地集中于中央,这无论在政治上还是技术上都存在许多弊端。因此,法国政府早就有了权力下放的构想,法国1946年宪法在宣布进行旨在使行政机关接近被管理者的改革(第八十九条)的同时,就已经表明了下放行政管理权的意愿。但权力下放行动的进展十分缓慢,阻力重重,直到70年代初期,法国政府进一步采取了有效措施,加大了实施权力下放政策的力度,驻外机构的权力才真正有了较大的增强。最初权力下放

---

① 潘小娟:《法国行政体制》,中国法制出版社1997年版,第59页。

是由中央各部把部分权力直接下放给所属的驻外机构,后来为了便于各驻
外机构活动的协调一致,规定各部的权力不能直接下放给各地的分支机构,
而必须先下放给一般权限驻外机构,再由后者分配到专门权限的驻外机构。
这实际上进一步增强了国家的代表——大区长和省长的权力。

　　1982—1983 年法国社会党政府雄心勃勃的地方分权改革是法国型地方
治理的催化剂。社会党内政部长德弗雷(Derrerre)声称,"分权将会结束一
个世纪的中央集权",其他人则强调了连续性成分。1982 年法认可了 20 世
纪 60 年代晚期渐进的发展步伐。省的监护权在 1970 年已经变缓和了。虽
然监控体系仍允许他们干预省市议会的决议,但是实际上,省长对于他们认
为不明智的地方决策几乎不能阻止。在 70 年代期间,地方主义立场在思想
上已经胜利了。这一时期的报告支持更多的地方分权,巴尔政府 1978 年的
绿皮书也是这样的观点。精英阶层一致支持改革,尽管在内政部和参议会
还有高级公务员中一直存在强烈的反对者。

　　1982 年的地方分权改革非常复杂。在众多的法律和政令中,最突出的
决策是关于创建直接选举的大区当局,将其作为独立的次国家政府层级;把
执行权威从省长转给省议会主席;市镇和省议会有权设置自己的预算,不再
需要省长预先监督;将一些职员从省和部的驻外机构转到省议会。但是,地
方分权改革没有改变法国地方政府的基础结构,这保留了一个高度分裂的
体系。决策责任自此以后在三个层级的次国家级政府,还有一系列特别机
构和市镇联合机构中间划分。在英国,对地方政府没有进行彻底的结构改
革,改革是一个渐进的过程。新的结构被加到现存制度之上,总体上对于区
域体系没有进行根本的大检修。与英国正在发生的变化形成对照的是,
1982 年法国改革给公共机构的蛋糕又增加了一层。

　　地方分权赋予省议会新的职能,但是当局都不是新机构。作为主要的
次国家层级政府机构,省象征整个法国理性的、等级行政管理的一体化。改
革前,省议会的预算和议程都是由省长控制的。省看来是分权改革的胜利
者,它们被给予比大区大的预算、更多职员和更多提供服务的职责。尽管强
大的利益保护已经经过省实行了,但是大区未经实验与考验。确实,中央政

府更喜欢与恭顺的省打交道,而不是可能与之争夺权威的强大的大区打交道。分权改革之后,省议会接收了从前省的公务员,也从来自中央政府的慷慨财政转移支付中获益。省能够依赖有经验的官僚,而大区不得不自己试验和革新。

法国地方治理的主要特征是较大的机构分裂。1982 年的地方分权改革为已是多层的体制蛋糕又增加了一层,大大增加了体制分裂和体系的复杂性。地方参与者数量远较以前要多。政策参与者的增加已经模糊了职责,削弱了政治责任。关于中央和次国家层级政府单位之间和众多地方当局本身之间的决策和行政任务的划分仍然混乱,尽管将主要的职责领域下放了,但是法律没有清楚规定哪一机构对哪一活动负责。1983 年关于职责划分仍很笼统。它将明确的权能范围归到每一类型的地方当局。这些领域是最好在特定层级政府实施的服务。22 个大区被给予重要的经济计划、基础设施发展、交通和中学教育等重要职责。96 个省从政府承担社会事务和小学后的初级教育(不包括课程和职员)职责。市镇获得了城市发展、对计划许可的决定、土地利用和管理初级教育的职能。

实际上,这一有序划分证明是不可能履行的。不同的次国家层级政府地域权限重叠,权能划分松散。它们之间没有正式的等级体系。理论上,没有一个地方当局能够将其意志强加给其他任何层级政府,或者阻止一个与己对抗的地方当局采纳其权能范围内的政策。即使在职责清楚的时候,它们也不受尊重。市镇、省和大区公开相互竞争和采取对其选民有吸引力的政策。有野心的市长已经决心显示其治理可能影响本市整个政策领域。相同的政治需要也应用于省议会和大区议会主席。有条理的职责划分在这方面毫无意义。

法国地方和大区当局被卷入一系列的合作中,包括了所有类型和范围。在法国也有私人部门参与公共当局的许多新形式,这些安排在经济和城市发展中特别明显(一种混合经济社会形式)。但是,公私合作在英国更普遍。公共部门的合作是法国风格的地方治理的既定特征。公共部门的合作是在一个内在不稳定的环境下重建政策连贯性的一种手段。面临对地方控制削弱的事实,在试图提高政策连贯性和协调中,中央政府已经强制公共部门合作。例如,五年一次的政府—大区契约,在广泛的政策领域决定公共部门合作者的权利、职责和财政分担额。政府—大区契约详细略述了成百项明确的创议,许多越过大区而将省议会和城市范围的机构如市区或社区纳入其中。

不管是否支持这一解释,没有人否认一个性质上的转变已经发生。20世纪80年代以前,没有必要列出详细的契约关系,因为中央和地方之间的权力关系是"完全是一种方式"。地方分权后,这种情形改变了。地方当局现在被授予强有力的资源和明确的法定决策职责。因为它们能够拒绝合作和契约,中央和地方之间产生了真正的讨价还价。

随着地方当局发展决策权威,新的政策参与者也出现在地方;这在地方经济发展和相关领域更是这样。省长和显要人物之间狭隘的"政治—行政"联盟已经被更为广泛的涉及经济利益、志愿协会代表和地方压力团体的联盟所取代。在次国家层级政府,协商和讨价还价发生在一个更为网络化的治理类型中。这是一个根本的变化。20世纪50年代,政府支配着政策议程。它在住宅、道路、学校等领域,强制采纳同样的解决办法并且垄断资源。在90年代,流行一个妥协式的政策类型;政府制定方针,邀请其他合作者——商业,协会,地方当局——合作取得共同确立的目标。这些目标在政府—大区计划和其他类型的城市政策项目中界定下来,如城市契约。政策协调问题被视为中央政府的主要问题。

可以认为政府的退位意味着它变为地方政治中的一个不太重要的参与者。不过,权力的地方分权不必然是这样的结果。地方分权改革突出了嵌入微小的区域认同和更有效的服务提供双重目标的明显矛盾。市镇仍然是地方认同的中心。当政府不能继续它在20世纪50年代到70年代期间的相同战略时,它可以发展其他措施来获得它的目标。目标领域之一就是经济的微观管理,尤其是通过减税而刺激生产和投资的主动权,如提高劳动力市场的效率。这些政策可能涉及较高指标和集权工具,如特别资金项目或者新一级官僚机构。政府在其他政策部门彻底改造而不是隐退它承担的角色;它成为网络中的一个参与者和更为重要的合作者。政府重构影响了权力的平衡。但不是通过明显的方式。它藏身幕后,实际上则充当公共活动和法律规定的协调人。虽然多元化的参与者已经愈来愈多,政府的这个角色并没有消失。

中央政府的政策已经急剧变化。政府已经撤除它们对地方政府的直接控制,这不管是在中央政府处于支配地位的法国体系,或者更由地方规划决定的英国体系,都是这样。法国80年代的改革解放了中央政府对地方计划决策细节的控制。

更常见的是,政府职能的地方分权和大区政府(通常拥有自己的计划权力)的形成,已经重组了多数西欧国家的计划体系。共同的规定已经浮现,即使国家之间的区别仍然很突出。对于企业家式的政治领导人来说,很容易建立发展的联合来吸引资金,因为对于公—私创新的限制很少。中央政府不干涉私营机构去冒险,允许地方政治领导为公共和私营部门陈情争取资源。企业式城市已经出现,那里地方精英寻求与中央部门的精英竞争资源、人口和投资。①

省与市两类地方政治区域,具有两种性质。第一,这种地方政治区域,原由中央政府划分设置,目的在于承担中央政府对各地方的行政职能,所以虽然分驻各区域中,仍然只是中央政府的代理人。第二,这种地方政治区域,虽为中央政府的行政区域,但从另一角度观察,每一区域(郡区两级政府除外)又有地方政府及其职员执行行政,有地方议会制定地方规则,并且拥有自己的预算。所以在法国地方,中央政府给予其自主的政治权力,性质上属于自治。因而,法国的省与市,一方面为中央政府的行政区域,另一方面又为各该地方政府的自治区域。也就是说,法国地方政府兼有两种资格,一为中央行政区域,二为地方自治区域。

法国地方政府的重要政治地位,来自于其既是地方政府,又是中央政府

① Peter John. Local Governance in Western Europe[M]. London:Sage Publications Ltd,2001:27.

的代理人的双重性,这一双重性在制度上的体现是中央政府兼任地方政府行政长官或者地方议会成员上。但是地方政府的政治地位的重要性不是建立在强大的地方政府或者说是地方自治的基础上。从某种意义上说,其在国家政治生活中的重要政治地位,也暗示着作为地方政府的实质上的弱小。1982 年的地方政府改革废除中央政府的政治代表——省长——对地方政府的监护,加强了地方政府的自主性,地方政府不再把中央事务放在第一位,这或许会降低其地位,但是,由于没有废除中央与地方政府官员职位的兼任,所以在一定程度上保持了其政治重要性。另外,地方政府承担职能的增加,也会使中央越来越重视地方政府。1982 年地方分权改革只是将省的中央代理人身份和省的地方行政长官身份一分为二,并未取消省的中央代理人身份,而且又赋予大区长类似于前省长拥有的权力,这增加了法国体系的复杂性,并影响了这次改革的作用。因此,重要的问题是行政控制制度总的性质,而不是是否存在省长式的人物。而且,"依靠与巴黎的关系以及政务官可兼任事务官的制度,大城市当地的很多政治家已经在省长周围获得了足够的行动空间,因此很多政治家同时担任地方和中央的多个职务。尽管很多小的社区在这项法律中获得了新的权力,但是它们大多数仍然依赖地方专员来获得行政支持。此外,越来越多的地方政治家自己本身已经是公务员,其中包括 52% 的市长。尽管对这项改革下结论还言之过早,但是极有可能的情况是,地方的很多权力仍然掌握在以前为省长服务,现在任职于地方委员会的公务员手中。改革并未包括这样的条款,即让地方政府吸收更多的人参与其中。就此而言,它距离自主管理的目标仍然很遥远"①。因为,地方自治不仅仅事关地方政府本身与中央政府的关系,同时还涉及地方政府与地方居民的关系,即地方居民在地方政府的产生与运作中是否发挥、如何发挥以及发挥多大的作用。

　　以上两种监督形式突出了各国至少到 70 年代为止的中央与地方关系

---

① 彼得·霍尔著,刘骥、刘娟凤、叶静译:《驾驭经济——英国与法国国家干预的政治学》,江苏人民出版社 2008 年版,第 260—261 页。

的传统形式之间的区别。不仅如此,尽管法国、意大利和西班牙发展了大区政府结构,这些形式并没有出现重大的改变。

在法国的地方治理上,有人认为,解决参与者增多引起的"混乱"局面,惟有恢复国家的权威,借此达到制度化的协调。对于地方治理的一套治理理念及其手段的有效性,许多人持怀疑态度。继 80 年代的地方分权改革之后,法国在 2010 年 12 月颁布《地方政府改革法》,确立了市镇联合体改革的一揽子方案。上官莉娜教授指出,市镇联合体是法国地方治理中独特的组织结构形式,它引入了联邦制国家的一些治理理念和原则,较好地处理了联合体与成员市镇之间的权力和职责分配问题,克服了高密度市镇设置造成的地方治理破碎化。市镇联合体面临着委托政治合法性危机,其财政压力日显,与成员市镇的关系受到考验。① 法国 2010 年《地方政府改革法》展现出具有中央集权传统的单一制国家地方行政发展的可能路径与未来空间。

---

① 上官莉娜:法国市镇联合体:现状、困境及出路[EB/OL]. "西方政治制度发展史:议题、动力与逻辑"学术研讨会上的主题发言,2014 年 5 月 31 日在复旦大学国际关系与公共事务学院召开。来自 http://www.sirpa.fudan.cn/s/56/t/134/0c/33/info68659.htm.

第四章　后福利国家背景下日本的中央与地方关系

　　日本的社会保障制度从明治维新时期起步,但当时国家对于社会事业设施没有明确的责任,在其设置和运营上,不是由国家或公共团体负担费用,而是依靠民间慈善家的捐款。因此,战前日本社会事业的设施种类和数量非常有限。严格来讲,日本社会保障制度确立于第二次世界大战以后。二战后,日本宪法第 25 条明确了国家提高和增进社会福利的责任。此后,日本社会福利的立法日趋完善,社会福利设施不断扩充。1945—1961 年是日本社会保障制度的形成和确立时期,也是日本模式的社会福利制度形成的重要时期。1972 年,日本政府发行的《经济白皮书》冠以"建设新的福利社会"的标题,对外宣布日本进入了"福利元年",日本建成福利国家。

　　日本的中央与地方关系兼具英国、法国以及德国模式的特点。在日本,既有强大的地方自治,亦有中央的有力集权。中央集权的主要体现是机关委任事务和地方事务官制度。在地方治理上,日本亦注意发挥社会组织的作用。在福利国家的扩张中,政府活动范围越来越大,中央政府不能独自承担日益增加的负担,日本的中央官僚期望地方当局忠诚执行国家优先选择的政策,地方政府的活动变为国家政策的一个重要部分,授权给地方政府是不可避免的。日本在 1999 年颁布一揽子地方分权方案中,废除机关委任事务,使得地方自治性质发生极大的变化,可以说开始从根本上改变日本的中央与地方关系。在日本,地方治理也呈现出多中心趋势。日本福利国家模式独具特色,日本独特的政治发展历史赋予日本独特的中央与地方关系模式,日本地方分权改革中也呈现出日本的特点。日本中央与地方关系的改革思维既重视借鉴域外经验,又重视与本国国情相适应,这是日本中央与地方关系趋于完善的重要原因之一。

第一节　日本地方政府的变迁:历史的连续与断裂

在日本,地方自治体在法律上称为"地方公共团体",地方公共团体分为普通地方公共团体和特别地方公共团体两大类。地方公共团体中特别地方公共团体的数量极少,绝大多数是普通地方公共团体。普通地方公共团体有都、道、府、县和市、町、村两大类 7 种。都道府县是一种地域较为广阔的地方公共团体。现在,全日本有 1 都(东京都)、1 道(北海道)、2 府(大阪和京都府)、43 个县、655 个市、2001 个町、589 个村。都、道、府、县的名称因历史沿革而成,四者的地位本质上没有区别。市町村是基层性的地方公共团体,在法律地位上和都道府县之间是平等的,没有隶属关系。但是,因为都道府县包含了市町村,所以府县的行政地位实际上要高于市町村。在职能分工方面,都道府县担负涉及广阔地域范围的自治事务,而市町村则担负本地区与居民生活密切相关的事务。市町村之间除了人口数量等指标有所不同外,没有本质上的区别。

一、明治时期的改革

根据政体书的规定,1868 年明治政府改幕藩体制为府藩县三治之制。全国分为 9 府 20 县 273 藩。这一阶段的地方行政机构是为了幕藩体制的转变而采取的过渡性措施。为确保中央政府的财政收入,伴随兵制改革,1872年又以诏令形式废藩置县,实行注重内政统一的府县二治之制。全国设东京、大阪、京都3府,余为72县。府知事和县令由中央政府任免。当然,明治4年的府县制也还是一个不稳定的机构,只不过是延至明治23年(1891年)府县制的一个阶梯而已,但它是决定以后中间团体应有状态的重要措施。府县的主要职能是:(1)监督府县以下地方机关的户籍等事务;(2)县内的诉讼、治安、法务、征税;(3)向大藏省纳税等。这一时期,市町村一级的制度也是不稳定的。基于这种情况,府县一级的权限、规模也是不稳定的。府县一级的政治行政应做什么,如何去做,对此好像还没完全把握住。①

明治维新之后确立的国家主义的天皇制政权,以强权政治推动日本社会从封建体制向资本主义体制过渡。在新旧体制急剧变革的时期,受到最大冲击的是农民。丧失土地的农民蜂拥入城,很快形成了城市中的下层社会,城市贫困问题日益突出。同时,农村的土地掠夺引起农民的反抗,农民运动连绵不断。明治政府在1874年(明治7年)颁布的《恤救规则》,就是在新旧社会制度交替之中出现的一种社会救济政策。《恤救规则》效法英国的《济贫法》,但是却运用东方的思维方式解释《济贫法》的理念,并以此为原则,制定了《恤救规则》的各项内容。《恤救规则》强调贫民救济的基本原则应该基于国民之间的互助精神。但是,作为国家和政府,对于那些生活极端困难的鳏寡者,70岁以上和15岁以下的残疾者等给予救济,明确了国家对救贫的责任。日本学者认为,《恤救规则》颁布的主要目的并不是为了解决贫困问题,而是政府试图通过救济的形式,对流动人口进行控制。同时通过确立户籍制度,形成以家庭为单位的基层社会组织形式和社会控制形式。有些学者还指出,《恤救规则》规定的救济对象过于狭窄,救济水准过低,与英国的《济贫法》相比尚存在很大的距离。因此,此时日本的社会福利制度对于国家职责的影响还非常小,在中央与地方关系中的作用尚未明显体现。

谈到日本的地方自治,作为比较的对象,首先是对明治地方自治制度产

① 村松歧夫著、孙新译:《地方自治》,经济日报出版社1989年版,第55页。

生重要影响的普鲁士德国、法国的地方制度和战后通过占领改革给日本以影响的美利坚合众国的地方制度。1867 年日本内外交困，德川幕府的统治走向终结，"权威回到了皇帝手中"。在明治维新时期，日本地方政府体系改革引进了当时在德国盛行的地方政府体系。选择德国模式是很自然的，因为两个国家都是在经过了长期的封建时期、在 19 世纪 80 年代成为民族国家的。日本政治家被普鲁士贵族化的军事和官僚传统这些与日本相近的方面所吸引。19 世纪 70 年代，内务省内务卿大久保利通和宪法委员会主席选任普鲁士人莫塞为顾问。改革结果是三新法的颁布。1878 年 7 月制定《郡区町村编成法》、《府县令规则》和《地方税规则》，合称"三新法"，确立起日本近代统一的地方制度。

此时，中央政府已经规定了一套统一的省级政府、城市和其他地方政府体制，随着人口和其他条件只有很小的变化。明治维新将日本统一成为一个国家，集中了行政管理，并通过指导村的活动和征用其财产——还有对它们的合并，而在村中的事务中维持了国家的职责。采邑被废除，全国分为 3 府 302 个县，每一个县都有中央任命的地方长官任首领。到 1890 年为止，省级政府(府县)减少到 46 个，这一数字至今未变。在对地方统治的再发展和集权化中，内务省(建于 1873 年)担任了一个支配性的角色。

围绕着先制定宪法还是先制定地方自治制度，日本政府内存在不同见解。市制、町村制案于 1888 年 4 月通过，府县制和郡制案于 1890 年通过，即前者在宪法制定前通过，后者在宪法制定后通过。而 1889 通过的明治宪法对地方自治制度未作任何规定：根据通过的市制、町村制，市町村是基层的地方公共团体。市包含在府县之中，町村包含在郡及府县之中；市受府县知事及内务大臣的监督，町村除前者外，还受郡长的监督。① 1889 年后，市町村拥有相当大的自治权。一般来说，町村通过选举产生首长和议员。拥有选举资格的公民首先选举产生町村议员，然后通过议会间接选举产生町村长。与此相比，市在某种程度上受中央的控制。市议员的选举与町村相同。

① 许崇德：《各国地方制度》，中国检察出版社 1993 年版，第 141 页。

市长是由内务大臣从市议会选出的三名候选人当中任命的。近代日本行政机构正式承认市、町、村的地方行政。但是，地方议会的议程仅限于预算和税收；行政长官支配整个决策过程。不过市町村拥有巨大的共同体责任。地方政府的权限和机能在以后几十年可以说是稳定的。在 1873 年，府县的司法机能归于裁判所，纯化了府县的"行政"机能。而且，市町与市民直接接触，直接在第一线活动，户籍事务划归市町村，由府县实施监督。这种分工的影响一直持续至第二次世界大战后。也许是考虑到与这种府县规模、机能和权限相对应，1890 年，通过国家奖励政策，把市町村从 71498 个（1870 年时），合并为 15859 个。

日本历经 20 年试验所建立的中央—地方政府体系在几个方面趋于中央集权。因为县的任务是连接中央政府和地方机构，国家机能的所有中继点都在府县，所以，县知事是任命的，任免权在内务大臣手中。关键是任命知事的法制是建立在帝国议会都难以参与的敕令（大日本帝国宪法第 10 条）的基础之上。这意味着府县知事的身份是国家官员，府县制度为地方官官制，而不是地方自治。其意图在于极力缩小政党，特别是抵抗、反对政府的运动对"行政"的影响。由于中央不信任地方，知事的独立行动受到了牵制。

通过知事的任命，内政部控制了中间层级政府；而他们反过来控制了自治市镇。内政部长、知事和市长因此形成了一个行政等级体系。除了自身的事务（除了大城市以外，至多是民事登记和学校管理之类的事务）以外，地方政府在机关委任事务的法律框架内执行中央的职责。在机关委任事务的实践中，市长在法律上作为县知事和中央部长的代理人而工作。在相当集权的日本体系下，地方和中央政府一起贯彻公共政策。市长在地方议会选出；议会的成员由公众选出，尽管选举权限于那些缴纳一定数量税的纳税人。政党逐渐动员起居民，利用地方议会强化地方民主，向中央表达地方利益。在 20 世纪 20 年代，地方分权有了进步，如投票权扩大至所有的成年男子，废除郡政府以放松中央对自治市的控制。不过，战时动员完全使整个国家重新集权起来。① 明治时期从德国引进的地方政府体系如此剧烈地改变了封建社会时期的制度,以至于一个著名的法理学家曾经写道,日本的地方机构没有自己的历史了。这一评价未充分认识到传统的连续性。不过,有的学者认为,日本历史上引入并加以创新的中国制度对日本制度的发展要强于后来 19 世纪至 20 世纪改革的影响。

1911 年日本废止了旧的市制和町村制,制定了新的市制町村制。主要的修改是:(1)明确了市町村的法人人格;(2)市的行政机关为独任制的市长;(3)市町村会议员任期与府县相同(4 年),到期全部改选等。以后又经 1921 年、1926 年、1929 年三次修改,进一步扩大了市町的自治权。府县制经 1899 年、1914 年、1922 年、1926 年及 1929 年五次修改,进一步扩大了府县的自治权。1923 年 4 月 1 日内阁提出的郡制废止案被通过,1890 年以来实行的郡制到此结束。其事务或上交府县或下交市町村。②

村松歧夫将上述战前中央地方关系归纳为:(1)府县是国家的代理人。在地方,知事是作为国家的代表而存在的。市町村是作为反映地方意志的代表而存在的。(2)虽说是府县行政体制,但是在政治活跃时期,要受政治影响。只是这种政治活动的影响,最终要受制度制约。特定时期活跃起来的政治慢慢退缩,随着战争的扩大,知事的权力支配了地方。(3)在近代化进程中所产生的中央官僚制在道义上的优势,提高了中央官僚制和知事所构成的行政结构的影响力。实现近代化这一国家目标和天皇的权威,掌握在国家和官僚的手里。道义上的优势将随着近代化的实现而衰败下去。③现实中,党派势力渗入地方行政,行政比制度上所反映的要复杂。

综观日本近代地方自治制度,从中央与地方关系的角度来看,主要有以下特点:地方自治程度低,中央集权程度高。主要表现有:(1)官吏主要由中央政府选任而非由地方居民选举产生,如根据 1871 年废藩置县的决定,府

---

① Michio Muramatsu(ed). Local Government Development in Post-war Japan[M]. Oxford University Press,2001:4.
② 许崇德:《各国地方制度》,中国检察出版社 1993 年版,第 141 页。
③ 村松歧夫著、孙新译:《地方自治》,经济日报出版社 1989 年版,第 58 页。

知事和县令由中央政府任免；根据 1878 年的郡区町村编成法，郡长及町村户长均由官选；根据 1888 年的市制，市长由内务大臣从市议会推选的 3 名候选人中提请上奏裁定等。(2)地方公共团体仅有权处理非权力性的公共事务。(3)中央政府可以直接干预地方的事务。如根据 1888 年制定的市制町村制。内务大臣和府县知事有权监督市的事务；内务大臣、府县知事及郡长有权监督町村的事务；市町村的某些事务须征得内务大臣的许可。某些事务须征得内务大臣和大藏大臣的许可；内务大臣对府县的预决算有权削减，府县的某些事务须征得内务大臣和大藏大臣的许可等。(4)府县知事的主要身份是国家官吏。①

　　从 20 世纪 20 年代前后，随着垄断资本主义的发展，传统的农村社会开始逐渐解体，农村吸收剩余劳动力的功能遭到破坏，流入城市寻找生路的农民试图重新返回农村，恢复田园生活已经变得越来越困难。失业人口的剧增和农村经济结构变动带来的贫困问题使日本社会再一次出现剧烈动荡和不安。面对上述局面，1927 年日本政府在内务省社会局设置社会事业调查会，将其确定为内务大臣的咨询机构，探索解决上述社会矛盾的出路。这一时期，出现了一大批研究贫困问题的社会调查报告。调查会在进行大量实地贫困调查的基础上，开始酝酿制定新的社会救贫法以解决垄断资本主义发展带来的社会危机。1929 年，调查会制定的《救护法》草案提交议会并获得通过。这项法律规定，《救护法》"以丧失劳动能力的贫困者为对象"，在近代历史上第一次明确地提出了救济贫困者是国家责任的观点。该法所提供的救济以设施救济为主，设置养老院、孤儿院、医院等予以收容。救济费用以基层政府市町村负担为主，都道府县和国库适当补贴为基本原则。救济设施所需要的设备费用，国库承担 1/2，救济设施的日常运营费用，国库负担 1/4。《救护法》中所规定的国家财政对救济设施给予补助的原则以及对救济设施进行分类的方法，对此后日本社会保障制度的建设发展产生了重大的影响。关于《救护法》的意义，有的日本学者评价说，作为国家的一项救

① 许崇德:《各国地方制度》，中国检察出版社 1993 年版，第 142 页。

贫制度,《救护法》与《恤救规则》相比,具有诸多近代化的意义。(1)明确了市町村基层政权为具体承担社会救护的行政机构。在最基层确立辅助政府进行贫困调查访问的"方面委员"制度。方面委员从居民中推选,主要任务是负责贫困调查并起到上情下达的作用。(2)救济对象和救济种类扩大,包括医疗、生育和小本生意救助等。(3)以设施救济为主,具有稳定性。(4)明确政府对救济设施提供财政补贴的责任等。这些特点表明,《救护法》时代的政策已经具有以政府为主体的公共救助的意义。尽管它还不能表明社会保障制度中社会救助制度的形成,但是它起到了向现代意义上的社会保障制度过渡的桥梁作用。[1] 但是,这项法律并没有随即实施,原因之一是国内垄断资本家的极力反对,因为它涉及雇主对雇员的劳动保障问题。另一个原因是日本政府为了扩大对外殖民地的扩张,于1931年发动了九一八事变,日本国内进入战时备战状态,导致财政紧缩,没有足够的财源保证这项法律的实施。

随着近代国家的形成和资本主义在日本的发展,各个企业内部的劳资关系日趋紧张,劳工运动的兴起和工会组织的发展,使政府和资本家不得不付出更多的精力和时间来解决劳工问题。社会保险作为瓦解劳工运动的一项怀柔政策,在这个时期开始受到重视。这一时期出台的比较有代表性的保险制度,有20世纪20年代实施的《健康保险法》,30年代的《国民健康保险法》,40年代的《劳动者年金保险法》等。显然,日本政府在社会福利的发展中发挥的作用越来越大,承担的职责日益增加。

二、二战后美军占领日本时期日本地方自治制度的改革及修正

在第二次世界大战之前,地方政府基本法规定府县、市町村处理他们自己的公共事务时,必须服从宪法和法令,并处在中央政府的监督之下。机关委任事务一般来说是强制性的职责,地方政府只能作为中央政府的代理人

---

① 沈洁:《日本社会保障制度的发展》,中国劳动社会保障出版社2004年版,第7页。

行使权力,许多职责特地授予行政长官。至于所谓的适当(自治)的职责,范围很狭窄,干预和监督很广泛。中央控制程度和对府县的依赖进一步强化了行政长官的权力。1889 年的明治宪法对地方自治制度未作规定,所以,1945 年美国占领日本时遇到的是最为集权的形式。

在二战后美军占领期中,日本帝国会议在 1946 年 9 月,也就是仅仅在正式通过新宪法前几周,通过了对地方政府法的第一次修订。新法律规定所有的地方行政长官都直接选出,包括仍然作为国家官员的府县知事,他们整个活动范围,服从中央的指导。议会对行政长官的权力得到加强,选举权扩大;委任独立的委员会管理选举和地方行政事务。

1947 年的日本宪法设专章(第 8 章)对地方自治制度作了原则规定。这是日本地方自治制度的基本法律基础。日本宪法规定,"关于地方公共团体的组织及运营事项,根据地方自治的宗旨由法律规定之"(第 92 条)。宪法还明确了地方自治体实行民主的原则,"地方公共团体根据法律规定设置议会为其议事机关"(第 93 条)。"地方公共团体的长官、议会议员以及法律规定的其他官吏,由该地方公共团体的居民直接选举之"(第 94 条)。宪法还规定,"地方公共团体有管理财产、处理事务以及执行行政的权能,得在法律范围内制定条例"(第 95 条)。这些权能广泛涉及除司法权以外的自治立法权和自治行政权。为了保障地方自治体的自治权能,宪法还对国家有关地方事务的立法权力作了一定的限制,规定"仅适用于某一地方公共团体的特别法,根据法律规定,非经该地方公共团体居民投票半数以上同意,国会不得制定"。

战后日本地方自治制度的另一个法律基础是 1947 年制定的《地方自治法》。该法对日本地方自治体的结构类型和相互关系等做出规定,规定都、道、府、县和市、町、村同为地方自治体,分别享有自治权利,相互之间没有隶属关系。这部法律的主要特色是:(1)在确立东京都制、道府县制、市町村制的同时,规定了地方官官制,成为地方自治的基本法。(2)把都道府县知事及在都道府县设置的官吏改为公吏(地方公务员),把都道府县视为与市町村完全相同的自治团体。(3)废止了内务大臣一般监督权。(4)在强化议会调查权、意见陈述权等权限的同时,设置委员会制度,废止了历来作为副议决机关的府县参事会、市参事会等。①

日本国会根据宪法确定的原则,陆续制定了以地方自治法为首的一系列有关地方自治制度的法律。除《日本国宪法》和《地方自治法》外,在日本的《公职人员选举法》、《地方公务员法》、《地方税法》、《警察法》、《地方公营企业法》等法律中也有一些有关地方自治制度的规定。上述法律构成了战后日本地方自治制度的基本法律框架,形成了日本富有特色的地方自治制度。

在制定日本国宪法和地方自治法的过程中,首要问题是知事公选化和中央政府的意图如何在地方贯彻。知事的身份是日本中央地方关系的核心问题,也提到议事日程上来了。在昭和22年的修改章程中,把公选的知事身份定为"官吏"。因为是官吏,所以能确保服从中央的命令。但战后第一次国会在审议该章程的时进行了修正,加上附带决议,规定官吏身份至昭和23年3月。因此,问题转移到了中央是否有向地方贯彻自己意图的途径上。因该问题搁浅的第一次地方制度调查会(1947年设置)审议一时难以进展。

占领时期的改革在日本引进了美国民主因素。第一,知事和市长都将由公选产生,这使得知事和市长完全成为自治主体。基于人民直接选举和最近授权给地方议会或立法机构,构成了市长和知事的一种双重代表体系。第二,废除了内政部。第三,采纳了许多直接民主方法,如投票罢免权和公民的创制权。② 内务省官僚担忧地方分权会引起"效率低",但也深知"民主化"是不可阻挡的。"效率与民主化"的协调这一昭和20年由行政学者提出的政治学课题,已在这一阶段拟定出来了。答案在于利用机关委任事务形式,把战前对公吏市町村长的机关委任也扩大至府县知事,这就成为向公吏贯彻国家意图的方法。这一结论得以成立时,与占领军最高司令部交涉的

---

① 许崇德:《各国地方制度》,中国检察出版社1993年版,第143页。

② Michio Muramatsu(ed). Local Government Development in Post-war Japan[M]. Oxford University Press,2001:4.

日本方面也就安下心来了。第一次地方制度调查会也完成了答辩。结果，作为战前府县知事任务的各种事项，在现代地方自治法第二条中，作为"内部的行政事务"，与固有事务、委任事务并列被附加进去了。而且在第二条中附加了附款，依据法律对地方公共团体首长的机关委任可以自由进行。①在20世纪50年代中期，日本的地方政府制度趋于稳定。除了机关委任事务以外，战前混合模式的几个特征保留了下来。

通过这种方式，日本明显混合了战前混合主义模式和美国的分离主义模式。不管试图将这一体系拉往何处，这一模式的基本特征保持未变。大体上说，政府间体系继续以强大的中央集权原理为特征，这有益于政治领导人在20世纪70年代早期赶超现代化的需要。通过一个中央政府居首位的政府间关系的等级体制，现代化的目标最容易达到。薄贵利在《集权分权与国家兴衰》一书中的研究也揭示了这个规律。

可见，战后初期形成的地方自治制度没有排除中央对地方的控制和干预，日本统治集团为了避免将中央政府的行政权力大幅度地转移到由选民直接选举产生的地方自治体首长手中，在地方自治制度中设立了机关委任事务制度。机关委任事务中的"机关"指的是日本中央政府行政机关，所谓机关委任事务指的是以法令的形式委任地方自治体首长执行本属于中央政府行政机关权限范围的事务。机关委任事务制度规定，当地方首长执行机关委任事务时，其法律地位相当于隶属于中央政府行政机关（主管大臣）的下级行政机关。在这一体系下，中央政府的主要项目委托给县和市的首长执行，原则上，中央政府可以撤除其职务，如果他们不服从的话。这一制度的设立，既保证了中央政府对大量行政事务的控制权，同时又可以根据需要让地方自治体实际承担具体的工作。

与机关委任事务制度相配套的有"必置管制"和"地方事务官"制度。所谓"必置管制"，指的是根据法律、法令、省（即中央行政机关）令、通知等，地方自治体有义务设置某种行政机关、设施或者职位。例如，根据《保健法》

---

① 村松歧夫著、孙新译：《地方自治》，经济日报出版社1989年版，第21—22页。

的规定,都道府县以及特定的市有义务设置保健所。日本的公务员制度将公务员分为国家公务员和地方公务员两类,前者由中央政府机关任用和管理,后者由地方自治体任用和管理。所谓"地方事务官"制度指的是都道府县的行政机构中必须接纳一定数量的国家公务员。他们在地方自治体中从事机关委任事务,其工作虽然受地方自治体首长的监督,但是因为身份是国家公务员,所以人事上归中央行政机关主管大臣管理。必置管制和地方事务官制度的主要功能在于保证中央政府机关的委任事务在地方自治体得到切实的执行。①

通过机关委任事务这一附款,日本战前与战后的中央集权体制保持连续。"这种战前与战后的连续性,在赤木看来,从日本国宪法中采用机关委任的形式时,就已经在新宪法体制中被固定化了。昭和 26 年,随着签订和约提到议事日程,开始修正政治轨道,通过'逆行路线',加强了这种战前和战后的连续性。"②

历来的理论认为,日本的地方自治,尽管在宪法中有明文规定并受宪法保护,但是内容很空洞。日本不存在欧美式的地方自治。很多学者认为,其原因在于机关委任事务的增加这种法律结构。同时强调,更重要的是中央使用补助金这种手段,对财政控制的能力太强⋯⋯三分自治这种说法也是注重财政方面的表现。③ "三分自治"原意是,当时地方税占整个国家税收的比重约为三成。虽然在此后的地方分权改革中,这一比重已经上升至四成,但"三分自治"的概念保留下来了。岁入岁出的缺口和中央向地方财政转移的规模过于庞大,是战后日本地方制度的另一个重要特点。中央省厅和有关部门认为,需要由中央来控制财政的理由是地方政府效率低,行政管理不当。而且有的认为,地方政府方面依赖性也太大,坐待中央省厅的领导。在中央领导与地方依赖相互交合的关系中,地方总是处于从属地位。

① 吴寄南:《新世纪日本的行政改革》,时事出版社 2003 年版,第 206—207 页。
② 村松歧夫著、孙新译:《地方自治》,经济日报出版社 1989 年版,第 22 页。
③ 村松歧夫著、孙新译:《地方自治》,经济日报出版社 1989 年版,第 25 页。

这样看来,日本似乎不存在欧美式的地方自治。不过,关于日本地方政府的民主程度、职责情况以及地方领导人是否为地方共同体谋利益,本尼迪克特曾经认为,日本政府十分注意承认国民意志的"适得其所"。在合法的公众舆论领域,即使是为了国民自身的利益,日本政府还是努力恳求人民同意,这样说绝非过分。比如,负责振兴农业的官员在改良旧式农耕法时,恰如美国爱荷华州的同行们一样很少使用权力来硬性推广。在鼓励建立由国家担保的农民信用合作社、农民供销合作社时,政府官员总是要和地方名流多次交谈,并听从他们的决定。地方上的事必须由地方解决。日本人的生活方式是,分别分配适当的权力并规定其行使范围。与西方文化相比,日本人对"上级"更加尊重——从而也给他们以较大的行动自由,但"上级"也必须严守自己的本分。日本人的格言是:"万物各得其所,各安其分"。①

民主化是战后美国提出的主要改革目标,重点在于地方政府自治和限制行政权力。美国使团力劝日本清楚划分政府职能(原则是使行政职责更为清晰),重新在相应的政府机构间分配这些职能,优先考虑市,然后是县,最后是中央政府。然而,很清楚,这将会使日本体系走向分离主义的路线,建议未被实行。而且,直到占领结束时为止,肖普委员会和后来的坎伯委员会,并没有处理财政的问题。到这个时候,占领接近尾声,热情也快消耗完了,并且日本政府不太愿意采取费劲的改革——可能这与日本对于集权准则和税收分配的偏好不一致。确实如占领军预料,缺少充足的税收会削弱强健有力的地方政府。这样,一方面由于美国在处理关键问题如职能和财源的重新分配过迟和魄力不够;另一方面由于日本保守官僚的反对,战后早期试图重新配置这一体系的改革受到阻碍。然而不可否认,地方政府结构的改变仍是根本性的。

在占领时期刚结束后,日本的政治领导人改革了地方政府体系,集中了教育和警察职能。这样做的目的是使新的体系适应日本的土壤。然而,实

---

① 鲁思·本尼迪克特著,吕万和、熊达云、王智新译:《菊与刀——日本文化的类型》,商务印书馆1990年版,第61页。

践表明,日本对混合主义模式和分离主义模式原理的结合利用,在满足民意上相当灵活。保守派逐渐接受了战后的体系。后来,左翼也发现他们可以利用新体系在地方水平上提升他们的政治权力,并将他们的影响扩大到东京。

50 年代初期是日本体制的修正期。战后,日本的中央地方关系中的制度均衡是这时形成的。从这以后,关于行政事务的分配、补助金等各种制度问题的提出,大多限定在个别问题上而且是时发性的。时代进入了一个不是形成制度的时代,而是运用制度的时代。从 50 年代中期开始,日本经济进入高速增长时期。为了加强对国内社会、政治、经济等各方面的控制,日本统治集团对地方自治制度进行了修改,更加注重提高统治的集中程度和效率。较为重要的修订有:规定中央可以对都道府县和市町村、都道府县可以对市町村提出规劝、劝告,或要求其提供资料、采取措施;废止东京 23 个特别区由选民直接选举区长的制度,改由区议会经东京都知事同意后选任;废止地方自治体教育委员的公选制,改为地方自治体首长经地方议会同意后任命,同时规定,都道府县教育负责人的任命,需得到文部大臣的事前承认,市町村教育负责人的任命,需得到都道府县教育委员会的事前承认;废止市町村警察,统一在都道府县设立警察,同时规定,警视以上级别的警察干部为国家公务员,由国家公安委员会和警察厅管理;废止地方财政平衡交付金制度,改行地方缴税制度。① 这样,占领期间的改革某种程度上被战后的“修正”所抵消。

对 1956 年地方自治法“修正”的结果是,知事开始甚至在地方的事务中承担更大的责任。财政部和农业部发展了他们自己的派驻机构,它们的工作与知事的工作相重叠。1960 年,授予地方自治机构以部的身份,许多社会主义者评论家认为这是朝向集权的一个步骤。自从那时到现在,中央政府继续扩大其对地方事务的直接控制。20 世纪 60 年代,知事的某些权力转交给中央政府;增加了许多中央部的地方办事处和中央机构;中央政府的公司

---

① 　吴寄南:《新世纪日本的行政改革》,时事出版社 2003 年版,第 207 页。

更为广泛地用于发展遍及全国的项目;中央政府对地方活动和财政的控制总的说来都加紧了。到 20 世纪 80 年代日本的地方治理已发展成为一个高度集权的体系,该体系类似于德国对于地方机构的依赖,带有美国制度的痕迹,并且在方法上富有日本特色。①

1945—1961 年是日本社会保障制度形成和确立时期。战后,围绕着在日本建立一个什么样的社会保障制度,日本国内有诸多的争论,美国占领军司令部以及日本国内的政治家、社会政策研究学者等提出了各种各样的构想。有些构想对当时政策制定产生了较大的影响。1945 年 12 月,美国占领军司令部颁布了《关于发展救济和福利的计划》,方案中确立了重建社会保障制度的基本原则。依照其建议,日本相继出台了以保护全体国民为对象的社会救助政策,先后颁布《生活保护法》(1946 年)、《儿童福利法》(1948 年)、《残疾人福利法》(1949 年)等法令。这三项法律不仅奠定了社会福利发展的基础,也使战时体制下形成的带有军国主义色彩的救贫体制向具有近代民主色彩的社会保障制度转换。

社会保险制度委员会是在美国占领军司令部的建议之下,于 1946 年 3 月由政府成立的社会保障智囊组织。《社会保障制度要纲》则是社会保险调查委员会于 1947 年向国会提交的社会保障制度建设方案。在此方案中对社会保障的结构、理念、方法等提出了建议。关于社会保障的基本理念,方案中提出:(1)社会保障制度是发展经济的前提条件之一,除了强调经济因素之外,还应该强调对国民健康和文化生活予以保障。(2)应该建立一个综合的、覆盖全体国民的社会保障体制。现有社会保险以及生活保护制度仅仅停留在对最低生活进行保障的水准上,从长远观点看,社会保障的目标应该是发展和提高包括精神生活在内的生活质量。关于社会保障制度的运作方法,方案提出:新的社会保障体系是一项综合保障,雇佣、医疗、教育、住宅、劳资等政策部门之间应该保持密切的协调关系。社会保障运作应该

---

① Samuel Humes IV. Local Governance and National Power —A Worldwide Comparison of Tradition and Change in Local Government[M]. Harvester Wheatsheaf,1991:70 – 71.

实行一元化管理,将分散的机关合并统一,明确责任和权利关系。关于社会保障制度的财源问题,方案提出:国家是社会保障的第一保险人,应该承担一部分保险费用以及全部事业管理费。国民也应该承担一部分保险费用。同时要让国民理解参加社会保险是一项社会义务。

可见,《社会保障制度要纲》受到贝弗里奇报告的影响,它极力强调政府对社会保障的责任,特别是强调政府对国民最低生活进行保障的最起码责任。《社会保障制度要纲》认为政府在提供这种保障的时候,不需要以受益人收入或者缴纳保险金的多少为衡量标准,而是以其需求为标准。它还提出通过统一的福利管理机构进行运作的福利行政观点,与贝弗里奇的设想有很多相近之处。遗憾的是,这一方案没有受到政府的重视而被束之高阁,但它提出的基本理念以及原则,对日本以后社会保障制度的基本建设起到了启蒙的作用。

1947 年,美国专门组成社会保障制度调查团,对日本社会保障状况进行考察。同时对《社会保障制度要纲》进行审核和讨论。在此基础上,调查团提出了《建设社会保障制度的劝告书》,又称《汪德尔劝告书》。劝告书中提出的在国会与政府机构中设置社会保障专业委员会的建议,被日本政府接受并及时采纳实施。"社会保障制度审议会"于 1949 年开始正式运行,它在1950 年提交的《日本社会保障制度劝告书》,给日本社会带来了意义深远的影响。

《日本社会保障制度劝告书》对重建日本社会保障制度提出了新的构想。这一报告书分为五个部分:社会保险;国家救助;公共卫生及医疗;社会福利;社会保障机构以及财政。劝告书提出了一个比较完整的体系,它不仅勾画了日本社会保障制度的基本框架和基本原则,而且提出了非常具体的实施办法。劝告书认为,社会保障需要个人的努力,个人承担一定保险费用是维持社会保险持续性运作的重要保障。同时提出,在社会保障制度的构建中,社会保险是核心,社会救助是补充。社会救助的作用是解决社会保险不能解决的贫困问题,由国家通过救助的方式对贫困者的最低生活予以保障。除此之外,还积极发展公共卫生以推进国民的健康,完善社会福利行政以保障国民福利生活的稳定,社会保障是包括社会保险、社会救助、公共卫生以及社会福利行政的综合体系。在财源供给上体现出中央政府、地方政府、企业、个人多方负担的原则。

鉴于当时日本的经济发展正处于恢复时期,发展经济是最优先的课题,贫困问题虽然不失为当时最主要的社会问题,但劝告书还是强调社会保障制度的作用在于促进经济发展,未能从人权、生活权的高度认识对国民进行保障的意义。劝告书的前言中还强调,提交这一方案距离真正意义上的社会保障还相距甚远,但鉴于日本目前的国情,以此作为发展的起点是非常必要的,它有助于解决社会的不安定状态,有助于国家职能的有效行使。劝告书还反复强调,尽快解决社会保障制度的重建和完善问题是政府的当务之急。

《日本社会保障制度劝告书》所提方案,与日本当时社会发展状况比较吻合,反映了社会保障的现状和需求,具有可行性。但是由于朝鲜战争的爆发,日本国内进入军事防御的紧张状态。政府以国库紧缩、难以对政府机构进行改革等为借口,使该方案最后也束之高阁,形同虚设。一些日本学者评论说,虽然在以后的社会保障制度发展中,该方案的基本原则以及基本思路逐渐获得了实施,但是,当年未能及时予以推行是一个错误,这导致日本社会保障制度的发展相对滞后西方10年。正是因为丧失这一机遇,使日本社会保障与其他福利国家拉开了比较大的差距。

20世纪60年代至70年代中期是新的中央集权时期。进入60年代以后,日本政府将发展经济、建立经济大国作为国家发展的基本目标,为了实现这一目标,对中央和地方自治体的关系进行了新的调整,以公共基础设施建设、农业发展以及产业发展为重点,建立起了新的中央集权体制。其主要特征是:(1)通过制定或修改《道路法》、《河川法》、《农业基本法》等法律,将原来由都道府县知事掌管的部分道路、河流的管理权大部分收归中央,同时中央直接参与农业发展项目的实施;(2)在中央各省厅属下设立了许多特殊法人机构作为政府投融资的对象,如"水资源开发公团"(1962年设立),"日本铁道建设公团"(1964年设立)、"京滨外贸码头公团"(1967年设立)等,将中央管理的邮政储蓄、邮政养老保险金、厚生养老保险金以及国民养老保险金的资金经大藏省投入各特殊法人或国家特别会计项目之中,在全国各地大规模地进行由中央直接主管和提供资金的产业和基础设施建设;(3)调整了中央和地方自治体的行政机构设置,在地方设立了许多中央政府部门的派出机关,这些机关不仅依法管理有关道路、河流以及中央在地方兴建的各种建设项目,而且在中央对地方自治体的补助审批方面也具有一定的权限,因而对于在地方贯彻、落实中央有关方针、政策有很大的影响;(4)大大增加了机关委任事务的数量,仅就《地方自治法》中所列的项目来看,在该法制定之初,机关委任事务的项目数量为150项左右,1962年增加到了408项,1974年更是达到了522项。①

战后日本的政府间关系可以粗略划分为三个阶段,尽管分界线相当模糊。第一个阶段跨越了20世纪50年代和60年代早期。在这一时期,经济增长是中央政府最优先考虑的事情。经济发展产生了积极和消极的后果。恶化的环境和社会紧张折磨着日本社会,增加收入和休闲时间则最受欢迎。第二个阶段从60年代中期到70年代中期。这一时期发生了重要的政治变化,尤其是在地方选举上选民的态度、行为以及主要政党对地方政治的政策方面。第三个阶段始于70年代晚期并持续至今。日本面临的两个主要问题是:财政压力和经济全球化的问题。历经以上三个阶段,日本中央和地方政府的职责发生了重大改变。

第二节　20世纪末日本的地方分权改革

在工业发展方面,与西方发达国家不同,日本走的是政府主导现代化的道路。在20世纪的日本,就像在其他工业发达国家一样,政府活动的规模和范围急剧扩张。这一扩张尤其影响到了地方政府,它已经负责提供范围日益扩大的公共服务。或许最重要的问题是,扩张了的政府活动如何影响

---

① 吴寄南:《新世纪日本的行政改革》,时事出版社2003年版,第208页。

地方政府体系的运行与改革,它是当代日本政治的一个重要方面。在经济高速增长时期,一些地方自治体不满于中央政府只顾推进工业化和城市化的做法,开始重视地方社会协调发展,增强了地方的分权意识。高速增长结束后中央政府转嫁财政困难的行为进一步加深了地方对中央的不满,分权的要求更加强烈。1973 年第一次石油危机以后,从 70 年代中期至 80 年代后期,是"三分自治"体制的危机时期。中央介入地方事务过深,可能给中央—地方关系带来僵化的危险。随着经济高速增长期的结束,福利国家扩张的压力对行政体制提出了新的需求,日本的中央与地方关系所处的环境发生深刻变化,一方面,"三分自治"框架造成的弊端日益引起地方自治体和国民的不满;另一方面,这一框架越来越不能适应统治集团维持和提高统治效率的需求。改革战后日本地方制度、进行地方分权化的动向从 20 世纪 90年代开始。1993 年 6 月,日本众参议院批准通过超党派的"地方分权推进决议"。同年 10 月进行第三次行政改革审议的最终答辩,建议以放宽限制和地方分权为两大支柱推动行政改革。细川首相公开承诺尊重该答辩所提议的推进地方分权的具体步骤,并准备在第二年的内阁决议通过地方分权推进大纲,然后提交国会表决。地方六团体迅即作出反应,在 1993 年 12 月成立"地方自治确立对策协议会",下设地方分权推进委员会,着手准备地方政府方面的意见书。1994 年 12 月,日本内阁会议表决通过《地方分权推进大纲》,1995 年国会审议批准《地方分权推进法》。根据该法,村山内阁自 1995年 6 月推动选拔地方分权推进委员会的 7 名委员人选,采取措施以确保该委员会正式运转。但各省厅的反对使得《地方分权推进大纲》和《地方分权推进法》未能将废止机关委任事务制度明确加入。地方分权推进委员会在1997 年 10 月提出了《第四次劝告》。政府则在 1998 年 5 月的内阁决议上通过了针对《第一次劝告》到《第四次劝告》等四次劝告的《第一次地方分权推进计划》。统一列在推进计划的有关改革事项法令,成果即是 1999 年获国会批准的《地方分权统括法》。随着 1999 年地方分权法案的实施,日本全面废除机关委任事务,权力不断下放,中央政府对地方的控制作用日趋下降,这亦是一个基本趋势。

一、20 世纪末日本地方分权的重要内容

分权改革的本意是扩大地方政府的自治权力,因此开始时它仅仅是与地方自治有关的一部分利益集团的愿望。在这些利益集团中,最重要的代表机构是"地方六团体"。"地方六团体"是指全国町村会、全国市长会、全国知事会、全国町村议会议长会、全国市议会议长会和全国都道府县议会议长会,它们是在日本中央政府编制预算和制定、修改法令时,向中央表达地方要求的压力团体。日本的"地方六团体"一贯主张废除机关委任事务、提高地方自治体的自主性,但是由于过去时机不成熟,所以提出的主张无法落实。进入 90 年代后,"地方六团体"认为实行地方分权改革的时机已经成熟,遂于 1994 年 9 月提出了《地方分权推进要纲》作为自己的改革方案。《地方分权推进要纲》中提出的建议基本上被一年后通过国会立法设立的"地方分权委员会"所接受。可以说,"地方六团体"提出的"要纲"为日本地方分权改革确定了基本方向。

1999 年 7 月 8 日,日本国会通过了内阁提交审议、表决的有关地方分权改革的一揽子法律修正案,对包括地方自治法在内的 475 个相关法律、法令进行了修订,并决定总体上从 2000 年 4 月 1 日起开始实施。地方分权改革的成功,得益于日本统治集团十分注意推进地方分权改革的途径,最大限度地克服了改革阻力。

改革内容主要包括:改变"中央集权型"的行政模式;明确划分中央和地方自治体的职能;废除机关委任事务,对地方自治体所处理事务的类型作新的划分;对国家有关地方自治体事务的立法等作出限制性规定;对地方自治体涉及自治事务和法定受托事务的处理程序作出规定;对中央或都道府县干预地方自治体事务的原则程序作出规定。

(一)废除机关委任事务与地方自治的重大发展

从法律上讲,机关委任事务应该由中央政府执行,但是实际上由地方首

长执行。作为中央政府集权结构的象征,机关委任事务遭到猛烈抨击。首先,在机关委任事务的体系下,直接选举产生的首长处于服从有关中央各部的地位,他应该在没有任何自由裁量权的情况下,作为中央的代理人执行机关委任事务;不允许地方当局更改机关委任事务的内容来适应地方需求;并且必须依法完全按照中央各部要求的方式执行;更为重要的是,地方政府要与中央各部分担执行机关委任事务时的支出,而且只有中央各部能够决定分担比率。在某些情况下,中央各部强加给地方政府执行机关委任事务的花费超过一半。其次,总务省专制而强有力地控制着地方政府和它的财政。

1999 年地方分权改革中的关键之一是废除机关委任事务。这一点在过去考虑过,但是作为一个明确的建议,从未使它走出委员会。这次改革严格来说是从 1995 年国会通过《地方分权推进法》、成立"地方分权推进委员会"开始的。日本在战后虽然已经就中央地方关系问题进行过多次改革,但其规模都比较小,从来没有专门制定过"推进法",专门设立过"推进委员会"。因此,可以说这次地方分权改革的推进体制之完备、改革的幅度之大,都是战后空前的,甚至被人们称作与明治维新、战后民主改革相并列的"第三次大改革"(地方分权委员会"中间报告"语)或"自治分权革命"。

为了在中央和地方自治体之间建立起以地方自治宗旨为基础的对等、合作的新型关系;此次改革废除了机关委任事务,具体做法是:(1)将原来属于机关委任事务的政府事务分解为三部分:第一部分完全废除,第二部分改变为中央直接执行的事务,第三部分分别归入自治事务和法定事务之中;(2)废除《地方自治法》中规定的在涉及机关委任事务时中央政府机关和都道府县首长对地方自治体所具有的指挥监督权、取消权、停止权以及中央对于地方自治体首长下达执行职务的命令的权力。

与废除机关委任事务相对应,此次改革废除与之配套的地方事务官制度,修改了必置管制,推进权限让与。如前所述,地方事务官制度是为保证中央机关委任事务的落实而设立的。随着机关委任事务的废止,地方事务官制度失去了继续存在的理由。为此,此次改革废除了地方事务官制度,原有的地方事务官分别按照有关规定改换身份。将"地方事务官"改为名副其实的"国家公务员"。由于机关委任事务被废止,这些"地方事务官"也将从都道府县政府中分离出来到中央政府的有关地方派出机构工作,相关业务程序也有所简化。但这一事实表明中央政府直接处理的事务又大幅度增加。与地方事务官的设置目的相同,实施必置管制的目的也是为了保证中央机关委任事务的贯彻和执行。此次改革从尊重地方自治体的自主组织权、促进行政的综合化和提高效率的角度出发,对原来实施的必置管制进行了修改,一部分予以废除,一部分则予以放宽。

在这一次改革中,通过修改有关法律、法令,以权限让与的方式积极下放权力。主要的让与有:中央政府向都道府县的让与;都道府县对核心城市的让与;都道府县向特例市的让与;都道府县对市的让与;都道府县对市町村的让与;其他的让与。

随着机关委任事务的废止,新的法律规定地方自治体承担两种事务:一种是自治事务;另一种是法定受托事务。由于"自治事务"被定义为"在由地方自治体所承担的事务中除法定受托事务之外的事务",因此,关键的问题是"什么是法定受托事务"。① 在这次地方分权改革中,以解释加列举的方式对地方自治体所承担的法定受托事务的内涵作了界定。对法定受托事务的解释是:(1)在根据法律或以法律为依据的政令、由都道府县或市町村处理的事务中,涉及本来应该由中央来承担的职责,但从方便国民、提高事务处理效率出发,由都道府县或市町村处理,同时以法律或以法律为依据的政令对此又有特别规定者;(2)在根据法律或以法律为依据的政令、由市町村处理的事务中,涉及本该由都道府县来完成的职责,但从方便国民、提高事务处理效率出发,由市町村处理,同时以法律或以法律为依据的政令对此又有特别规定者。地方分权改革中列举的法定受托事务有:(1)与国家统治的基础密切相关的事务;(2)在其主要部分由中央直接执行的事务中,属于下列范围者:国家设置的公共物品的管理、国立公园的管理以及指定国立公园等;国立公园范围内轻微行为的许可等;指定国立公园内特别地区、特别保

---

① 吴寄南:《新世纪日本的行政改革》,时事出版社 2003 年版,第 216 页。

护区等;在较大范围内发挥重要作用的治山、治水项目以及天然资源的管理;对国家制定的环境标准、管理标准进行补充;监督对确立信用有重大影响的金融机构;医药用品的生产管理;取缔毒品等;根据全国统一制定的制度或标准进行的支付款的支付等;为保护国家生存,在全国范围内统一、公平和平等地进行的支付款的支给等;全国统一设立的、由国家要求缴纳以及管理的保险和保险支付款支付等;与由中央政府实施的国家补偿支付相关的事务;在较大范围内保护国民健康、防止传染病蔓延;对医药用品、食品、农药等的流通进行管制;对精神障碍患者等不经本人同意采取住院措施的事务;与国家进行的灾害救助有关的事务等。

从中央与地方关系的角度来看,关键的变化是这些事务和职能本身不再是所谓中央政府机关委任事务,而是地方自治体本来依法应该承担的事务和职能,因此,地方自治体在履行上述职能、承担上述事务时,其法律地位不再是中央政府机关下属的执行机关,而是自主的自治机关。为了保障地方自治体能够依法自主处理自己职责范围内的事务,同时保证中央对地方自治体依法处理的法定受托事务的监控,这次改革对地方自治体处理自治事务和法定受托事务的程序作了规定。

如何在国际和国内环境下保持和提高统治的效能,是 90 年代以来日本政治、行政改革的中心课题,地方分权改革有利于提高日本国家整体统治效能。就中央与地方关系的角度而言,提高统治效能可以通过强化中央集权的方式进行,也可以通过实行地方分权的方式获得。具体采取何种途径,应该根据各个国家不同时期的不同环境条件来决定。战后相当长一段时期中,日本统治集团高效能的统治主要是通过中央集权的方式获得的。80 年代以后,随着国内外环境的变化,原来的统治方式开始难以维持统治的效能,于是统治集团在经过反复研究、协商后决定对统治方式进行某种修改,在中央与地方关系领域实行地方分权改革。

日本的地方分权改革并不是废除中央政府对地方自治体的行政干预,而是着重规范中央对地方自治体的行政干预方式与程序。改革后的法律规定,中央政府不仅可以干预地方自治体所履行的法定受托事务,也可以干预地方自治体所承担的地方自治事务。但同时也规定,对于那些地方自治体按照其固有资格不属于中央或都道府县干预对象范围的事务,将从放宽限制的观点出发,努力按照放宽的原则进行处理,同时对于那些被允许进行干预的事项,确定了干预时必须遵循的原则和程序。中央的干预必须遵循法定主义、一般法主义和公正、透明三大原则。为了确立中央和地方自治团体之间的新关系,防止出现以往的一些弊端和问题,这次改革就中央政府对都道府县或中央、都道府县对地方自治体进行行政干预的各种方式的内涵和程序作了详细规定。

"地方分权改革一揽子法案"明确划分了中央与地方自治体之间的职能,同时明确中央拥有制定"有关地方自治基本准则"的权力,换言之,明确表示日本地方自治体所拥有的各项权力都是中央授予的。这一方面给日本式的单一制国家结构中的地方自治作了定位;另一方面也为防止地方自治体随意伸手揽权、影响统治效能,以及在需要时修改地方自治体的职能和权力奠定了法律基础。通过改革,大量基础性社会管理职能划归地方自治体,这不仅可以大大减轻中央政府的行政负担,而且可以缩短管理主体与管理对象之间的距离、减少管理层次,并减少因不必要的管理层次和管理距离所产生的统治成本,降低统治信号传递中的失真和衰减,从而提高统治的效能。对中央干预地方事务所作的规范,既保证了中央干预地方事务的途径,同时又要求干预本身符合程序和法律规范。这一方面可以提高地方自治体的自主性,通过地方行政效率的提高促进国家整体统治效能的提高;另一方面也有助于提高中央干预地方事务的效能。[1]

关于地方自治,赫勒斯认为,"此名词含有二义,其一,地方自治为地方政府——不论其为何种政府——独立行动不受外界控制之权。依此意义,则完全的地方自治,在言辞上不免自相矛盾,盖政府而具有此权,将为一主权国,不复具有'地方'性质矣。故吾人所言之地方自治,乃一地方政府对其他地方政府或中央政府行动独立程度问题。然而若非全体人民,参与公共

---

① 吴寄南:《新世纪日本的行政改革》,时事出版社 2003 年版,第 230 页。

行政,而仅行动独立,不受外界控制,则尚不能谓合乎地方自治之原则。此自治亦仅能为一种程度问题"。① 那么,扩大地方自治的本意将包含两大方面:一是扩大地方自治体的自治权力;二是扩大地方居民的自治权利。此次地方分权改革的重点在于扩大团体自治,而没有涉及扩大地方居民自治权利。其因也许是,这一问题本来距离中央政府的政策视野比较远,而代表地方自治体利益和要求、积极参与地方分权改革的"地方六团体"主要关心的是扩大地方政府的权力,而不是扩大地方居民的自治权利,从提高统治效能的角度出发,它们实际上并不希望在目前的状况下大幅度地提高地方居民的自治权利。②

改革也没有涉及左右日本中央与地方关系的核心因素——财税分配体制。如前所述,本来在日本式的"三分自治"框架中中央政府对地方自治体的控制是通过四种方式实现的,即:立法;发布行政计划和执行标准;干预执行体制;财税分配。通过改革,中央在立法和发布计划、制定执行标准方面对地方的控制有所收缩,在一般情况下,中央不再就具体问题通过立法来控制地方,在通过发布行政计划和制定执行标准控制地方方面,随着机关委任事务的取消,中央的权力大为缩减,并且由此原先与机关委任事务相配套的"必置管制"的必要性也不复存在,中央对地方在执行体制方面的控制也基本消失。但是在第四方面,也就是在财税和补贴行政领域却没有进行大的改革。③ 没有财税分配体制的改革,地方分权改革是很不充分的。地方自主财源如何将决定地方自治体行政活动的自主性、自立性以及地方财政基础的稳定。如果地方财政收入严重依赖中央财政转移支付,无法保证地方自治体能够真正自主地履行自己的职能。

尽管如此,日本的地方分权改革还是给予人们很多启示。它启示人们:在已定的环境条件下,实行地方分权可能比实行中央集权带来更高的统治

---

① 赫勒斯著、张永懋译:《各国地方政府》,商务印书馆1937年版,第2页。
② 吴寄南:《新世纪日本的行政改革》,时事出版社2003年版,第232页。
③ 吴寄南:《新世纪日本的行政改革》,时事出版社2003年版,第231页。

效能;实行地方分权和地方自治,未必会完全排除中央对地方的控制和干预;在单一制国家,中央仍然可以通过立法以及目标和利益的贯彻和落实来影响地方政府与地方政治。

(二) 明确划分中央和地方自治体职能

日本地方分权改革表面上是权力体制的变革,即中央政府将原来属于自己的权力下放给地方政府,其实权力只不过是履行职能的手段,若不对职能进行明确定位和重新划分,权力下放是无法取得长期效果的。这次地方分权改革对中央政府和地方自治体的职能作了明确划分。作为"应该承担的事务",中央将重点承担以下事务:(1)涉及国家在国际社会中生存和立足的事务;(2)涉及国民希望制定的全国统一标准的各种行为或有关地方自治基本准则的事务;(3)必须从全国的角度和视野实施的政策和项目等。地方自治体则在国家规定的地方自治范围内,自主、统一地广泛承担地区行政事务。包括完善本地区的公共基础设施;居民卫生保健管理、环境保护、社会福利和社会保障;发展区域经济;发展教育、文化和体育事业;保障居民安全等。

当前机关委任事务下的561个条款中有398个将转给地方实行,作为它们自己的自治事务来执行。不过,这或许不是地方政府的积极发展,因为用以实行以前在机关委任事务下的任务所需要的财政资源没有被自动转给地方。虽然地方政府的借款能力在某种程度上增强了,但是税收体系没有重大变化。因此,地方政府领导人对地方分权建议感到失望。改革也改变了"中央集权型"的行政模式。原来日本中央与地方的关系,实际上是一种"上下关系",中央、都道府县和市町村呈现三层等级排列,中央发指示、通知,经都道府县下达到市町村,中央的补助金分配也是经过都道府县下达到市町村,对于中央的指示和指导,地方自治体即使不愿意,也难以不服从。①

---

① 吴寄南:《新世纪日本的行政改革》,时事出版社2003年版,第215页。

二、后福利国家背景下的日本地方政府与地方社会

在福利国家时代,用全国统一的政策和体制很难应对各地方多种多样的需求,只有实行地方分权才能应对福利社会对行政提出的新需求。在20世纪末,在对地方分权或者次国家级政府(或地方政府)扩大权力和职责上有了重大的明确一致的支持。在许多工业化国家,地方政府已经成为与老龄化、卫生保健、对穷人收入的救济等有关的广大福利政策的形成和贯彻最重要的代理者。"如果不是地方政府的积极参与,中央政府关于福利的计划将不会实现。中央和地方之间的互相依赖在这一点上得到扩大。在70年代,相互依赖是由中央政府通过行政链条向地方发出指示,而地方通过政治和行政路线表达他们的希望。从80年代开始,围绕福利政策的贯彻,中央和地方两方面进入一个更为密切的相互依赖关系。"①

日本地方首长和地方议员都是由居民直接选举产生的。公民身份这个词意味着地方层次不仅仅是服务的提供者,也是一种具有合法性的政府管理机构。通过将地方治理看作一个形成社区成员的定义和结果的过程,人们会更加注重地方政府的管理机能,这也反映出地方选举的政治家的言论是为了从更高级政府那里获得更大的尊重和更高程度的自治。地方公民身份被认为与国家公民身份具有相同的性质,因此,它体现为一种不能被国家政府随意剥夺的权利。这样,关于地方公民身份的这种观点就成为地方政府要求合法性的基础。在地方治理的过程中,地方政府大谈地方公民身份,其实就是在要求国家更多地考虑他们的需要。正如我们在讨论地方公民身份时所看见的,这种要求是以他们成功地开展活动的能力为基础的,这些活动将地方人口与他们的政府联系起来。②

---

① Michio Muramatsu(ed). Local Government Development in Post-war Japan[M]. Oxford University Press,2001:16.

② 俞可平主编:《治理与善治》,社会科学文献出版社2000年版,第195页。

地方的政治化,不仅能增强对中央的影响力,而且也有助于充实自治。现代地方自治中,要与各种政治参与者打交道,政治化是一种必然现象。反之,如果没有这一意义上的政治化,充实自治也是困难的。通过上述的革新自治体运动和居民运动,想要指出在日本,在更本质的地方政府的活动中,地方政府能对中央政府及其他方面施加影响力,它关系到自治的可能性,关系到如何看待现代国家的特性这一问题。

有趣的是,一个倡议地方分权的重要改革者注意到,在地方分权改革前,在公共服务方面地方政府发挥着一个相当重要的角色,这是日本政府十分独特的一点。确实,大约政府官员总数的75%是地方公务员,在地方工作;并且三分之二还多的政府总支出由地方政府花费。在地方分权前的时期,地方政府如此蓬勃有力,以至于它需要获得高水平的行政能力。首先,在高度集权的单一制国家,矛盾的是,日本地方当局增加了它们的行政能力,获得了由中央政府转让的充足财政资源。其次,虽然地方分权从法律上授予地方当局在公共服务提供上对中央政府的更大的自治权,它们遇到了严重的财政问题,这可能破坏它们的行政能力。进一步来说,在政治层面,改革似乎造成了城乡分裂更为突出和显著。

但是,不应该过于强调中央集权没有在逻辑上承担地方政府停止的责任。相反,中央集权在提高地方政府的行政能力上有利于地方政府。日本的地方当局已经强有力地执行了范围广泛的公共政策,处理地方的需要,即使是在一个集权的单一制国家之内。

为什么日本地方政府在一个集权型的体系下如此有力地提供了范围广泛的公共服务?我们要将注意力放到集权政府长期就有的一个自相矛盾之处。在提供公共服务上越集权,中央政府就越有责任确保地方政府的财政稳定性。因为在执行公共政策上,中央依靠地方政府的效忠,有必要给地方政府提供充足和稳定的资金,不管在严重的财政赤字下如何痛苦。正是由于在一个集权化的政府体系之下,地方政府享受了财政转移支付的增加,尽管中央面临严重的财政赤字。从不同的角度重新思考日本的财政体系,我们能够揭示日本中央与地方非常复杂的关系。或许让地方政府来执行机关委任事务是不合理的,它起初是分配给有关中央部的,并且地方政府分担了一定部分的执行花费。不过,仔细研究财政问题,通过提高地方分配税收补贴,它是一种无条件的一次总付的补助金或者是统筹财政补贴。中央政府充分地供给地方政府执行机关委任事务的财政支出。换句话说,尽管中央政府并不总是完全支付执行机关委任事务的花费,但是它增加了用于执行机关委任事务的地方分配税收补贴数额。

综观日本现行地方自治的制度与实务,刚刚形成的日本地方自治的新思维一览无余,它被《地方分权总括法》及修改后的地方自治法以法律的形式固定下来,通过近期国家、地方公共团体、居民三位一体的努力,可以认为地方自治新思维已经安家落户了。所谓日本地方自治的新思维,就是贯穿在现行地方自治制度体系中的新思路与方向,有的是自治理论与实务早已有之但被赋予新内容的;有的是借鉴其他国家先进的地方自治经验但被日本本土化的;有的是基于居民的新的行政需求和经济发展的需求被逐渐认识到的……具体说来,日本地方自治的新思维主要包括了为达到地方自治本意而实现国家与地方的作用分担与充分尊重地方的自主与自立性、为实现真正的地方自治而充实与强化具有保障地方自治作用的地方财源。为实现完整的团体自治而健全与强化基础性地方公共团体——市街村的功能、为实现彻底的居民自治而完善与强化居民诉讼与国家干预诉讼等。①

随着对"政府"局限的认识越来越清晰,公众和官员开始寻求不同的治理手段。这些新手段在日本自治体中的出现并非巧合。尽管一些手段被证明仅仅是政治时尚,还没有确定的最终发展方向,但是,还是有一些共同的趋势。② 目前在地方治理中,有的地方政府已经主动利用了新公共管理的手段,例如项目导向方法和系统评估方法。日本在中央高度集权的体系下,却产生了强有力的地方政府体系,地方创新为国家立法所采用,可以说是非常

① 曾祥瑞:《新日本地方自治制度研究》,中国法制出版社 2005 年版,第 41—42 页。
② 埃里克·阿姆纳、斯蒂格·蒙丁主编,杨立华、张菡、吴瑕译:《趋向地方自治的新理念——比较视角下的新近地方政府立法》,北京大学出版社 2005 年版,第 31 页。

具有借鉴意义的。

综上所述,虽然日本还没有形成一个多中心的地方治理,但是已经出现了实质性的变化。至于何时发展壮大,命运如何,要依赖于在日本实行地方治理的条件而定,也要看"治理"这一来自西方的话语能否与东方社会相契合,在日本实现本土化。日本的探索和实践对理解地方治理的内涵和外延具有重要的意义。

第三节　后福利国家背景下日本的中央—地方关系

二战后的日本注重经济发展,福利建设处于其次。但从二战期间到60年代,日本福利国家建设逐渐获得了重大发展,在20世纪70年代初,日本宣布建成福利国家。福利在日本的经济社会发展中已经成为不可或缺的重要力量。在世界各主要福利国家都陷于危机的20世纪70年代,日本却宣布建成福利国家,显示出日本的不同发展步骤。但是,福利国家的弊病在日本也日益显现出来。在后福利国家时代,日本发动了对中央与地方关系的重大改革。通过对福利国家形成前后日本中央与地方关系的对比分析,有助于我们全面思考影响日本中央与地方关系发展的众多因素,理解中央与地方关系在不同国家的共性,并发现不同国家中央与地方关系的独特性,从更一般的意义上来探寻中央与地方关系发展的规律。

一、福利国家形成之前垂直统制模式下的中央与地方关系

明治维新时期,日本引进了德国的中央与地方关系模式。而德国政府体系具有如下三个特点:"每一层级的政府都依赖低一级政府对公共事务的管理;中央通过内政部和其代表实施控制;地方政府拥有大量的自治权。"[1]

---

[1] Samuel Humes IV. Local Governance and National Power—A Worldwide Comparison of Tradition and Change in Local Government[M]. Harvester Wheatsheaf,1991:9.

作为高一级政府机构的一般代理,为了贯彻范围广泛的地方服务,每一个地方政府的管辖权都具有广泛的能力和委托权,并且其行政机构拥有强大和全面的职责。德国的地方政府拥有更为广泛的职责:他们的职员执行更多功能;更多的上司是通才;他们的资金主要来自岁入分配。德国公共管理体系的力量之一是辅助原则。德国地方治理体系的发展是一种地区辅助的形式。关于地方的公共服务,联邦依靠州、州依靠地方政府去提供。选举产生的议会有很广泛的职能权限。指挥行政管理和领导议会(在多数州担任议会主席)的地方行政长官,在政治上一般很机敏熟练并且是拥有重大特权、额外补贴和声望的很有能力的专业管理者。与英国中央政府首要依赖中央部派驻机构的垂直一体化模式相比,德国更依赖一般目的地区政府的水平的凝聚力。在具有专门职能的体系中,如英国和法国,权力和控制的渠道很可能从国家部到其在地区和地方派驻机构垂直运行;这样的程序强调了垂直的和职能的联系。在具有地区体系的国家,如德国,影响的渠道可能从政治机构和地区或地方行政机构到行政代理机构水平运行;这样的程序强调了水平的和地区的联系。日本地方治理体系由三个层级组成:中央一级是自治省和几个其他部;与地方事务有关的中央机构和公司;47个府县;3255个自治市。战后,日本中央政府对地方的控制将战前的直接控制改为间接控制(指导监督),中央政府又主要通过都道府县实现对最基层的市町村的控制。日本中央与地方的关系与德国模式相似,但是因为是单一制国家,日本的地方政府更受中央政府的控制;并且,在日本,中央政府派驻地方的机构众多。

在日本,统治地方的等级制传统普遍追求和谐,这种政治文化强化了中央政府、知事与市长的权力。这一体系吸收了中国17和18世纪政治行政管理的传统,复制了德国19世纪的制度,并且吸纳了20世纪美国强加的改革。这一体系,就像20世纪后期所经过的演变一样,是一种中央严重依赖地方政府去执行服务但是又严密控制地方政府活动的体系。日本中央和地方的关系属于传统的集权模式,可以定名为垂直式行政统制模式。神野直彦则将日本的行政体制定义为集权分散体系。在这种体系的分类中,构成政府体系的各级政府向民众提供行政服务,如果上级政府保留程度越强,就越是集中式的体制,相反,就是分散式的体制。这种集中、分散和集权、分权的组合搭配,构成了各种行政体制,日本的行政体制就属于集权式分散体制。①"日本政府机构和西欧各国之间的上述真正差异,并不在于形式,而在于其职能……在政府的最高层,'人民的舆论'是完全没有地位的。政府只是要求'国民支持'。当国家的权限越过自己的范围而干涉地方事务时,其裁决也会受到尊重。对于发挥各种内政机能的国家政府,美国人感到是一种少不了的孽障,日本人则不然,在他们眼里,国家是近乎至善的。"②

(一)中央层次治理地方的结构

日本的地方治理体系,在中央一级上,主要是自治省以及大藏省等几个部,与地方事务有关的几个机构和公司。日本自治省专门监督与管理地方政府事务。自治省主张各省厅纵向监督并综合调控地方行政。日本自治省尽管不再拥有战前的支配性权力,但是依然发展出一项监督的职责,这项职责充分超出了英国环境事务部的"家务管理"职能。它制定地方规章的模式,制定并监督实施地方自治和地方公职选举的各种条例,为地方问题准备议案,监督地方政府履行国家法律;自治省有权对地方政府机构的组织和管理制度提出建议,审查地方财政收支,决定中央提供的补助,批准地方发行公债和地方税收条例(在和大藏省磋商过以后);负责中央与地方政府间的联络事项,协调地方公共团体(即地方政府)间的关系。自治省也规定和视察地方政府的培训和人事流动;在关于规划和执行那些影响到地方事务的中央政策时,代表地方政府与其他部交涉。③ 有学者认为,自治省实际上破

---

① 西尾胜著,张青松、刁榴译:《日本地方分权改革》,社会科学文献出版社 2013 年版,第 1 页。

② 鲁思·本尼迪克特著,吕万和、熊达云、王智新译:《菊与刀——日本文化的类型》,商务印书馆 1990 年版,第 60 页。

③ Samuel Humes Ⅳ. Local Governance and National Power—A Worldwide Comparison of Tradition and Change in Local Government[M]. Harvester Wheatsheaf,1991:71.

坏了支持地方自治的潜在而最有效的手段。

日本总理府内还设有许多直接控制地方政府事务的机构；如控制地方开发的开发厅，监督地方政府内部行政事务的行政管理厅。总理大臣本人可向地方政府提出劝告，甚至直接干预地方事务，如要求"澄清"或"纠正"某一事项。

在日本，中央很关心地方，地方对中央的推动作用也相当大。这里所说的"中央"是指各有关省厅和自治省，最近又加上了执政党。依靠中央官僚并不能获得地区开发所需要的广泛的支持，自民党在日本经济发展中发挥了重大作用。这一点常常遭到忽视。不过，这样的话，日本的中央地方关系就变得复杂化了。是否存在着强有力的中央官僚制？这些官僚与执政党的关系如何？这两个问题与中央地方关系密切相联。所以这两种因素从比较论的角度看也是重要的。①

通过把政治与行政链条精致地缠绕在一起的方式，日本的地方政府体系已经制度化了。传统的链条是对地方政府的官僚政治式的控制，这种解释使许多人把日本当作一个集权形式的政府。很明显，官僚在日本的体系中是重要的行动者，他们在中央各部作出有关经济增长的决策，对日本共同体的政治、经济和社会生活有着巨大的影响。官僚政治的统治构成了描述日本模式的概念基础，这在日本的政治科学家中普遍称之为"垂直统制模式"。

运用"混合主义"这个术语，可以最好地理解日本体系的特征。混合模式表现在地方政府范围广泛的任务，地方和中央政府能力的缠绕和中央在央地合作中的领导作用。日本地方政府履行双重职能，中央——地方关系表现了混合主义模式的特征。基本上，日本的中央与地方关系与欧洲大陆国家相似，而与盎格鲁—萨克逊国家的分离主义模式不同。在这个方面，日本的情况可以视为欧洲模式的变体。然而，日本与任何欧洲模式又都不同，中

---

① Samuel Humes IV. Local Governance and National Power—A Worldwide Comparison of Tradition and Change in Local Government[M]. Harvester Wheatsheaf,1991:66.

央官僚对地方政府事务的行政干预非常强大,它是一个高度集权的体系。

我们看到,在英国分离主义模式下的中央—地方关系中,中央和地方政府的职能由法律清楚界定,在履行相关职能时,它们是互不包括的,基本上排除了两级政府间职责的任何含糊之处。中央政府的职能由中央政府本身的派驻机构实行,而不是像日本那样通过对地方政府的机关委任事务来贯彻实施。英国法律和法令详细说明了地方政府的职能,只要这些职能被视为是地方的,中央政府各部并不监督。不过,当与中央政府的利益相冲突时,国会能制定法律来改变地方政府的权力、职责甚至结构,这时地方政府可能处于一种不利的地位,这样的后果恰恰是因为它们在中央政府没有发言权。在英国,缺乏一个类似内政部这样的机构代表地方政府的意见。① 地方当局没有超乎议会法令所给予的权力。

在日本混合主义模式的中央—地方关系下,中央—地方职能的区分是模糊的,中央政府的职能委托给地方政府是很普遍的现象。在这种模式的典型原则下,许多属于中央政府的职能被委托给地方政府。这意味着与分离主义模式相比,地方政府能够较容易地发起新的政策。

官僚与政治对于理解日本的政府间关系都很重要,双边的妥协与影响在日本比在分离主义模式下的国家中普遍。日本内务部被期望代表地方利益对抗其他中央各部,同时它也试图控制地方政府。在日本的两级体系下,县政府的角色是中央和地方政府利益双边沟通的中间人。在各级政府之间的讨价还价过程中,地方政府能够参与,或许能对中央政府的决策施加影响。通过公职的竞选运动越来越重要,可以解释从垂直统制模式向水平政治竞争模式的转换。地方政府已经通过行政首长和议会或委员会成员的选举发起许多项目。中央的行政控制已经是绝对必要和互补的。

传统的理论认为,日本的中央地方关系依靠中央省厅的主导权来控制。中央控制地方的手段是机关委任事务、补助金、指派人事等。这些均在于强

---

① Michio Muramatsu(ed). Local Government Development in Post-war Japan[M]. Oxford University Press,2001:3.

化集权体制。府县被视为中央省厅的代理人。现代国家中的中央地方关系是以行政统制为中心的"协作"关系。首先,支持这种共有方式的法律理论就是机关委任事务理论。委托给地方办的一些事务,本来是中央政府的工作,中央政府及地方公共团体为管理和执行上的便利,将自己的事务委任给地方公共团体首长或其他地方公共团体首长行使。所以,中央拥有领导监督的责任和权限。委任形式是"机关委任"。委任的对象是知事、市町村长等首长。与地方公共团体自身事务(自治事务)相比较,又称作"非自治事务"。在机关委任事务中,中央政府的机关委任事务占绝大多数……据统计,都道府县知事处理的事务中,机关委任事务占70%;市町村长处理的事务中,机关委任事务占30%。① 地方议会对委任事项有发言权,但没有表决权。这种"机关委任"方式,处在日本中央地方结合体制的基础位置上,对维护国家的政治社会团结和统一做出了贡献。

日本的财政体制是以机关委任理论为核心的整体中央地方关系构造的一部分。由于地方自治体存在着"慢性"财政不足,需要中央发放补助金和贷款,形成了中央对地方的优越地位。中央政府在地方政府的课税权中有很大的制约。这种财政体制使地方形成对中央的依存心理,而中央官僚对地方自立能力则抱怀疑心理,二者之间恶性循环。这种体制的缺陷早被指出,但没有被改变。到80年代城市化迅速发展的时候,需要对这些弊端进行彻底研究。

通过对府县"指派"人事的方式,使得中央设定的行政基准易于在地方实施。在日本,职业行政官的人事,对联接中央和地方是重要的。他们中的很多人,直到退休,"户籍"一直放在中央官厅,来往于中央和各都道府县之间,不断荣升。这种人事方式,是谋求中央与地方之间价值观统一化的一个重要因素。由此产生的社会网络,要么被上述"政策共同体"纯化,要么也长期维持"等级关系",这在考虑日本地方自治时,是相当重要的问题。另外,山谬埃尔·比尔(Beer)所说的代表地区利益的政治家、行政官僚也有可能

---

① 许崇德:《各国地方制度》,中国检察出版社1993年版,第175—176页。

发挥重要作用。总之,对联接中央与地方(特别是府县)的自治省及各有关省厅的人事,包括对其功过的评价,必须认真分析研究。① 日本不同层级政府间的人事交流体系可能是世界上独一无二的。在这一体系下,县的行政机构中经过挑选的高级职位由中央派遣人员充任,而且市的行政机构中经过挑选的高级职位由县派遣人员充任。不过这些派遣都不是强制的,他们由强大的传统指导,而一些职位也可能被认为是可世袭的。也有反向的派遣:一些地方政府官员被安置在中央政府各部和机构待上一定时段。这一体系称为"中央和地方政府间职员借调和转让"。这种交流发展的作用可以从研究他们存在的基本原理而进行解释。一种原理是,人事交流是职能工具,对于贯彻中央计划证明是有效的。既然一连串的发展支出分配给地方,而地方的能力又是有限的(至少在战后早几年如此),中央政府发现有必要在地方政府行政机构内安置一些官员,来帮助执行优先选择的任务。一旦把这样的人事交流放在适当的位置,也许证明它是建设地方能力的有益手段。例如,通过与派遣到地方的经过很好训练的中央官员一起工作或者被派到中央政府工作,将为地方官员提供培训……最后,值得注意的一点是,地方政府对于人事交流体系没有什么反对意见。地方支付派入人员的工资,反过来他们必须感受到他们得到了某些东西,否则他们将会抱怨连天。②

　　中央与地方之间的链环可以在行政官员的人际关系中发现。在日本,行政官员的忠诚也扩大和加强了国家标准,但是通过一种不同的方式。行政官员常常留在中央各部一直到退休,但是常常从东京转到派驻机构或地方政府。国家高级公务员从中央各部转到地方政府有一个专门体系(主要转到县政府)。例如,建设部的一名官员将可能转到一个县政府相应部门的一个关键位置,然后召回东京,随后再派往其他县政府。通过这些官员的调转,部可以相对容易地贯彻其权限下之项目。然而,经过这一实践,中央水

---

① 村松歧夫著、孙新译:《地方自治》,经济日报出版社 1989 年版,第 28—29 页。

② Michio Muramatsu(ed). Local Government Development in Post-war Japan[M]. Oxford University Press,2001;22 - 23.

平上各部之间的冲突,也跟着下移到地方水平上。中央冲突与机关委任事务相伴。

日本的行政控制中,中央还通过人事任免权来对地方政府施加影响。日本的《地方自治法》规定,内阁对执行中央委托事务不力的地方行政长官(由地方选举产生的知事),可以提出指责,并可要求法院予以处理。在法院处理过程中,内阁大臣可代行其职权。总理并可根据法院的决定罢免知事。地方自治团体公务员的录取、考核、奖惩办法,由自治省安排。这些措施加强了中央政府对地方的控制。除了机关委任事务之外,中央对地方的控制也以主管大臣对都道府县,以及都道府县对市町村长的职务执行命令诉讼形式。这两种形式可以导致内阁总理罢免都道府县知事,以及都道府县知事罢免市町村长的结果。不过,最终还可以上诉至最高法院。另外中央对地方政府的控制手段还有立法控制和行政指导。

垂直式行政统制模式,对考察昭和 20 年代(特别是后半期)至昭和 30 年代巩固的中央地方关系是最有效的。从法律上和中央与地方的行政人员之间的实际情况来看,中央省厅是领导监督地方行政的"上位机关"。从地方上的情况来看,与中央比较,或许可以说议会的影响小,而在执行任务方面,地方行政部门受中央省厅的影响很大。确实存在着垂直式行政统制模式妥当的领域。与此有关,需要指出的是,行政首长在对议会的关系中,存在着利用这种纵向状态的情况。就是说,行政首长或被委以裁量的有关部门,对议会的质询和要求,可以机关委任事务为由,来解说中央的强烈意图。这种机制,好像在大量承担中央事务的联邦德国的市长中,也同样起着作用。对地方行政当局来说,来自中央的统制尽管手续繁琐,但在内容上大多并不深加干预。同干预实施内容的议会相比,容易应付。而且,在这种纵向行政机制中,知事可以随意把自己的政略政策化。[1] 上述行政结合构造,确实仍存在于现在日本的中央地方关系之中。但值得注意的是,1955 年的保守合同以后,上述以行政途径为核心的结合构造受到削弱,地区居民与国家

① 村松歧夫著、孙新译:《地方自治》,经济日报出版社 1989 年版,第 28 页。

政治结合的另一途径发展起来了,这就是政治力量对比关系所产生出的途径。因此,对上述模式的批评是,第一,缺乏政治上的分析。也就是说,这种模式没有注意到以地方选区选出的国会议员为核心的政治家集团的活动。是他们把地区的利害冲突与中央的意图结合在一起的。第二,以前的地方自治论没有充分考察地方政府的政治过程。① 水平政治竞争的观点把官僚政治的力量看作是主要的,但认为它未必是中央与地方关系中的支配因素。政治因素同等重要——如果不是更为重要的话。② 20 世纪 50 年代,保守党建立了与反对党以及中央官僚相关的权力,因而渗入中央与地方关系中由官僚占支配地位的制度链条中。类似地,在所谓的"1955 年体制"中,中央—地方链条的某种政治实践开始突出。这些实践是指中央各部对地方资源的竞争。官僚的相对重要性在 1955 年保守党合并后下降了。通过执政党的支配,新政治结构更容易对地方压力作出响应。

日本中央官厅对地方政府起监督作用。不仅是机关委任事务,在各种补助事业中,各有关官厅还要把自己的方针和见解让地方付诸实施。当然,地方政府这时可以在法律和实施上自由裁量。在这种情况下,行政事务被中央和地方"共有"。地方税的分配比率也因地方财政每年的需要在不断变化。掌管地方税的自治省也对地方自治体的事业方法、内容发表意见,施加影响,是"共有"体制中强有力的参与者。这种体制可能是在"让中央政局异动之余响,波及地方行政"的意图下,中央官僚制企图控制地方行政,并为了迅速实现近代化、杜绝浪费而开始采用的。但是,这种"共有"体制,在地方居民政治上达到能动化时,反过来又可成为把地方政局的"异动"轻易地传递到中央的制度。

(二)府县知事——中央与地方之间的中间人和中央的代理者

都道府县知事和市町村长的权限基本相同,二者在法律上处于平等地

---

① 村松歧夫著、孙新译:《地方自治》,经济日报出版社 1989 年版,第 29 页。

② Michio Muramatsu(ed). Local Government Development in Post-war Japan[M]. Oxford University Press,2001:5 - 6.

位。但是,因为都道府县包含市町村,所以在机关委任事务上存在前者指挥、监督后者的关系,由此知事与市町村长在权限上又存在若干差别。都道府县知事及市町村长在处理机关委任事务时,分别处于中央政府或都道府县下级行政机关的地位。都道府县知事要接受主管大臣的指挥监督;市町村长要接受都道府县知事及主管大臣的指挥监督。都道府县知事有权取消或停止市町村违反规定或越权的处分;市町村长有权取消或停止所属于行政部门违反规定或越权的处分。在指挥监督中,最为有力的手段为职务执行命令诉讼。都道府县知事还拥有以下职权:(1)对市町村长的指挥监督权。主要有:对市町村长作为国家机关处理行政事务的指挥监督权;取消或停止执行市町村长的行政决定;对市町村长的罢免权;知事在市町村长因执行职务命令诉讼被传讯时可代行其职;对市町村的组织和活动提出助言和劝告;财务监督权;要求市町村长采取纠正和改善措施等。(2)决定有关市町村事务。主要有;决定市町村的废止、设置、分立和合并及边界变更;同意市町村变更名称;受理申报及报告等;指挥监督市町村监查委员的工作;选任市町村长的临时代理者;选任市町村长的临时选举管理委员;同意市町村起债;调停与市町村有关的自治纷争;同意设立各种协会等;同意设立地方开发事业团等。① 战后日本地方制度的另一个重要特点是市町村并行平等原则的指向性,或许这一点也是明治维新以来日本地方制度的特点。也就是说,在将事务转让或者委托为自治体时,事务应尽可能地向基础自治体市町村转让和委托,而不是向广域自治体都道府县转让或委托。同时,在向市町村转让或委托事务时,要对所有市町村平等实施。②

不过,府县的角色在战前战后并不完全相同。灵活理解战前的集权制,对理解战后日本的中央与地方关系是重要的。在战前,府县角色的重心是国家的代理人,战后则具有国家代理人和地方政府代表的双重资格。日本

---

① 许崇德:《各国地方制度》,中国检察出版社 1993 年版,第 152—153 页。

② 西尾胜著,张青松、刁榴译:《日本地方分权改革》,社会科学文献出版社 2013 年版,第 8—9 页。

战前的中央地方关系是中央统制式的,地方政府的确变成了中央在地方的分支机构。这种情况,作为一种观念已深深沉淀到战后日本地方自治论中。在战后初期,中央官厅也把府县及其首长作为中央的代理人来看待,并不断继续牵制府县,以使中央的意见贯彻到地方。尽管如此,感到不安的中央省厅仍想加强派驻地方的机构。战前中央地方关系可归纳为:(1)府县是国家的代理人。在地方,知事是作为国家的代表而存在的。市町村是作为反映地方意志的代表而存在的。(2)虽说是府县行政体制,但是在政治活跃时期,要受政治影响。只是这种政治活动影响,最终要受制度制约。(3)在近代化进程中所产生的中央官僚制在道义上的优势,提高了中央官僚制和知事所构成的行政结构的影响力。实现近代化这一国家目标和天皇的权威,掌握在国家和官僚的手里。道义上的优势将随着近代化的实现而衰败下去。①

在二战后,府县制成为一种中间团体。府县这种中间团体是什么?简而言之,是在与中央保持联系的同时,对市町村解释法律,财政上进行监督,发挥上情下达、下情上报的媒介作用。在中央和市町村之间,府县既从事传统的事务,也拥有并开始推行自己的事业,如地区开发、环境行政、福利政策等新型事业。或许日本战后时期最重要的发展是中央政府直接授予地方行政长官职责的增长程度。府县为这些事业同中央和市町村交涉互动,广泛地从国家的牵制中解放出来,扩大了与中央、市町村的各种新型关系。在此过程中,府县除了把中央的意图向市町村传达这种机能外,在转达市町村对中央的意向和直接向中央反映自己的意见方面,比以前的作用大多了。在战前以及战后初期,三者的关系是,〈中央=府县〉对〈市町村〉,在50年代以来的时期,府县对中央和市町村二者是既对立又协作、并非一直是某一方的伙伴关系。"中间团体"有两层含义:(1)从"府县的性质"来看,可称做中间团体。府县是地方政府,但是与市町村这种"纯粹的"自治体相比,带有国家性质的一面。这种国家性质,表现为在府县的事务中有很多是来自国家的

---

① 村松歧夫著、孙新译:《地方自治》,经济日报出版社1989年版,第58页。

机关委任事务。(2)从"办事能力"来看,处于国家与市町村中间。"办事能力"大体上是指包括财政资源规模和专业知识等在内的行政财政能力。而且好像还包括所从事的事业规模也属于中等这层含义。值得注意的是,作为中间团体的重点,已从第一层含义转移到了第二层含义上。这一时期,确立了自民党统治体制,权力从官僚制向政党转移的现象也影响了府县的行动方式。①

府县作为介于中央和市町村之间的中间团体,其制度上的保障是日本宪法第八章(地方自治)的规定和地方自治法。从战前的国家代理人或者国家的派驻机关,转向中央与基层地方政府之间的中间团体,府县知事的性质发生了变化。其中,知事公选化是一个核心因素,它使府县"地区化"了。来自选举的合法性为府县知事提供了政治潜力,使得在垂直式统制模式下的日本中央集权体制下,在机关委任事务和补助事业增大的过程中诞生了一个蓬勃有力的自治性的地方政府。这为此后走向地方分权提供了重要的实践基础,但似乎也使得日本中央与地方更加相互依赖。这也是日本中央与地方关系的特点之一。在日本,地方政府的行政首长由居民直接选举产生,实行独任制,统辖和代表本普通地方自治团体。首长具有两重性:一方面,他是本普通地方自治团体的执行机关,特别是知事,已非国家官吏而只是都道府县的职员;另一方面,首长在管理和执行机关委任事务时又具有国家机关的性质。府县知事通过公选,已经"地方化"了。知事公选化的政治意义在于,战前被府县一级封锁的地方压力活动,将扩大延伸到了中央。的确,地方上巨大的政治能量冲击中央政治,从而产生了战后日本政治的一大特点。很多人把这批评为是利益诱导政治,然而不容置否,这也是民主进程中的一个侧面。正如日本政治史研究中已明确的那样,利益诱导政治虽说战前就已存在,但战后的规模,毕竟还是在日本国宪法的范围内,首次得以进行的。②

---

①　村松歧夫著、孙新译:《地方自治》,经济日报出版社 1989 年版,第 60 页。
②　村松歧夫著、孙新译:《地方自治》,经济日报出版社 1989 年版,第 75—76 页。

在与国家的关系上,知事的态度总是维持现状,并不断地提出要求。知事主张把事务下放给地方,有机会就提倡分权化。即使事务分配维持现状,上级团体也应明确承担责任,或者要求重新分配财源。"事务"一词与"权限"并非同一码事。事务只意味着机能和工作。所以仅凭事务分配不能确定法律上的权限大小和政治权力的分配。但是,假如事务分配给了地方,尽管国家保留监督权,但实质上的权能已在相当程度上交给了地方,这也是事实。所以绝大多数知事选择行政事务的重新分配。简言之。关于中央地方关系的行政改革,知事关心的是权限。市町村关心的是经费。① 府县的政治作用与市町村的政治作用大不相同。与注重财政问题的市町村长的现实主义态度比较,府县知事的政治追求带有意识形态的色彩。这显示出府县知事更加强烈地意识到自己是地区的代表者。这是通过选举决定知事地位而产生的一种必然结果。98%的知事都认为自己是地区的代表,意味着知事更为认同的是自己作为中间层级地方政府行政首长身份而不是中央代理人身份。如果自治单位拥有足以代表一个地区的政治象征才能有活力的话,那么借鉴法国的模式是有利的。日本府县知事的权限远比英法两国地方首长的大。作为府县是中间团体,拥有"权限"大,知事成为有关方面争取、拉拢的对象。

只是运用垂直式统制模式并不能完全解释日本中央与地方相互渗透的关系,如果把日本中央地方关系的新观点与政治结构的整体联系起来看,可作为发现地方自治新职能的契机。20 世纪 60 年代的居民自治运动和革新自治体时期的地方自治论证了这一点。

二、20 世纪 70 年代福利国家的形成与日本中央与地方关系的过渡

如前所述,日本的社会保障制度在二战以前已经萌芽,那时日本就有一些社会事业设施,如养老院、救护所、育儿院、托儿所等。不过,战前日本社

---

① 村松歧夫著、孙新译:《地方自治》,经济日报出版社 1989 年版,第 72 页。

会事业的设施种类和数量是非常有限的。社会保障制度的重建时期是第二次世界大战结束到50年代前期，在50年代后期至1973年得以扩展。其中20世纪60年代是日本社会保障发展的黄金时期，也是日本社会福利模式形成的重要时期。战后，在美国占领军司令部的指导和监督之下，日本宪法第25条明确了国家提高和增进社会福利的责任，确立了国家承担主要责任的社会福利发展模式，即国家直接经营和管理社会福利，或者国家通过委托和招标形式，吸收民间团体参与社会福利的经营和服务。国家及地方公共团体所进行的社会福利事业的领域显著扩大。随着社会福利的立法日趋完善，社会福利设施不断扩充，并向专业分化方向发展。在20世纪60年代，国家加大了对社会福利经费的预算支出，使得社会福利成为与社会保险齐头并进的两大社会支柱，进入了一个实质性的发展时期。国家主导型的社会福利成为日本社会保障基本发展模式，也是其特征。从70年代开始完善社会福利事业，日本开始进入福利社会。1972年，日本政府发行的《经济白皮书》冠以"建设新的福利社会"的标题，对外宣布日本进入了"福利元年"，日本建成了福利国家。

在福利供给方面，在20世纪50年代，日本的公营和私营民间设施总数量基本持平。1965年以后，两者之间的差距逐渐扩大，到了1980年，公营福利设施占据主流，形成垄断。在1965—1975年的10年间，福利设施总数翻了一番，是福利设施发展的一个重要时期，其中，民间福利设施在1970年以后也出现了一个飞跃的发展时期，但与公立设施的势头相比，显得比较弱。日本在社会福利方面的运营实施组织和机构大致可分为三种，即国家、地方公共团体和以社会福利法人为中心的民间组织。在日本的民间社会福利组织中，有根据法律而成立的组织，也有各种自发成立的组织。作为民间社会福利事业的经营主体发挥着最重要作用的是有法律根据的社会福利法人。社会福利法人是以进行社会福利事业为目的、根据社会福利事业法而设立的法人，它的设立须经都道府县知事或厚生大臣的认可。社会福利法人大多是通过经营福利设施来从事社会福利事业，从广义上讲也是日本社会福利行政组织的一部分。这些社会福利法人接受国家的财政援助及税制上的优惠,也要接受都道府县知事、厚生大臣的监督指导。由于日本宪法规定国家对社会福利负有责任,实际上对于社会福利事业的运营,中央政府在很大程度上进行着限制和援助,所以国家、地方公共团体和民间组织在各自发挥作用的同时,又成为一体,推动着社会福利的发展,可以说是日本社会福利运营体制的一个特点。

在赶超欧美这一目标意识强烈时,地方与中央的意见分歧暂可搁置一边。60年代后半期,伴随着经济的发展,国民收入上升、中心城市和郊区人口增加、车辆增多等,工业迅速发展的消极面也开始显示出来。环境问题引起了人们的注意,余暇、生活质量与工作均变得重要起来了。在把空气和水污染作为公害问题提出之前,人们强调积累的利益,而忽视了拥挤混杂引起的不利方面。公害问题完全改变了这种情况。现在开始谈论要重视生活而不是生产,要重视个人价值而不是"天下国家"。收入的提高和余暇的增多,使城市居民的目光投向环境,加快了居民运动的组织化。实现现代化目标以后,对种种城市问题而采取的新政策,促进了日本政治的转变,日本政治不断出现了各种过渡时期的现象,在地方政治发展方面同样如此。作为这一时期的地方自治的政治问题,最重要的是居民运动的爆发和革新自治体的大量涌现,变化冲击了中央地方关系中日本式的行政结合构造,带来中央与地方关系的转机。

居民运动在日本是重要的政治事件,它使地区居民集体对政治决策施加影响的行为带有自治的性质。因为与公害问题有关,格外引人注目。它迫使国民对生产至上主义进行反省,重新制定国家与地方公共团体各种长期规划的巨大动力之一。居民运动之所以引人注目,一是期望它具有解决以公害为主的城市问题的能力;二是显示了对传统的"政治文化"观念的反命题。除选举外,极少参与政治、理应顺从政治领导的民众,一反常态,主动参政,是令人吃惊的。[①] 这一时期的经验,对理解中央地方关系要考虑政治因素的新型模式是至关重要的。

---

① 村松歧夫著、孙新译:《地方自治》,经济日报出版社1989年版,第40页。

　　60 年代革新自治体的增多,是地方政治变化的又一大特征。长时间内,与执政党注重利益相比,在野党的各种势力注重的是意识形态。他们宣扬"地区民主主义",认为必须要使市民政治化,市民政治化必然会带来民主化。但是,由于只有发展道路、卫生等问题,才能实现他们的"地区民主主义",在野党慢慢从意识形态政治转向具体政治,开始热衷于地方政治问题。公害问题成为严重的社会问题大致也在这一时期。"地区民主主义"者抨击公害问题是很自然的事情。这一时期,在野党对发展福利也起了很大的推动作用。地方政府具有了着手制定再分配政策的财政能力。① 在地方选举的口号中,惹人注目的是在野党候选人针对自民党标榜的"直接联系中央"口号,提出了"直接联系居民"的口号。而且,已开始出现自民党候选人不得不放弃"直接联系中央"这一口号的现象。革新自治体的出现引起了重要的政治后果:第一,使地方政府内长期铁板一块的局面崩溃,内部开始发生矛盾冲突。因为几乎在所有的革新自治体中,首长都属于革新派,而议会的大多数议员属于保守派。在这种情况下,首长关于"政治问题"提出的政策提案大多遭到否决。第二,革新自治体带来了新的政治与行政方式。这里是指与市民的接触方法。革新自治体希望通过加强宣传和对话,特别是后者这种"直接联系居民的"方法来填补不能"直接联系"中央而产生的政治损失。第三,影响地方的政治行政过程。日本地方议会传统上比较弱,在地方政府的决策过程中,一直是行政先于议会,市民参政加深了这一倾向。

　　20 世纪 70 年代早期,是一个日本中央与地方政府之间在许多政治和政策问题上意见相左的时期,如污染和其他环境问题。在 70 年代之前,中央和地方政府在有关经济问题上就有许多这样的政治冲突。地方共同体寻求保护他们自己的商业利益和生活方式,而中央政府试图使经济和社会服务标准国家化。在对中央政府以增长为中心政策的批评上,反对党控制下的地方政府在 20 世纪 60 年代和 70 年代早期获得了成功。关键是上述所谓的"居民运动"和地方政府中"左翼"力量的增加。在这一时期,日本地方政府

---

① 　村松歧夫著、孙新译:《地方自治》,经济日报出版社 1989 年版,第 37—38 页。

的反应是,在环境、城市规划、福利和其他许多政策领域扩大其政策制定者的角色,也扩大其作为中央政府代理人的角色。

总体上,地方政府在污染控制和福利项目上开拓了广泛的领域,扩大了它们的权威,虽然这样做是有条件的。对于老年人期望得到的钱来说,1979年中央政府负担了约60%的福利支出,但是到1987年为止,它的比例下降到了25%,而地方政府所占比例增加到了60%。类似地,中央和地方政府对儿童福利项目提供资金的相关职责在1986年也显示了相反的形式。实施新社会政策的压力少多了,但是地方政府也开始积极响应社会服务日益增加的需要,发起了广泛的其他社会福利项目,大部分是出于改善脆弱者的困难和那些早先在国家水平上都没有相应政策的福利项目。

社会对政府的老龄化社会的福利保障需求急剧增加,并且政府对社会提供的行政服务的数量和质量也不断增加。维持一个跨地区的、对所有国民提供均质的、最低限度福利保障的行政服务框架,行政机构必然变得非常复杂和庞大。因为它不但要承担地区之间的再分配职能,而且还承担不同家庭之间、不同收入阶层之间的再分配职能。由于日本的社会保障制度种类很多,各自独立,在管理运营上比较复杂。比如,从管辖范围看,中央政府有关部门只负责监督,直接运营则由其下属机构或公共法人组织承担。如生活保护、社会福利、公共卫生及医疗领域的主管单位为厚生省,但执行机构是都道府县的有关部门及市町村的保健所和福利事务所。在社会保险领域,主管单位是按被保险人的类别和保险内容区分的。一般在职职员保险由厚生省主管,实际执行机构是都道府县的民生主管部门及其下设的社会保险事务所,以及健康保险组合和国民健康保险组合等基层公共法人组织。国家公务员和地方公务员保险的主管部门分别为大藏省和自治省,运营主体则是中央和地方政府各部门以及有关事业单位的共济组合。农业从业人员保险由农林水产省主管,由市町村和农业从业人员养老金基金负责实施,此外,农林渔业团体职员、私立学校教职员的保险属于文部省,失业、劳灾保险属于劳动省,也都有相应的政府主管省厅和基层运营机构。然而其中失业及劳灾保险属于劳动省,这种制度上的分散性给管理与运营带来了很大不便。地方政府是社会保险的实施窗口,起着重要的作用。日本的社会保障制度中,地方政府作为执行机关,与被保险者最为接近。各个都道府县的主管部门,均设有保险课及国民年金课。保险课主管健康保险、船员保险和厚生年金,同时对各保险组合、厚生基金以及医疗机构进行指导和监督。国民年金课负责对国民年金业务,以及对所属市、区、村的年金事业进行指导监督。由于社会保障是国家的事业,社会保障机构所有工作人员,包括设在地方政府的社会保障机构的人员,一律属于国家公务员,并置于国家政府的管理之下。

实际上,到 20 世纪 70 年代为止,日本的中央—地方关系已经离开前 10 年的冲突性,进入更为合作的主题,其中地方开始被中央视为发达工业国家治理和福利国家集体事业的合作者,地方政府的活动越来越变为国家政策的重要部分。这一认识使得地方分权或权力下放成为焦点,日本已经开始思考在 21 世纪将要创建的社会性质。在 20 世纪 70 年代早期,在通过一系列强制控制污染的措施和福利立法(这标志着日本福利国家的形成)之后,中央政府快速把贯彻许多新公共政策的权威转给地方。特别在是较大城市,地方政府获得了贯彻国家污染控制措施的大量权力,也获得了对它们创制地方环境政策的认同,这在较早时期是被中央当局反对的。这样,权力下放通过将权威向地方政府转换而向前发展。不过,看起来地方政府不是如其所愿完全利用了他们日益增加的政策特权。原因之一是当需要超过其负载时,地方政府没有足够的资源来最大程度地利用他们的自由裁量权。比如福利设施的使用问题。面临这种形势的市长更可能采纳国家条例设置的福利标准为最大限度,并用中央政府的权威来证明自己决策的正确。这样做,以便在政治上让中央政府承担设置标准的责任。① 从 70 年代末开始,主要的富有进取精神和保守派知事强烈表示,随着改善福利国家项目管理的地方主义时代的出现,使地方共同体在石油危机和工业重构之后具有新活

① Michio Muramatsu(ed). Local Government Development in Post-war Japan[M]. Oxford University Press,2001:17 - 18.

力,甚至需要更为自治,以确保政治责任。

社会变迁减少了地方共同体与家庭这个传统的社会缓冲区的休戚相关程度,产生了社会服务的新需要——对于老年人、小孩和残疾人尤其如此。在许多领域,这类问题的密集导致社会的紧张和普通公民努力寻求地方政府帮助。发达福利国家中地方政府职责的变动已经刺激、强化或扩大了地方政府对民主的潜在益处。通过协调发展和服务;调解社区意见;提倡消费者利益;作对日益增加的要求进行反应的代理人,地方政府对于当代民主治理最大的贡献在人类福利领域。① 尽管在财政上依靠地方政府,中央政府的任务是建设一个允许中央从行政的立场控制政府间关系体系。中央政府的目标是,一方面防止行政服务质量的下降;另一方面也防止行政服务的竞争性扩张。

三、后福利国家背景下日本的中央与地方关系

20 世纪 70 年代中后期,日本在小政府的意识形态下,缩小了国家干预经济的范围,削减了福利补助。人们开始意识到国家提供福利服务的限度。然而同时,中央政府各部和机构尽力维持现存的活动水平,并且试图进行权力下放。事实上,80 年代的中央—地方关系已经出现了地方分权的趋势。在第二次临时行政改革委员会任期结束时,接着在 1983 年、1987 年和 1990 年产生了一系列促进行政改革的委员会。这一时期,行政改革是政府创制的主要焦点,首要关注的是如何最好地重构公共—私人部门的关系和中央—地方政府的关系,以便适应新的国际环境的需要。第三个委员会的第一个报告明确要求以权威的转换作为行政改革的基础,也就是将权威从政府转到私人部门,从中央转到地方政府。在这一框架下,可能的四种权力下放类型是:(1)放松机关委任事务;(2)转换权威;(3)扩大所谓的"联合授

---

① Michio Muramatsu(ed). Local Government Development in Post-war Japan[M]. Oxford University Press,2001;36.

权"原则;(4)减轻中央政府的补助负担。80 年代,许多有关福利领域的机关委任法律已经被修正了。

日本地方政府的法定结构是集权式的。最著名的也可能是日本地方政府集权体制标志之一的例子是:本应由中央政府行使的职能(机关委任事务)却委托给地方政府行政首长。① 所以,在 1999 年颁布并且在 2000 年实施的一揽子地方分权方案中,对于后福利国家背景下的中央与地方关系来说,最重要的是废除机关委任事务,这决定地方自治性质将发生极大的变化,从根本上改变日本的中央与地方关系。废除机关委任事务,对于府县一级政府来说意义尤为重要。

在日本主要是国家来提供福利的,但是在国家事务依赖地方政府贯彻实施的中央—地方关系体制下,国家直接参与提供的公共社会福利事业很少,大部分都由地方公共团体来经营。在经费方面,由国家直接进行的社会福利事业,完全由国家财政负担,与地方公共团体无关。相反,由地方公共团体经营的社会福利事业与国家财政却有密切的关系。在地方公共团体所开展的社会福利事业事务中,有些国家事务由地方公共团体作为国家的机关来开展,有些虽然法律规定是地方公共团体的义务,但国家也给予极大的关注。关于这些社会福利事业的经费不是仅仅由地方公共团体负担,国家也相应负担一部分。但是,原则上讲,对于地方公共团体固有的福利事业事务,国家没有负担经费的义务。步入 21 世纪,日本的社会福利事业,或由国家和地方公共团体进行,或委托民间社会福利事业经营者来进行,但其费用全部由国家财政或地方公共团体财政负担。虽然民间社会福利事业经营者受国家或地方公共团体的委托,在许多方面受国家或地方的制约,不能算是纯粹的民间事业,但它在日本社会福利事业中占的比例却很大。

日本福利制度面临的问题如下:第一,是国家与地方的作用分担问题。日本的社会福利服务大多由地方公共团体作为国家的委托机构来进行,根

---

① 埃里克·阿姆纳、斯蒂格·蒙丁主编,杨立华、张菡、吴瑕译:《趋向地方自治的新理念——比较视角下的新近地方政府立法》,北京大学出版社 2005 年版,第 20 页。

据法律,经费由国家和地方分担。但事实上,国家分担的份额往往比实际费用要少,这便给地方财政增加了很大的压力,造成地方公共团体的"超额负担"。造成这种情况的原因主要是:(1)国家补助金结算单价比实际单价低;(2)国家补助对象数量比实际需要少;(3)国家补助对象的范围比实际需要小。归根结底,这些是日本现行的国家财政和地方公共团体财政难以适应社会福利需求的量的扩大和质的提高。也就是说,在现行的国家委托地方供给社会福利服务体制下,难以切实保证用于维持一定水平的福利服务而必需的财源,这种制度难以适应各地区社会福利需求的变化。面对这个问题,日本近几年来开始从根本上重新探讨社会福利中国家与地方的关系、国库支出金的方式等,力图形成一种能灵活应付社会福利需求的财政结构。①第二,重新评价民间社会福利事业的作用。根据日本目前的法律,开展社会福利服务是一种"国家责任"。但实际上民间的社会福利事业发挥着相当大的作用。对于这些民间的社会福利事业,国家或地方公共团体以负担金和补助金的形式提供资金,保证其运营。在设施建设方面,民间社会福利事业还可以得到来自于社会福利事业、医疗事业以及公营竞技事业的财源,这种财源也是一种国家或地方公共团体的资金投入。这样就形成了国家出钱、民间办事的局面。因此,日本有人认为现在是国家责任向民间转移。民间社会福利事业没有充分发挥出它本应有的先驱性和创造性的作用。日本在这方面所面临的课题,是如何在重视社会福利协会等民间组织的前提下,给民间的社会福利事业以应有位置,以新的方法开发其财源。

日本非营利组织的活动具有较长的历史,但是,由于日本政府所推行的福利政策基本上沿袭国家福利模式,对该组织的支持和发展缺乏政策和法律的援助,所以始终没有形成一股强有力的社会影响力。但是,小规模的贴近居民生活的非营利组织提供的福利服务以及福利活动,已经成为居民生活中不可欠缺的一部分,而被居民所认同。日本福利非营利机构在发展过程中表现的一个比较明显的特点就是,规模宏大、资金雄厚的组织体系相对

---

① 周弘主编:《国外社会福利制度》,社会科学出版社 2002 年版,第 359 页。

比较弱,而活跃在社区层面上的小规模、自发形成的自然组织比较发达,这与美国的福利非营利组织体系庞大的特点形成一个相反的对照。这一点也可以被认为是由于东西方社会组织结构以及邻里互助理念的异同所带来的结果。①

日本在对中央与地方关系进行重大改革,实行向地方的重大分权的同时,在福利体制的运营和福利职能的分配上,借鉴西方国家,主要是英国和美国的模式,采纳了向市场分权的方法,并且试图唤起社区的传统作用,使它重新承担社会保障的职责。但是,日本政府与世界上的主要福利国家相比,本来资金投入所占国民生产总值的比例就比较低,进一步采取市场化措施的后果还难以预料。在日本,社会福利运营主要还是地方政府的责任。诸如福利市场化、福利提供主体多元化的推行情况如何,现在还难以下结论。对后福利国家背景下的日本中央与地方关系来说,主要是中央政府如何控制政治领导地位增强的地方政府问题。废除了机关委任事务,国家不再能直接干预地方政府,而是要通过法律的途径。"地方分权一揽子法案"强调中央干预的"法定主义",各种干预都必须以法律或政令为依据,坚持透明化。除非法律另有规定,对地方政府的"例外"干预应尽可能控制在最低限度。

在日本,地方自治可视为国策,如何更好地发挥地方自治在国家治理中的作用,日本的做法带有其独具特点。日本中央与地方关系的历史变迁,带给我们的重要启示是,一是重视对其他国家先进经验的借鉴,其中,不仅重视学西方国家在地方自治方面的制度建设经验,也重视如何中央集权的制度建设经验;二是在改革中注重因地制宜而不是照搬照抄。在中央与地方关系的革新上,日本"在制度上是形式完备与实质完备的共存;在确立过程中是漫长与果断的交叉;在推行上是急与缓、先与后的分步骤性。正是由于日本地方自治新思维的确立与落实,使得日本地方自治的本意越来越趋向

---

① 沈洁:《福利非营利组织在社区福利供给中的作用——以日本社区福利为例》,华中科技大学学报(社科版)2004 年第 2 期。

完美,使得日本地方自治制度与实务愈加有利于实现提高居民福利的目的,使得日本地方自治对其他国家的与地区的借鉴意义日益增大"。① 尽管作为一种模式来说,日本的中央与地方关系并不够典型,但作为一个亚洲后发国家,日本的实践将有助于丰富我们对中央与地方关系的研究,加深对中央与地方关系的理解,也会为各国中央与地方关系的改革实践提供有益的启发。

---

① 曾祥瑞:《新日本地方自治制度研究》,中国法制出版社 2005 年版,第 47 页。

结　论

　　如何理解20世纪80年代以来世界主要国家普遍进行的地方政府改革？本书选择以福利国家的危机与转型作为切入口，以英、法、日三个国家作为研究对象，考察后福利国家时代的到来在当代中央与地方关系变革中的作用。

　　自从济贫成为国家的责任，国家的行为与功能就逐渐发生了变化，当社会保障体系逐渐发展完善，福利成为公民的权利，并在二战后形成福利国家的时候，西方主要国家，不管其历史上的国家类型如何，现在都专注于社会福利的生产与分配。英、法、日三个国家，尤其是前两个国家的福利制度经历了长期的演变。尤其是19世纪末到第一次世界大战期间，正处于一个承上启下的重要时期。二战以来，福利国家已成为发达资本主义国家利用国家权力调节市场经济，预防社会风险，解决社会矛盾和冲突的主要模式。在福利国家形成的过程中，国家的行为发生了历史性转变，其角色不再是"守夜人"，提供公共服务成为国家的主要任务，也成为衡量政府合法性的标准之一。福利国家形态突出地强化了现代国家的社会功能，肯定了国家在社会生活中的权威地位。自此,得到国家帮助成为公民当然的权利,向国民提供福利成为国家的责任。那么,如何根据国民需求有效供给福利就成为国家面临的重大问题。

受凯恩斯主义的影响,福利国家在管理和提供服务上以政府为中心,造成服务供给成本高昂、低效和回应性差,这是导致 20 世纪 70 年代末福利国家危机的主要原因之一。危机启发人们重新认识政府在福利国家中的作用。事实上,维持适当的国家责任可以与供给服务手段的多元化并存。"满足需求的集体责任与被当作手段的提供福利的形式这二者之间的区别,对于理解最近的事态发展来说十分关键。然而这种区别如此经常地被混淆,以至于值得给予进一步的关注。"①政府或国家部门并不仅仅是福利的供给者,它也是社会价值和社会活动的法律监督机构。国家作为福利供应者的确需要与它作为福利的监管者的角色区分开来。

关于福利国家的起源与发展在学术界曾有着激烈的争论。可以说,福利国家是一个政治学概念,但政治学家对福利国家的研究晚于经济学家和社会学家。艾斯平·安德森认为,福利国家的形成和发展是三大逻辑发展的结果,一是"工业化的逻辑":工业化破坏了传统的社会关系和组织对人的保护,使福利国家成为必需;二是"资本主义的逻辑":在资本主义社会里,国家最终是要服务于资本主义发展的长远利益,福利国家可以缓解由资本主义剥削而引发的阶级矛盾,有利于资本主义的长期发展;三是"民主制度的逻辑":民主制度的特点是满足大多数人的需求,预防和抵制市场的潜在风险。从以上逻辑来看,福利国家的发展是政治、经济发展的必然结果。但是,福利国家诞生之后,反过来又对国家的经济、政治与社会发展产生强有力的影响。虽然,福利国家的突出功能是其社会功能,但是,事实上,福利国家已经是整个国家发展的内在组成部分,福利国家的运作,体现了现代国家对经济社会的干预方式,全面影响着国家治理的发展。皮尔森的研究深化

---

① R·米什拉著、郑秉文译:《资本主义社会的福利国家》,法律出版社 2003 年版,第 118—119 页。

了对福利国家的认识。他认为福利国家是当代市场经济和资本主义的一个重要组成部分,福利国家成为一些中心国家参与和保障市场竞争的手段,皮尔森在一本关于福利国家的著作的导读中这样写道:"资本拥有者与福利国家互相适应,一段时间过后,福利国家就成为塑造企业行为和影响国家经济管理的制度矩阵中的一个重要部分"。① 因此,福利资本主义本身也就成为一种资本主义的发展类型,有着生产和分配的特点。"可以概括地说,福利国家被看作是对两种基本发展所作出的反应,即民族国家的形成及其向民主政体的转变,以及工业革命之后资本主义社会发展的基本要求的满足,是劳工运动得到积极动员的结果,而不论社会党或社会民主党是否控制了国家的决策机构。"②本书对福利国家的认识视角,是强调福利与资本主义的融合发展及其导致的国家建设以及国家治理的转型。

作为一个强有力的要素,福利国家的建成影响着一国地方政府的发展。尤其是在地方自治之乡的英国,福利国家的发展成为重塑英国地方政府体系的重大动因。福利国家作为一个影响中央与地方关系的重大因素,在英国地方政府的发展历史中体现的非常明显。与英国相比,日本和法国的社会保障制度发展程度较低,时间较晚,尤其是法国,福利供给职责主要由国家承担,所以,直到 19 世纪末,与重大的经济与政治因素相比,国家社会职能的变化并未对地方政府体系的变革产生重大的影响。但是,福利国家发展的重大阶段对中央与地方关系的重大影响,在各主要资本主义国家均有体现。

20 世纪 70 年代石油危机以来,福利国家陷入危机之中。人们认识到,由政府承担直接提供公共物品和服务,无法适应全球化带来的社会经济的迅速变化,不能获得统治效能。国家的作用不是直接和具体地负责全部的福利提供,而是应该依靠地方政府、市场与社会,这才是后福利国家的治国

---

① Paul Pierson. Introduction:Ivestigating the Welfare State at Century's End[A]. In Paul Pierson (ed). The New Politics of the Welfare State[M]. Oxford:Oxford University Press,2001.

② 戴维·米勒、韦农·波格丹诺(英文版主编),邓正来(中译本主编):《布莱克维尔政治学百科全书》,中国政法大学出版社 2002 年版,第 855 页。

之道。英国撒切尔政府提倡的福利政策改革的基本论点是:不可无限制地夸大福利国家的作用,完全由国家提供福利是困难的,国家的责任是对宏观经济发展进行调控,而不是把过多的精力投入福利服务的管理。需要将福利提供职能分散,下放给地方、市场或者社会。在福利国家改革的过程中,地方政府作为福利国家代理者的角色也随之发生改变,它成为一个"赋权者"。一方面地方政府仍然提供某些对市场无吸引力的基本福利;另一方面则需要加强管理、协调和监督地方的福利市场和众多提供福利的非公共机构。介入福利供给的非营利组织,如工人合作社、社区团体等。这类组织机构自工业社会形成以来,历经几番沉浮。它在福利国家的全盛时期走入低谷,又在福利社会取代福利国家的呼声中再次得到重视,并有进一步发展的趋势。国家在福利职责中的作用上,将会转向主要以宏观调控和法律规范为主,就像政府在管理经济中的角色一样。

欧洲福利国家改革的进程显示,私营的职业福利项目仅仅可以补充,还远远不能替代福利国家。虽然当前福利国家的改革重点在于调整政府和市场的比例,普遍削弱各国政府的社会保障功能,转变政府职能。但是公共产品的主要提供者仍然是代表不同社会利益的各级政府。改革的方向是在保持政府控制权的前提下"市场化"或"私有化"。在社会保障制度的改革方面,培育市场比改革政府更加重要。即使是这样,市场提供的服务永远也不可能完全替代政府提供的服务,因为市场的竞争原则高于社会的公平原则。①

改革福利国家不是终结福利国家,而是改革建设福利国家的方式和速度。奥菲在《福利国家的矛盾》一书中指出,"资本主义 + 福利"是世界发达国家共同选择的发展模式,尽管经过几十年的运转,人们发现福利国家诸多局限,"福利"与"资本主义"之间亦矛盾重重,但"资本主义 - 福利"模式将不会再现。毫无疑问,经济发展水平对社会发展水平的决定作用,

---

① 杨卫平、杨胜刚:《英、美、日、智利社会保障制度改革比较研究》,《财经理论与实践》2005年第3期。

意味着,福利国家本身的发展带有被动性。一个国家经济的大滑坡直接影响其政府的财政能力,或许福利提供也会因此陷入困境。所以,如何通过社会政策改革,使之既保障人们的福利,又与经济发展相匹配,应是各国未来建设福利国家的方向。

在对福利国家的急剧改革过程中,中央与地方关系、地方政府与地方社会以及市场的关系发生了质的变化,同时发生变化的还有福利、国家以及公民三者之间的关系。以此变革为基础,西方主要国家的政府根据本国福利国家的传统类型、特点与缺陷,分别进行了不同形式的改革,这毫无疑问将引起中央与地方关系的变化。

从福利国家到后福利国家的转型过程,也是从地方统治到地方治理的转变过程。在这个过程中,地方政府的角色从国家福利政策的代理人变为地方治理的领导者;从直接提供福利的“划桨者”变为“掌舵人”、“赋权者”。治理与统治的主要区别在于:治理来自政府,又不限于政府。治理最大的特点就是多中心。对地方的治理由许多私营组织、非营利组织、志愿组织等许多非公共机构或者半政府性质的机构与地方政府共同承担治理任务,形成了一个治理网络。地方治理要达到“善治”,需要各个参与者之间相互合作,相互依赖。显然,地方治理以强大的市民社会为基础,而地方治理的多中心会带来责任的模糊性,也可能引起对公共权力的合法性的冲击。治理是一个互动过程,它在西方并不是没有困难。在这里,社会资本是一个关键因素;治理在民主问题上也碰到了难题。衡量治理时代的到来对国家有何冲击,还需要注意的一点是,治理与统治并不是截然分开的,二者存在很多共通之处。

对英、法、日的比较表明,三国的中央与地方制度被差别显著的历史和制度传统所塑造。英国传统崇尚中央与地方的理想分离,分离主义在制度上体现在,议会是中央与地方的中介,通过法律控制地方政府的行为、财政支出和制度结构;在中央与地方之间,没有一个地区或者中间层级政府代表中央监护地方,并向中央政府反映地方的利益。在英国,中央官员与地方官员的政治世界相互分离,是否在地方任过职,对一位中央官员的政治生涯没有决定性的影响。英国有可能正是由于这一分离主义传统而没有发展成为高度中央集权的国家。英国却选择了高度集权的方式来应对福利国家的危机,借此控制地方支出,改革地方政府结构,并转变地方治理的模式。

法国中央与地方关系上的政治文化和制度模式与英国差别很大。1982年改革之前,法国主要通过行政直接控制地方政府,实行一种双重行政监督的模式,即由内政部和省(国家代理人),共同监护和控制地方政府。鉴于法国模式下的中央集权程度如此之高,有人甚至说在法国只有地方行政,不存在地方政府。但是,表面刚性的法国中央集权同时也极具柔性,这主要归因于法国独特的政务官可兼任事务官的制度。中央与地方政府在权力上的重叠使得这一表面极为集权的制度在实际运转中具有极大的灵活性。与英国不同,法国应对福利国家危机的做法是确实剧烈的地方分权。法国 80 年代地方政府的大变革,有力地增强了地方政治家的权力,消除了地方计划的各种障碍,为地方试验提供了更大的空间。但是,法国中央与地方体制中的兼职制度提醒我们不能高估这场改革的意义。值得我们注意的是,80 年代的分权改革并未包括这样的条款,即让地方政府吸收更多的人参与其中,从制度上调整地方社会对地方政府的影响。就此而言,法国距离地方自治的目标仍然很遥远,如何通过地方机构来达到地方"善治",仍然是一个尚未解决的重大问题。继 80 年代的地方分权改革之后,法国在 2010 年 12 月颁布《地方政府改革法》,确立了市镇联合体改革的一揽子方案,展现出具有中央集权传统的单一制在国家地方行政发展的可能路径与未来空间。毫无疑问,法国悠久的中央集权传统在当代仍然约束法国人改革中央与地方关系的政治想象力。

日本的中央与地方关系,是对英国的分离主义模式和法国的混合主义模式两种模式的混合,并且还具有德国模式的特点。德国体制是一种地方辅助体系,即州政府依靠地方政府去贯彻政策。在日本,在大部分职责上地方行政机关对地方议会负责,但是在执行中央政策时要对上级行政机关负责,地方政府此时要服从上级行政机关的领导。日本体制并没有专门设计代替中央政府的一级中间层级政府来专门监护地方,这似乎意味着中央与地方的相互分离或者日本近乎地方自治。但是通过机关委任事务以及与之相配套的必置管制和地方事务官制度,中央政府可以强制地方承担和执行国家事务,能够对地方政府施加有力的控制。通过地方事务官制度,也就是说派中央官员到地方具体执行、指导和监督地方政府履行机关委任事务,类似于法国集权体制下省长的职能。日本 1999 年的地方分权改革废除机关委任事务及其配套措施,这有可能从根本上改变日本中央集权的模式,在后福利国家时代,日本的中央与地方关系将呈现出与过去明显不同的特征。

在福利国家的发展过程中,地方政府成为英国福利国家的代理人,英国的"中央政府"变为"全国政府",但仍然坚持中央与地方相互分离的原则,地方政府仍然是福利国家的重要分支之一。而法国在中央集权的传统思维模式下,福利职能主要由中央政府承担,形成集权性的福利国家体制,这是导致法国中央集权危机的重大原因之一。在日本,每一层级的政府都依赖低一级政府对公共事务的管理;中央通过内政部和其代表对地方政府实施控制;而地方政府拥有大量的自治权。所以尽管福利是国家的职责,但是日本中央政府不直接提供,而是由地方政府辅助执行,福利服务主要由地方政府具体提供。

从福利国家转向后福利国家已经重构了地方政府体系。福利国家向后福利国家的转型趋势是共同的,但对于不同起点的中央与地方关系将会产生不同的作用。其中,英国向后福利国家的转型最为典型和彻底。在英国,本来福利职能主要由地方提供,步入后福利国家时代,中央政府进一步将福利提供职能从地方政府转向市场和非公共机构,地方治理形成多中心结构。地方政府从直接的服务提供者转为社区的领导者,其政治地位在地方辖区内得到了提升。

治理不仅仅是地方或者基层的事情,治理好坏事关国家兴衰,如何使地方治理有效运转,同时也是国家必须面对的重大问题。任何国家设置地方政府,其直接目的都在于通过各个地方政府实现对所辖地域的有效统治和管理,谋求该地域的社会稳定与发展。但从整体上看,各个地方政府能否充分发挥预期的效能,其影响所及并不仅限于局部地域,而是最终形成与整个国家政治统治直接关联的全局性问题。重视地方积极性的发挥,为地方政府有效治理创造所必需的条件,对于任何国家来讲,都是不可忽视的问题。① 中央与地方关系是影响地方治理的重大因素,其次,地方政府与地方社会的关系是另一重大因素。而中央政府是通过地方政府来治理地方的。中央政府在最终目标上,希望通过地方政府实现全国的善治。治理问题在不同语境中是有差异的,那么,什么样的地方治理结构才有利于目标的达成?

在福利国家危机背景下,英、法、日三国中央政府发起了对地方政府体系的重大改革,这对中央—地方政府关系产生了深远影响。地方治理运动的发展与当代地方政府的分权化改革是密不可分的。多元主体参与地方政治,地方政治形成网络,这些都没有任何新鲜之处,然而现在这些要素在程度与性质上都与过去不同。"治理理论意味着地方政府含义的一种变化,意味着统治的一个新过程,意味着既定规则的一种变化了的情形,或者是意味着管理社会的一种新方法。"②公共部门的扩张确立了地方政府在当代政治体系中的位置。地方治理要求加强地方政府的领导职责。面对一个日益多样化的地方社会,面对众多更为强大的地方政府,中央政府如何进行整合,如何维护权威,这是英国、法国和日本共同面临的新挑战。

制度的差异是造成政治差异的关键因素。制度在不同的历史时期和空间背景下扮演着不同的角色,在不同历史时期起主导作用的制度也不完全一样。韦弗(Weaver K.)和罗克曼(Rockman B.)认为,与其一般地研究治理或者地方治理的趋同,不如考察遗传下来的体制如何分配任务并使某种选择成为可能或不可能(路径依赖)的方式,这样做将更有前途。③ 证明政府独揽的不利之处,并不能同样证明某种治理范式的可取或者不可取。在这

---

① 陈嘉陵主编:《各国地方政府比较研究》,武汉出版社1991年版,第93页。

② R. A. W. Rhodes. Understanding Governance:Policy Networks,Governance,Reflexivity and Accountablity. Buckingham:Open University Press,1997:47.

③ Weaver K.,Rockman B. Do Institutions Matter? Government Capacities in US and Abroad[M]. Washington D. C.:The Brookings Institution,1993.

里,必须考虑地方治理与本国政治传统以及所处政治经济社会环境的匹配问题。范瓦尔登(Van Warrden)认为,我们不只是一般地强调建立网络的重要性,而是必须仔细地考虑何种网络适合于哪个国家,它们将如何影响国家的政策?研究国家之间的差异是相当重要的。①

在英国,应对福利国家危机的改革思维除了强有力的中央集权以外,还在地方形成多中心的治理模式,如实行福利供给的民营化、市场化以及地方化,以弥补政府统治的不足。英国地方治理结构从多中心到单中心再到多中心的变迁表明,与其他国家相比,英国似乎更容易找到地方政府的替代者。改革使得英国地方政府从很大的服务直接供应者,转为敦促者、发起人,有时是协调者也是合作者角色。但众多角色中,最重要的或许是其领导者角色,因为在多中心的地方治理结构下,地方政府可谓"中心的中心",那么,如何从结构上改革地方政府以适应新角色的要求,意义重大。以复兴地方民主、提升地方政府领导力为导向,英国对地方政府委员会体制进行彻底改革,提出了三种可供选择的替代模式,来取代委员会决策体制。这三种模式是:(1)直接选举的市长和内阁制;(2)议会任命的领导和内阁制;(3)直接选举的市长和议会经理制。社区领导者并不是地方当局的新角色,然而,随着地方治理变得更加复杂,这一角色越来越重要和富于挑战性。现在,地方政府集众多角色于一身,结构的改革固然重要,但并不是最后一步。要想实现改革的目标,还要求地方政府本身拥有与以往不同的技能,以使地方治理运转起来。

布莱尔领导下的工党改革取得了巨大成功,但从其理念及政策取向上,都带有撒切尔夫人改革的印记。"请加入英国政府"——这是保守党 2010 年竞选纲领的标题,卡梅伦同样被塑造为一个致力于革新的现代政治家形象。这个形象的一部分来自撒切尔,一部分来自布莱尔。卡梅伦在首相竞选宣言中首次提出"大社会"理念,意味着英国将继续社会福利社会化的改革道路,显示英国制度变迁中的路径依赖特征。卡梅伦强调,只有整个国家

① 俞可平主编:《治理与善治》,社会科学文献出版社 2000 年版,第 118 页。

集中力量,才能解决英国面临的问题。"真正的变革不是只来自政府,真正的变革来自富有激情和被动员起来的民众,来自为英国未来积极行动的数百万民众。"在这一原则下,纲领提出一系列加强民主权利的举措,主张给民众和地方政府更多权力,让他们承担更多责任,建立一个"更大、更强的社会"。这些领域的改革还在继续。

法国在面临福利国家和中央集权的危机时,则将福利提供职能主要下放给地方政府,其中省政府是主要承担者,同时中央政府依然保留了相当一部分福利提供的职能,治理地方的结构没有改变,这表现出传统集权模式对改革的影响。不过,尽管法国没有接受新自由主义和新公共管理的理论,与在英国相比它们在法国的传播是有限的,但是法国也受到了地方治理全球化浪潮的影响。在法国地方治理中,决策体系也发生了变化,过去熟悉的决策者角色也需要变动。但是,法国政府干预经济社会运行的传统仍然赋予政府更为重要的角色。

在日本,在垂直行政统制模式下,不仅由地方政府来具体承担福利职能,而且非公共机构也发挥着重要作用。日本有些地方已经主动采取了新公共管理的手段,如项目导向方法和系统导向方法,地方治理的某些特征在日本已经出现了。但是是否全面实行这些新手段,这一问题正在讨论之中。

在大多数现代国家中,地方和国家政治生活紧密相连。在单一制国家,地方政府在宪法中处于从属地位,中央的政治、行政、财政和法律体系建立了地方政府的行动参数,鼓励和制裁可能影响所有层级的政府和政治生活。地方政府要服从国家对它的职能、结构和资源体系的改革。地方政府,不管它呈现什么形式,都镶嵌在一个限制或者扩大地方选项的国家体系之中。如何通过各级政府实现国家的善治? 即使同属于单一制国家,英、法、日三国中央与地方关系呈现出不同的模式。各种模式既要实现中央政府对地方政府的控制与整合,也要完善地方政府表达本地意愿的制度路径。地方政府并不是贯彻中央政府计划的工具,这一点世界各国之间没有不同。

如前所述,长期以来,地方政府并不是政治科学研究的主旨。从 20 世纪 70 年代经济危机爆发以来,危机中的福利国家开始转向后福利国家时代,对地方政府的研究成为全球热点。在这个阶段内,西欧国家显然都开始了改革地方政府的过程,几乎每一个西欧国家都在结构和实质上经历了中央与地方关系非常彻底的改变。在这一潮流中,素有"自治之乡"的英国进行了历史上绝无仅有的中央集权与分权相结合的改革;而最为集权的法国告别传统进行了地方分权的改革;后发亚洲国家日本在进行多年准备之后,在 1999 年通过了一揽子地方分权法案,从根本上改革其中央与地方关系,走向地方自治。中央与地方关系的重要特点就是动态性。中央与地方关系不仅仅受到中央政府与地方政府之间的权力博弈的影响,在全球化时代,地方自治体统运作其中的社会经济政治网络更加复杂,80 年代及随后发生如此普遍的地方政府改革,其背后的重大动力之一是福利国家的转型。

在过去几十年中,许多国家都积极尝试了对地方政府的赋权,以重整政府间关系,优化福利国家公共服务的供给,提升国家治理水平,推动国家经济社会的全面发展。从中央与地方关系的视角来看,实现国家的善治,除了关注中央政府与地方政府这种不同层级政府间关系外,还要重视地方政府与地方社会,以及中央政府、地方政府与地方社会的关系。地方分权改革体现了世界共同的潮流所向,但各国的改革实践即呈现出告别过去的根本革新,亦体现出各国历史传统的有力影响,遵循路径依赖的制度变迁模式。在改革的过程中,地方分权有成功,也有失败,成败或在分权改革路径设计上,或在实际执行中。在分权的大趋势中,亦有"再集权"的重大倾向。凡此种种,既说明各国面临问题有差别,也因为各国解决问题的方式不同,同时说明中央与地方关系模式的成因非常复杂。在福利国家时代,我们考虑的是如何扩张福利国家,而在后福利国家时代,我们考虑的是如何缩减福利国家。福利国家将趋向哪里,如何治理后福利国家,如何改革中央与地方关系以迎接新的挑战?我们首先要做的事情仍然是不断地探索,总结经验,反思失败,深化对福利国家、中央与地方关系的认识。作为一种根本的框架,一个国家的政治体制和制度决定着我们的想象力。中央与地方关系的革新需要和本国的国情相适应。国外的经验与教训将为中国提供借鉴。

参 考 文 献

1. 中文文献

1. 许崇德:《各国地方制度》,中国检察出版社 1993 年版。

2. 陈嘉陵主编:《各国地方政府比较研究》,武汉出版社 1991 年版。

3. 赫勒斯著、张永懋译:《各国地方政府》,商务印书馆 1937 年版。

4. 沈乃正:《法国地方政制》,商务印书馆 1937 年版。

5. 胡康大:《欧盟主要国家中央与地方的关系》,中国社会科学出版社 2000 年版。

6. 林尚立:《国内政府间关系》,浙江人民出版社 1998 年版。

7. 董礼胜:《欧盟成员国中央与地方关系比较研究》,中国政法大学出版社 2000 年版。

8. 伊夫·梅尼、文森特·赖特主编,朱建军等译:《西欧国家中央与地方的关系》,春秋出版社 1989 年版。

9. 董翔飞:《地方自治与政府》,五南图书出版公司 1982 年版。

10. 罗孟浩:《各国地方政府》,政治大学出版委员会 1975 年版。

11. 赵永茂主编:《府际关系》,元照出版社 2001 年版。

12. 吕育诚:《地方政府管理——结构与功能的分析》,元照出版社 2001 年版。

13. 杨宏山:《府际关系论》,中国社会科学出版社 2005 年版。

14. 俞可平主编:《治理与善治》,社会科学文献出版社 2000 年版。

15. 孙柏瑛:《当代地方治理——面向 21 世纪的挑战》,中国人民大学出版社

2004 年版。

16. 赫尔穆特·沃尔曼、埃克哈特·施罗德主编，王锋等译：《比较英德公共部门改革——主要传统与现代化的趋势》，北京大学出版社 2004 年版。

17. 埃里克·阿姆纳、斯蒂格·蒙丁主编，杨立华、张菡、吴瑕译：《趋向地方自治的新理念——比较视角下的新近地方政府立法》，北京大学出版社 2005 年版。

18. 毛寿龙：《西方政府的治道变革》，中国人民大学出版社 1998 年版。

19. 戴维·奥斯本、特德·盖布勒著，周敦仁等译：《改革政府——企业精神如何改革着公营部门》，上海译文出版社 1996 年版。

20. 约翰·格林伍德、戴维·威尔逊著，汪淑钧译：《英国行政管理》，商务印书馆 1991 年版。

21. 戴维·米勒、韦农·波格丹诺（英文版主编），邓正来（中译本主编）：《布莱克维尔政治学百科全书》，中国政法大学出版社 2002 年版。

22. 薄贵利：《近现代地方政府比较》，光明日报出版社 1988 年版。

23. 薄贵利：《中央与地方关系研究》，吉林大学出版社 1991 年版。

24. 薄贵利：《集权分权与国家兴衰》，经济科学出版社 2001 年版。

25. 高鹏怀：《历史比较中的社会福利国家模式》，中国社会出版社 2004 年版。

26. 安东尼·吉登斯著、郑戈译：《第三条道路——社会民主主义的复兴》，北京大学出版社 2000 年版。

27. 诺曼·巴里著、储建国译：《福利》，吉林人民出版社 2005 年版。

28. 陈银娥：《现代社会的福利制度》，经济科学出版社 2000 年版。

29. 哥斯塔·艾斯平－安德森编、周晓亮译：《转变中的福利国家》，重庆出版社 2003 年版。

30. 周弘主编：《国外社会福利制度》，社会科学出版社 2002 年版。

31. 周弘：《福利的解析——来自欧美的启示》，上海远东出版社 1998 年版。

32. 沈洁：《日本社会保障制度的发展》，中国劳动社会保障出版社 2004 年版。

33. Neil Gilbert、Paul Terrell 著，黄晨熹等译：《社会福利政策导论》，华东理工大学出版社 2003 年版。

34. 丁建定、杨凤娟：《英国社会保障制度的发展》，中国劳动社会保障出版社 2004 年版。

35. 于军:《英国地方行政改革研究》,国家行政学院出版社 1999 年版。

36. 郑贤君:《地方制度论》,首都师范大学出版社 2000 年版。

37. 魏红英:《宪政架构下的地方政府模式研究》,中国社会科学出版社 2004 年版。

38. 王丽萍:《联邦制与世界秩序》,北京大学出版社 2000 年版。

39. B·盖伊·彼得斯著、吴爱明等译:《政府未来的治理模式》,中国人民大学出版社 2001 年版。

40. 基佐:《法国文明史》,商务印书馆 2005 年版。

41. 叶峰:《国家的整体与部分关系研究》,中国人民大学博士学位论文,1987 年。

42. 田芳:《地方自治若干问题研究》,武汉大学博士学位论文,2004 年。

43. 陈日华:《英国法律传统与中世纪地方自治》,天津师范大学硕士学位论文,2003 年。

44. 张海廷:《20 世纪末英国地方分权改革研究——英国具有联邦色彩的单一制实践》,北京大学博士学位论文,2003 年。

45. 任进:《比较地方政府》,中国人民大学博士学位论文,1994 年。

46. 董志超:《美国和法国的中央与地方关系》,复旦大学硕士学位论文,1991 年。

47. 张林:《第二次世界大战后英法地方政府制度改革比较研究》,复旦大学硕士学位论文,1992 年。

48. 周帆:《改革开放后的中国府际关系:一种法律的途径》,复旦大学博士学位论文,2003 年。

49. 考斯塔·艾斯平—安德森著、郑秉文译:《福利资本主义的三个世界》,法律出版社 2003 年版。

50. R·米什拉著、郑秉文译:《资本主义社会的福利国家》,法律出版社 2003 年版。

51. 克劳斯·奥菲著、郭忠华等译:《福利国家的矛盾》,吉林人民出版社 2006 年版。

52. 郭忠华、刘训练选编:《公民身份与社会阶级:马歇尔政治社会学论文集》,

江苏人民出版社 2006 年版。

53. 丁开杰:《后福利国家》,上海三联书店 2004 年版。

54. 保罗·皮尔逊著,汪淳波、苗正民译:《福利制度的新政治学》,商务印书馆 2004 年版。

55. 弗兰茨—克萨韦尔·考夫曼著、王学东译:《社会福利国家面临的挑战》,商务印书馆 2004 年版。

56. 约翰·奈斯比特、帕·阿博顿妮著,夏冠颜、章玉和、杨晓红译:《2000 年大趋势——九十年代的十个新趋向》,东方出版社 1990 年版。

57. 陈银娥:《现代社会的福利制度》,经济科学出版社 2000 年版。

58. 邹根宝:《社会保障制度——欧盟国家的经验与改革》,上海财经大学出版社 2001 年版。

59. 经济合作与发展组织秘书处编、梁向阳译:《危机中的福利国家》,华夏出版社 1990 年版。

60. 迈克尔·希尔著、刘升华译:《理解社会政策》,商务印书馆 2003 年版。

61. 托尼·布莱尔著、曹振寰译:《新英国——我对一个年轻国家的展望》,世界知识出版社 1998 年版。

62. 曹沛霖、徐宗士主编:《比较政府体制》,复旦大学出版社 1990 年版。

63. 曹沛霖:《制度纵横谈》,人民出版社 2005 年版。

64. 刘道诚:《比较政治制度》,商务印书馆 1935 年版。

65. 佐滕功:《比较政治制度》,法律出版社 1985 年版。

66. 阎照祥:《英国政治制度史》,人民出版社 1999 年版。

67. 戴雪著、雷宾南译:《英宪精义》,中国法制出版社 2001 年版。

68. 古德诺著、王元译:《政治与行政》,华夏出版社 1987 年版。

69. 王振华、刘绯、陈志瑞主编:《重塑英国》,中国社会科学出版社 2000 年版。

70. 张立荣:《中外行政制度比较》,商务印书馆 2002 年版。

71. 杨百揆:《现代西方国家政治体制研究》,春秋出版社 1989 年版。

72. 托克维尔:《旧制度与大革命》,商务印书馆 1996 年版。

73. 吴国庆:《当代各国政治体制:法国》,兰州大学出版社 1998 年版。

74. 吴国庆:《战后法国政治史》,社会科学文献出版社 2004 年版。

75. 潘小娟:《法国行政体制》,中国法制出版社 1997 年版。

76. 米歇尔·克罗齐埃著、程小林等译:《论法国变革之路——法令改变不了社会》,上海译文出版社 1986 年版。

77. 辛向阳:《百年博弈:中国中央与地方关系 100 年》,山东人民出版社 2000 年版。

78. 魏礼群:《市场经济中的中央与地方关系》,中国经济出版社 1994 年版。

79. 村松岐夫著、孙新译:《地方自治》,经济日报出版社 1989 年版。

80. 鲁思·本尼迪克特著,吕万和、熊达云、王智新译:《菊与刀——日本文化的类型》,商务印书馆 1990 年版。

81. 吴寄南:《新世纪日本的行政改革》,时事出版社 2003 年版。

82. 曾祥瑞:《新日本地方自治制度研究》,中国法制出版社 2005 年版。

83. 齐乃宽:《日本政治制度》,上海社会科学院出版社 1987 年版。

84. 吉村源太郎著、朱德权译:《地方自治》,中国政法大学出版社 2002 年版。

85. 何增科主编:《公民社会与第三部门》,社会科学文献出版社 2000 年版。

86. 薛晓源、陈家刚主编:《全球化与新制度主义》,社会科学文献出版社 2004 年版。

87. 陈振明主编:《政治的经济学分析——新政治经济学导论》,中国人民大学出版社 2000 年版。

88. 罗纳德·H 科斯等著,陈昕主编:《财产权利与制度变迁——产权学派与新制度学派论文》,格致出版社、上海三联书店、上海人民出版社 2004 年版。

89. 何俊志:《结构、历史与行为——历史制度主义对政治科学的重构》,复旦大学出版社 2004 年版。

90. 潘小娟:《发达国家地方政府管理制度》,时事出版社 2001 年版。

91. S. F. C. 密尔松著、李显冬等译:《普通法的历史基础》,中国大百科全书出版社 1999 年版。

92. 陈振明主编:《公共管理学——一种不同于传统行政学的研究途径》,中国人民大学出版社 2003 年版。

93. 李惠斌等主编:《社会资本与社会发展》,社会科学文献出版社 2000 年版。

94. 西尾胜著,张青松、刀榴译:《日本地方分权改革》,社会科学文献出版社

2013 年版。

2. 英文文献

1. Samuel Humes IV. Local Governance and National Power：A Worldwide Comparison of Tradition and Change in Local Government［M］. Hertfordshire：Harvester Wheatsheaf,1991.

2. Martin Loughlin. Legality and Locality——The Role of Law in Central-Local Government Relations［M］. Oxford University Press,1996.

3. Chris Pickvance and Edmond Preteceille. State Restructuring and Local Power：A Comparative Perspective［M］. London：Pinter Publishers Limited,1991.

4. Paul Carmichael and Arther Midwinter（ed）. Regulating Local Authorities：Emerging Patterns of Central Control［M］. London：Frank Cass,2003.

5. Edward · C · Page and Michael · J · Goldsmith. Central and Local Relations——A Comparative Analysis of West European States ［M］. London：Sage,1987.

6. Mark · O · Rousseau,Rsphael · Zariski. Regionalism and Regional Devolution：Comparative Perspective［M］. New York：Praeger Publishers,1987.

7. John Stewart,Gerry Stoker. Local Government in the 1990s［M］. London：Macmillan Press Ltd,1995.

8. R. A. W. Rhodes. Beyond Westminster and Whitehall：The Sub-central Government of Britain ［M］. London：Routledge,2002.

9. R. A. W. Rhodes. Control and Power in Central-Local Government Relations ［M］. Aldershot：Ashgate,1999.

10. Michael Keating. The New Regionalism in Western Europe——Territorial Restructuring and Political Change［M］. London：Edward Elgar,1998.

11. David Wilson,Chris Game. Local Government in the United Kingdom ［M］. London：Routledge,1998.

12. Peter John. Local Governance in Western Europe［M］. London：Sage Publications,2001.

13. Alistair Cole,Peter John. Local Governance in England and France［M］.

New York：Routledge，2001.

14. Edward C. Page，Localism and Centralism in Europe—The Political and Legal Bases of Local Self-government ［M］. New York：Oxford University Press，1992.

15. Edward C. Page，Michael J. Goldsmith. Central and Local Government Relations—A Comparative Analysis of West European Unitary States［M］. London：Sage，1987.

16. J. A. Chandler. Local Government Today［M］. Manchester：Manchester University Press，2001.

17. Jim Bulpitt. Territory and Power in the UK：An Interpretation［M］. Manchester：Manchester University Press，1983.

18. Bernard Jouve，Christian Lefevre. Local Power，Territory and Institutions in Europe Metropolotian Regions［M］. London：Frank Cass，2002.

19. H. F. Alderfer. Local Government in Developing Countries［M］. New York：McGraw-Hill，1964.

20. Paul Carmichael，Arther Midwinter. Regulating Local Authorities—Emerging Patterns of Central Control［M］. London：Frank Cass，2003.

21. Douglas E. Ashford. British Dogmatism and French Pragmatism：Central-Local Policymaking in the Welfare State ［M］. London：George Allen & Unwin，1982.

22. John Stewart. The Nature of British Local Government［M］. London：Macmilian Press Ltd，2000.

23. Bas Denters，Lawrence Rose. Comparing Local Governance—Trends and Developments ［M］. New York：Palgrave Macmillan，2005.

24. John Stewart. Modernising British Local Government：An Assessment of Labour's Reform Programme［M］. New York：Palgrave Macmillan，2003.

25. Michio Muramatsu（ed）. Local Government Development in Post-war Japan ［M］. Oxford University Press，2001.

26. W. J. Goldsmith（ed）. The New Research in Central-Local Relations

［M］. London：Gower，1986.

27. Bruno Dente and Francesco Kjellberg（ed）. The Dynamics of Institutional Change—Local Government Reorganization in Western Democracies［M］. London：Sage Publications，1988.

28. Robert J. Bennett（ed）. Decentralization，Local Governments，and Markets：Towards a Post-Welfare Agenda［M］. Oxford University Press，1990.

29. A. W. Bradley，K. D. Ewing. Constitutional and Administrative Law［M］. New York：Longman，2003.

30. J. A. G. Griffith. Central Departments and Local Authority［M］. London：Allen and Unwin，1966.

31. Michio Muramatsu（ed）. Local Government Development in Post-war Japan［M］. Oxford：Oxford University Press，2001.

32. Yasuo Takao. National Integration and Local Power in Japan［M］. Hampshire：Ashgate，1999.

33. Sheila A. Smith（ed）. Local Voice，National Issues—The Impact of Local Initiative in Japanese Policy-Making［M］. Michiga：The University of Michiga，2000.

34. Japan Center for the International Exchange. Japan's Road to Pluraism：Transforming Local Communities in the Global Era［M］. Tokyo：Jeremy Woodhouse，2003.

35. Peter G. Richards. The New Local Government System［M］. London：George Allen & Unwin，1968.

36. Gerry Stoker. Transforming Local Governance—From Thatcherism to New Labour［M］. New York：Palgrave Macmillian，2004.

37. Hugh Butcher，Ian G. Law，Maurice Mullard. Local Government and Thatcherism［M］. New York：Routledge，1990.

38. Noreen Burrow. Devolution［M］. London：Sweet & Maxwell，2000.

39. John S. Harris. British Government as a Dynamic Process：The Local Services and the Central Department［M］. New York：Frederick，1955.

40. Hugh Atkinson，Stuart Wilks-Heeg. Local Government from Thatcher to

Blair: the Politics of Creative Autonomy[M]. London: Polity Press, 2000.

41. Gerry Stoker(ed). The New Management of British Local Government [M]. New York: Macmillian, 1999.

42. Howard Elcock, Michael Keating(ed). Remaking the Union: Devolution and British Politics in the 1990s[M]. London: Frank Cass, 1998.

43. Arthur Aughey. Nationalism, Devolution and the Challenge to the United Kingdom State[M]. London: Pluto Press, 2001.

44. Viven A. Schmidt. Democratizing France: The Political and Administration History of Decentralization[M]. New York: Cambidge University Press, 1990.

45. Ian Bache, Mattew Flinders (ed) . Multi-level Governance [M]. New York: Oxford University Press, 2004.

46. Colin Crouch, David Marquand(ed). The New Centralism: Britain Out of Step in Europe [M]. Oxford: Basil Blackwell, 1989.

47. Ake E. Andersson, Bjorn Harsman, John M. Quigley(ed). Government for the Future—Unification, Fragmentation and Regionalism [M]. New York: Elsevier, 1997.

48. Lee Bridges, Chris Game(ed). Legality and Local Politics[M]. London: Gower Publishing Company Limited, 1987.

49. Brown, Philip C. Central Authority and Local Autonomy in the Formation of Early Modern Japan: The Case of Kaga Domain[M]. Stanford: Stanford University Press, 1993.

50. Wistow G. and Knapp M(ed). Social Care in a Mixed Economy[M]. Buckingham: Open University Press, 1994.

51. R. A. W. Rhodes. Understanding Governance: Policy Networks, Governance, Reflexivity and Accountablity [M]. Buckingham: Open University Press, 1997.

52. Alderfer H. F. Local Government in Developing Countries [M]. New York: McGraw, 1964.

53. Weaver K. , Rockman B(ed). Do Institutions Matter? Government Capacities

in US and Abroad[M]. Washington D. C. : The Brookings Institution,1993.

　　54. Andrew Coulson, Adrian Campbell. Local government in Central and Eastern Europe : the Rebirth of Local Democracy[M]. London : Routledge,2008.

　　55. William L. Miller, Malcolm Dickson, Gerry Stoker. Models of Local Governance : Public Opinion and Political Theory in Britain [M]. New York : Palgrave,2000.

　　56. Peter Bogason. Public Policy and Local Governance : Institutions in Postmodern Society[M]. Cheltenham : Edward Elgar,2000.

　　57. Mark Considine and Sylvain Giguère. The Theory and Practice of Local Governance and Economic Development [M]. New York : Palgrave Macmillan,2008.

　　58. Fumihiko Saito (ed). Foundations for Local Governance : Decentralization in Comparative Perspectives[M]. Heidelberg : Physica Springer,2008.

　　59. Pranab Bardhan, Dilip Mookherjee (ed). Decentralization and Local Governance in Developing Countries : A Comparative Perspective[M]. Cambridge : MIT Press,2006.

　　60. Jo Beall. Funding Local Governance : Small Grants for Democracy and Development[M]. Rugby : ITDG Publishing,2005.

　　61. Alistair Cole. Governing and Governance in France [M]. New York : Cambridge University Press,2008.

　　62. Catherine Durose, Stephen Greasley, Liz Richardson (ed). Changing Local Governance, Changing Citizens[M]. UK : Policy Press,2009.

　　63. Bidyut Chakrabarty, Prakash Chand. Public Administration in a Globalizing World : Theories and Practices[M]. Calif : Sage Publications,2012.

　　64. Jyoti Sankar Nayak. Decentralisation and Local Governance[M]. Pearl Books,2013.

　　65. Carlos Nunes, Silva and Ján Bucek (ed). Fiscal Austerity and Innovation in Local Governance in Europe[M]. Burlington : Ashgate Pub. Limited,2014.

后　记

　　本书是在我的博士论文基础上修改而成的,也是我十余年来学习和思考的结果。2002 年,我有幸进入复旦大学攻读博士学位,致力于政治学理论的学习与研究,以《后福利国家背景下的中央与地方关系——英、法、日三国比较研究》作为博士论文的选题。毕业后,我陆续为论文充实了不少内容,现在,这本拙著最终得以完成。

　　记得当初确定论文题目时,我曾满怀信心,鼓励自己一定把它做好。但接下来发现,对我来说,从福利国家的角度来研究中央与地方关系,的确是一个极具挑战性的研究课题。在写作的过程中,我深深地体会到理论研究的艰辛。由于缺乏丰厚的知识积累,加之一时难以找到大量可供直接参考的研究成果,写作过程中不断受挫而感到灰心。但冥思苦想中闪现的思想火花,又使我欣喜,重拾信心。我慢慢去体会如何读书,如何研究,逐步品尝理论研究的乐趣。如今,这部书即将付梓出版。此时此刻,涌上心头的是一份难以言表的感激。如果说这本拙著还有值得肯定的地方,那也完全是诸位师长、同学、亲人、朋友给予关心、帮助和支持的结果。

　　首先,深深感谢我的导师曹沛霖教授。曹老师渊博的知识、敏锐的思维、高尚的品格和无穷的智慧,深深地影响着我,激励着我。在论文的准备和写作过程中,从选题到大纲的确定,都是在曹老师的悉心指导下逐步完成的,老师因材施教、授人以渔的教育方法将使我受益终生。感谢孙关宏教授、林尚立教授、陈明明教授、唐亚林教授给予我的宝贵指导意见和帮助。感谢我的硕士导师张涛教授一直以来对我的关心、指导与鼓励。感谢所有关心和帮助我的各位老师。

向所有关心、支持和帮助我的师兄师姐及同窗好友何俊志、张向东、郭忠华、樊红敏、何历宇、徐红、方卿、王向民、郭台辉、王川兰表示诚挚的谢意。与他们的交流讨论给了我诸多启迪，相互的鼓励则给了我无尽的动力。完成本书离不开他们热心的帮助和支持。

感谢我的领导和同事们。2006 年博士毕业后，我有幸来到首都师范大学政法学院工作。感谢院长陈新夏教授和系主任聂月岩教授的关心、鼓励与鞭策，他们的教导使我得到很大的成长。感谢张友国、王冠中等诸位同事，与他们在日常工作中的合作与交流使我受益匪浅。

本书的撰写参阅了大量相关书刊资料，汲取了许多专家学者的研究成果，在此特向各位作者表示诚挚的谢意。

感谢我的家人，他们对我无微不至的关爱使我能够全心求学，促我前行。

因本人学识、能力有限，尽管几易其稿，本书尚显粗浅，肯定存在这样那样的不足或谬误，敬请专家、同行和读者批评指正。作为从福利国家视角对中央与地方关系的初步探索，本书有自己的特色，如果能够对相关研究有些许启发，吾知足矣。学无止境，贵在持之以恒。在今后的学术生涯中我将继续努力向前进。

杨山鸽

2014 年 9 月